Michael Kastner

AF206855

Michael Kastner (Hrsg.)

Digitalisierung und psychische Gefährdung

Tagungsband zum Thema Digitalisierung und psychische Gefährdung Ende 2015 zum 30 - jährigen Bestehen des Institutes für Arbeitspsychologie und Arbeitsmedizin

MAORI Verlags- und Organisationsberatungs-Gesellschaft mbH
· Management · Organisation ·
· Innovation ·

© 2017 MAORI GmbH

Printed in Germany

Herstellung und Verlag: BoD-Books on Demand, Norderstedt

ISBN 9 783744 823203

Inhaltsverzeichnis

Digitalisierung und psychische Gefährdung   6

Michael Kastner

Perspektiven der Digitalisierung im Hinblick auf   16
psychische Gefährdungen

Michael Kastner

Die höchste Stufe der Zensur: Das Leben in der Ich-   131
Bubble

Harald Welzer

Psychische Folgen der Digitalisierung   149

Wolfgang Schneider

Digitalisierung – Fluch oder Segen für unsere   178
Lebenswelt?

Tim Hagemann

Räumliche und zeitliche und psychische Entgrenzung   193
durch flexible Arbeitsformen

Burkhard Schmidt

Prävention in der Arbeitswelt 4.0   206

Rainer Thiehoff

Digitalisierung und psychische Gefährdung   225

Christine Götting und Michael Kastner

Konkrete Handlungsempfehlungen zur Vermeidung   237
psychischer Gefährdungen durch die Digitalisierung
Michael Kastner

Autorenvorstellung   255

Digitalisierung und psychische Gefährdung

Michael Kastner

Das vorliegende Buch basiert auf einer Tagung zum Thema Digitalisierung und psychische Gefährdung Ende 2015 zum 30 -jährigen Bestehen des Institutes für Arbeitspsychologie und Arbeitsmedizin (IAPAM). In ihm geht es im Kern immer um die Frage: „Wie bekommen und bewahren wir den hochleistungsfähigen, gesunden und sicheren Mitarbeiter in der hochleistungsfähigen, gesunden und sicheren Organisation?" Durch anwendungsorientierte Forschungsbemühungen, Projekte in Wirtschaft und Verwaltung z. B. zur Einführung eines ganzheitlichen Leistungs- und Gesundheitsmanagements (z. B. Kastner, 2010), Vorträge, Seminare, Coachings, Workshops haben wir versucht, diesem Ziel näher zu kommen. In den letzten Jahren verstärkte sich bei uns der Eindruck, dass die Digitalisierung neben all ihren Vorzügen die Gefahr etlicher psychischer Beeinträchtigungen mit sich bringt. Das vorliegende Buch ist der Versuch, diese in ihren Zusammenhängen mit der Digitalisierung zu beschreiben, zu begründen, zu ordnen und soweit möglich einige Empfehlungen zu ihrer Vermeidung zu geben. Dies aber nicht im Ton von Technikfeindlichkeit, sondern auf der Suche nach einer adäquaten Balance zwischen Chancen und Risiken, Nutzen und Schaden immer im Hinblick auf Lebensqualität und Gesundheit.

Psychische Belastung bedeutet laut EN ISO 10075 - 1: 2000 „Die Gesamtheit aller erfassbaren Einflüsse, die von außen auf den Menschen zukommen und psychisch auf ihn einwirken." Psychische Beanspruchung meint die „unmittelbare Auswirkung der psychischen Belastung im Individuum in Abhängigkeit von seinen jeweiligen überdauernden und augenblicklichen Voraussetzungen, einschließlich der individuellen Bewältigungsstrategien. Das, was innerhalb unserer Haut geschieht, also die Beanspruchung, kann bei jedem anders aussehen. Wenn aber psychische Fehlbelastungen auf Dauer mit hoher Wahrscheinlichkeit bei den meisten Menschen zu negativen Folgen führen, z. B. Angst, Ärger, können wir von psychischen Gefährdungen sprechen, die wiederum zu echten Beeinträchtigungen wie z. B. Schlaflosigkeit, Süchten oder Burnout, Depressionen etc. führen können.

Seit dem 25.09.2013 ist eine Gefährdungsbeurteilung auch von psychischen Belastungen bei der Arbeit im Arbeitsschutzgesetz (ArbSchG, § 5) festgelegt. Dies gilt sogar für Kleinbetriebe mit bis zu 10 Beschäftigten, die Ergebnisse einer Gefährdungsbeurteilung, entsprechende Schutzmaßnahmen und deren Resultate dokumentieren müssen. Dabei werden Fragen gestellt wie z. B. „Müssen sie sehr schnell arbeiten?" oder „Bringt ihre Arbeit sie in emotional belastende Situationen?" Kategorien, die solchen Fragen zugrunde liegen sind beispielsweise: Vielseitigkeit und Ganzheitlichkeit der Arbeitsinhalte, Ressourcen, Belastung/Beanspruchung, Zeitdruck, Unterbrechungen, Information durch die Führungskraft, Verantwortung, Organisationsklima etc. Hinsichtlich des Themas „Digitalisierung und psychische Gefährdung" fragt sich natürlich, wie sich solche Facetten ändern.

Es liegt nahe, dass die Digitalisierung nicht nur Arbeitsplätze und -prozesse, sondern auch unser privates Leben, Politik und gesellschaftliche Standards und Werte deutlich verändert. In der Konsequenz dürfte die Frage berechtigt sein, ob die Digitalisierung unsere (psychische) Gesundheit eher fördert oder möglicherweise schädigt. Damit wenden wir uns einem äußerst komplexen Themenbereich zu, der ein wenig Ordnung und Struktur vertragen kann. Um nicht im „Alles hängt mit Allem zusammen" zu ertrinken, erarbeitet Michael Kastner im ersten Beitrag eine Struktur. Diese geht von einer in der Forschung und in der praktischen Arbeit des IAPAM bewährten Basisstruktur aus. Demnach verwirklicht sich alles menschliche Verhalten und Erleben in dem dynamischen Zusammenspiel zwischen Organisation (Kultur, Regeln, Prozesse, Sanktions- und Belohnungsmechanismen etc. in Gesellschaft, Unternehmen etc.), (Arbeits)Situation (physische und soziale unmittelbare Umgebung, Aufgaben) und Person (Individuen mit ihren Fähigkeiten, Einstellungen, Eigenschaften etc.). In den Trichter von O (Organisationsaspekte) werden Perspektiven der Ethik/ Kultur, der Technik, Wissenschaft und Ökonomie sowie Arbeitswelt gepackt, wobei die erstere ausdifferenziert wird hinsichtlich Cyberkrieg, -kriminalität, Rechtssystem, Sozialsystem und Politik. Im Trichter von S (Situationsaspekte) werden die Perspektiven der physischen und der sozialen (Arbeits)Situation sowie der Aufgaben beleuchtet. Im Trichter von P, also der Individuen, schließlich finden wir die psychologische, die medizinische und die pädagogische Perspektive. Verbunden werden die drei Trichter O, S und P durch die Perspektive der Kommunikation. Denn die Verbindung zwischen den genannten Facetten der Digitalisierung bzw. die Vernetzung durch moderne Informations- und Kommunikations- sowie Transporttechnologien haben uns schließlich Globalisierung und Digitalisierung beschert. Durch diese Techniken wurden und werden zukünftig noch deutlicher Raum und Zeit überwunden oder umgekehrt, diese schützen uns nicht mehr vor Konkurrenz, übermäßigem Konsum und anderen unerwünschten Einflüssen auf die Psyche wie z. B. Cyber-kriminalität und Cyberkriegen, die es u. a. in den Blick zu nehmen gilt.

Ebenfalls nach Person, Situation Organisation aufgeschlüsselt werden Gesund- bzw. Krankmacher, so dass für verschiedene Digitalisierungsphänomene aus den diversen Perspektiven Überlegungen abgeleitet werden können, was uns möglicher-weise psychisch beeinträchtigt bzw. was wir dagegen tun können. Beispielsweise wird unsere Privatheit durch die Digitalisierung bedroht. Es würde z. B. helfen, eine adäquate Balance zwischen dem Schutz unseres privaten Raumes einerseits und andererseits der Bequemlichkeit, die wir mit unseren Daten erkaufen zu finden. Und um Kontrollverluste zu vermeiden, würde es helfen, in einigen Bereichen zu entnetzen und zu entschleunigen anstatt dem dramatischen Tempo der technischen Entwicklung in Richtung Digitalisierung hinterher zu hecheln. Vor allem aber sollten wir uns selbst nicht entmächtigen, einem zentralen Thema, dem sich der nächste Beitrag von Harald Welzer widmet.

Er steht Google und Co. skeptisch gegenüber und wendet unseren Blick darauf, dass es früher Geheimdienste gab, die möglichst unerkannt mit Spionen, Kameras, Abhöranlagen arbeiteten und uns motivierten, unsere Privatheit so gut als möglich zu schützen. Schnüffelei war etwas Unmoralisches, Unangenehmes, die private Sphäre hingegen ein hohes Gut. Heute hingegen entblößen wir uns freiwillig, geben bereitwillig alle möglichen Informationen über uns und unsere Umgebung, auch die soziale, preis zum Zwecke des Konsums und der Bequemlichkeit. Wir zahlen sogar für unsere Entmächtigung und Dressur im Internet mit Daten. Dummerweise ist die Schnüffelei von Geheimdiensten und Google und Co. nun mit etwas Positivem assoziiert, nämlich mit Bequemlichkeit, Konsum und allen möglichen Versprech- ungen einer viel besseren Zukunft mit viel mehr Lebensqualität. Wir leben in einer durch die Digitalisierung beflügelten Hyperkonsumgesellschaft. Daten, Informationen bis hin zu privatestem Wissen über uns selbst werden zum Elexier von Überwachung und Konsum zugleich. Früher haben wir für unsere Privatheit gezahlt mit zeitlichem und finanziellem Aufwand, heute zahlen wir für unsere Unfreiheit mit zunächst Zahlen und Daten, die mit zunehmender Vernetzung und Personifizierung zu Wissen über uns werden, über dessen Ausmaß wir uns meist keine Gedanken machen. Die personalisierten Verhaltensdaten erlauben recht präzise Prognosen zu unserem zukünftigen Verhalten. Dies ermöglicht eine Steuerung von Informationen, die zu uns „passen", die wiederum unsere Wahrnehmungen und in der Folge Entscheidungen stark beeinflussen. Welzer argu- mentiert, das historisch Neue sei, dass es bislang keine Gesellschaft gegeben hat, in der man für die Fahrt in die Unfreiheit auch noch bezahlt hat. Wieso, fragt er, läuft die Überwachung trotz aller Warnungen so geschmiert? Antwort, wir sind zu Konsumenten dressiert mit der höchsten Stufe der Personalisierung, die gerne alle möglichen Angebote in der digitalisierten Welt nutzen, mit ihren Daten zahlen, die wiederum zur Verfeinerung ihrer Dressur verwendet werden.

Wolfgang Schneider ist deutlich optimistischer hinsichtlich der Risiken der Digitalisierung als etwa Harald Welzer. Er beschreibt Vorteile der Digitalisierung, etwa in der Arbeitswelt dergestalt, dass z. B. Informationen schneller über die Schnittstellen fließen und dass Wissen besser geteilt wird, dass wir schneller mehr produzieren und mehr Freiheiten für unsere Work-Life-Balance gewinnen. Wir könnten ein höheres Ausmaß an autonomer Selbstgestaltung und -bestimmung im Arbeitsprozess gewinnen. Weiter geht er darauf ein, was wir in der digitalisierten Arbeitswelt an Personalentwicklung brauchen. Kritische Aspekte der höheren Beanspruchung werden auch genannt. In der Abwägung zwischen Chancen und Risiken der Digitalisierung warnt er davor, allzu alarmistisch die Gefahren zu betonen und stärker auf menschliche Selbstheilungskräfte zu vertrauen. Allerdings sieht Schneider auch etliche Probleme, etwa die Enthemmung durch das Internet durch die Möglichkeit, sich anonym eine neue Identität zu geben und damit Anerkennung zu holen oder auch Aggressionen auszuagieren. Oder, dass durch den permanenten Bewährungsdruck, sich immer und überall mit allen möglichen Aufgaben befassen zu müssen Burnout wahrscheinlicher wird. Entgrenzung, weniger positive soziale Erfahrungen im Arbeitsprozess und Überforderung durch Multitasking sowie Ängste vor Überforderung durch die technischen Anforderungen könnten diese Tendenz verstärken.

Tim Hagemann wendet sich in seinem Beitrag ebenfalls den Chancen und Risiken der Digitalisierung, etwas stärker ausgedrückt in der Frage nach Fluch oder Segen zu. Im Prinzip unterstützt er die Fraktion der Optimisten. Er nennt einige Vorteile der Digitalisierung wie z. B. mehr Transparenz zum Schaden der Steuerhinterzieher, Netzwerke gegen Diktaturen. Wie viele Digitalisierungs-Optimisten bringt Hagemann auch Beispiele für frühere zunächst stark kritisierte Technologien wie z. B. das Auto, die später selbstverständlich wurden. Allerdings müssen wir uns fragen, ob es zulässig ist, ohne weiteres von der Vergangenheit auf die Zukunft zu schließen. Kastner (2017) verneint dies, weil die Eigendynamiken neuer Technologien im Gegensatz zu früher oft dem Menschen die Kontrolle entziehen. Ob in naher Zukunft das menschengesteuerte Autofahren der Zukunft der Vergangenheit angehören wird, weil dafür die Versicherungsprämien zu hoch werden, bleibt abzuwarten.

Denn selbst Autofahren ist für viele ein emotionales Vergnügen, das Rausch und den Eindruck von Bewältigen-Können bietet. Nicht ohne Grund boomen bei Porsche Modelle mit Handschaltung. Der Vergleich mit den Reiskörnern auf dem Schachbrett führt uns anschaulich die exponentielle Entwicklung in den Chip-Kapazitäten und damit den Beschleunigungsschub in der Computerentwicklung vor Augen. Aber gerade die mangelnde Fähigkeit des normalen Menschen, in exponentiellen Entwicklungen zu denken, lässt die Wahrscheinlichkeit steigen, dass er ganz im Sinne der schon Ende der fünfziger Jahre von Günther Anders (2002) postulierten These in seiner Entwicklung nicht mit der Technik Schritt hält, sondern vielmehr Technologien kreiert, die er anschließend zumindest als Otto Normalverbraucher nicht hinreichend beherrscht. Weiter beschreibt Tim Hagemann einige beeindruckende Entwicklungen vom smarten Kühlschrank über die Auswertung wissenschaftlicher Texte bis hin zur Verringerung von Armut durch Zugang zu Informationen und effizienteren Produktionsprozessen, die zweifellos unser Leben angenehmer machen. Aber er verweist auch auf Probleme, etwa der Belastung und Beanspruchung durch digitalisierte Arbeitsprozesse.

Burkhart Schmidt wendet sich einer besonderen Facette der Veränderung unserer Arbeitswelt durch die Digitalisierung zu, der räumlichen und zeitlichen Entgrenzung durch flexible Arbeitsformen. Er beschreibt etliche Befunde zu deren Auswirkung auf Beanspruchung, Burnout etc. Auch hier zeigt sich das Janusköpfige der Digitalisierung. Es gibt offenbar etliche Menschen, die die höhere Flexibilität begrüßen und für ihre Work-Life-Balance nutzen. Aber es gibt genauso gut Viele, die unter damit verbundenen Phänomenen wie z. B. ständiger Erreichbarkeit leiden, beispielsweise schlechter abschalten können. Der Autor fordert neue Führungs- und Kulturkonzepte, die nicht mehr auf der Präsenz der Mitarbeiter basieren.

Und er verweist auf das wachsende Erfordernis hinsichtlich Selbstkontrolle, Disziplin und Kommunikationsfähigkeit. Einige

Zahlen, Daten, Fakten geben Hinweise darauf, wie die Flexibilisierung empfunden wird. Ein gutes Fünftel der Beschäftigten schätzt die ständige Erreichbarkeit als belastend ein. Deutlich stärker scheinen jedoch die Arbeitsmenge (65%) und die Informationsflut (33%) psychisch zu beanspruchen. Die Flexibilisierung scheint sich derzeit noch nicht voll zu entfalten, weil beispielsweise immer noch weitgehend eine Anwesenheitskultur herrscht, technische und strukturelle Voraussetzungen für Homeoffice-Arbeit fehlen und durchaus eher Konflikte zwischen Arbeits- und Privatleben entstehen.

Wenn wir in der digitalisierten Arbeitswelt bestehen wollen, wären natürlich präventive Ansätze von Vorteil, die helfen gesund, hoch motiviert und jeweils mit der auch zu ständig wechselnden Anforderungen passenden Qualifikationen ausgestattet tätig zu sein. Wenn dann auch noch die demografischen Probleme Berücksichtigung fänden, umso besser. In diesem Sinne fokussiert Rainer Thiehoff in seinem Beitrag auf Prävention in der Arbeitswelt 4.0, der auf einem von ihm maßgeblich vorangetriebenen Forschungsprojekt basiert und zeigt damit konkrete Verbesserungsmöglichkeiten auf. In dem erwerbsbiographischen Präventionsansatz sollen die Fähigkeiten alternder Mitarbeiter besser genutzt werden, indem Gesundheit, Qualifikation und Motivation als Treiber gefördert werden, die Probleme in der Arbeitswelt 4.0 bei der demographischen Entwicklung, dem Fachkräftemangel und dem Thema Arbeit und Gesundheit mildern sollen. Dazu werden in Regionen vor Ort mit Unternehmen, Wissenschaft und gesellschaftlichen Entscheidungsträgern transdisziplinäre Lösungen erarbeitet. Diese sehen überbetriebliche Tätigkeits-wechsel, permanente Weiterqualifizierung und Gesundheits-förderung vor. Wer z. B. durch seine bisherige Tätigkeit nicht mehr altersgemäß belastet wird, kann Reservetalente zur Entfaltung bringen und in andere Berufstätigkeiten auch in anderen Unternehmen ummünzen. Neue Erfahrungsbereiche sollen neue Beschäftigungsmöglichkeiten eröffnen. Für die Unternehmen liegen einige Vorteile auf der Hand. Wenn ein überbetrieblicher Tätigkeitswechsel gelingt, hat der Mitarbeiter kaum Mobilitätskosten, aber die Chance einer neuen Tätigkeit. Das abgebende Unternehmen muss ihn nicht weiter unterhalb seiner Möglichkeiten beschäftigen, und das neue aufnehmende Unternehmen freut sich über einen gesunden, qualifizierten und motivierten neuen Mitarbeiter. Die Sozialversicherungsträger vermeiden Frühverrentung, Arbeitslosigkeitskosten, und Gesunde kosten die Gesellschaft generell weniger als Kranke.

Christine Götting und Michael Kastner werden ebenfalls recht konkret, weil Physis und Psyche extrem interagieren, macht es Sinn, sich um die mit der Digitalisierung verbundenen physischen Verhaltensveränderungen zu kümmern. Exemplarisch dafür werden Haltungsschäden unter die Lupe genommen und konkrete Verhaltensempfehlungen gegeben.

Wenn man versucht, diese verschiedenen Beiträge zu einem Gesamtbild zu formen, bringt der Beitrag von Michael Kastner Struktur in die vielschichtige Digitalisierung in ihren Zusammenhängen mit psychischen Beeinträchtigungen. Hier wird gesteigerter Wert auf die Balancen zwischen Chancen und Risiken, Nützlichem und Schädlichem für unsere Gesundheit und Lebensqualität gelegt. Bei aller Wertschätzung der technischen Möglichkeiten zur Verbesserung unserer Lebensqualität und Gesundheit schimmert doch eine gehörige Portion Skepsis hinsichtlich der von vielen verdrängten psychischen Gefährdungen durch die Digitalisierung durch. Harald Welzer bearbeitet von noch tieferer Skepsis gegenüber der Digitalisierung getragen die Basis dieser Thematik, ein ethisches Problem der Selbstentmächtigung mit letztlich der Konsequenz, dass wir unser gesamtes Konsumverhalten in Frage stellen müssen. Wolfgang Schneider schaut deutlich optimistischer aus der psychotherapeutisch-klinischen Perspektive auf die digitalisierte Arbeitswelt mit dem Ergebnis, wir sollten mehr auf unsere individuellen Anpassungsfähigkeiten vertrauen.

Tim Hagemann setzt auch eher optimistisch auf mehr Gelassenheit und sieht eher den Segen der Digitalisierung, u. a. mit dem Verweis auf frühere technologische Entwicklungen, die zunächst angefeindet, später aber selbstverständlich wurden.

Nach diesen eher grundlegenden Überlegungen konzentriert sich Burkhard Schmidt auf ein zentrales Phänomen der Digitalisierung, die räumliche und zeitliche Flexibilisierung.

Des Weiteren zeigt Rainer Thiehoff mithilfe eines Projektes konstruktive Ansätze auf, um Probleme von Arbeit 4.0, Demographie, Fachkräftemangel und Gesundheit gleichzeitig besser in den Griff zu bekommen.

Anschließend verweisen Christine Götting und Michael Kastner auf konkrete, die Psyche stark beeinflussende physische Probleme durch die Digitalisierung. In der Bilanz dürften somit eher optimistische und pessimistische Sichtweisen aus den Zusammenhängen zwischen Digitalisierung und psychischer Gefährdung einigermaßen ausgewogen sein.

Abschließend versucht Michael Kastner, als Essenz aus den acht Beiträgen einige praktische Empfehlungen abzuleiten, die uns helfen sollen, psychische Gefährdungen durch die Digitalisierung zu vermeiden.

Literatur:

Anders, G. (2002). Die Antiquiertheit des Menschen. Band II: Über die Zerstörung des Lebens im Zeitalter der dritten industriellen Revolution. München: Beck

Kastner, M. (2010). Leistungs- und Gesundheitsmanagement. In M. Kastner (Hrsg.) Leistungs- und Gesundheitsmanagement. Lengerich: Pabst.

Kastner, M. (2017). Digital: genial, katastrophal? Herdecke: MAORI. In Druck.

Perspektiven der Digitalisierung im Hinblick auf psychische Gefährdungen

Michael Kastner

Inhaltsverzeichnis

1. Des „Pudels Kern" der Digitalisierung mit ihren Chancen und Risiken 19

2. Eine mögliche Struktur für Perspektiven der ....

Digitalisierung 28

    A Organisationale Facetten 41

3. Die ethisch-kulturelle Perspektive 41

    3.1 Cyberkriege 58

    3.2 Cyberkriminalität 61

    3.3 Rechtssystem 65

    3.4 Sozialsystem 69

    3.5 Politische Perspektive 71

4. Technische Perspektive 75

5. Die wissenschaftliche Perspektive 79

6. Die ökonomische Perspektive 83

7. Die Perspektive der Arbeitswelt 86

    B Situative Facetten 92

8. Die Perspektive der physischen (Arbeits)Situation 92

9. Die Perspektive der sozialen (Arbeits)Situation 95

10. Die Perspektive der (Arbeits)Aufgaben 96

    C Personale Facetten 98

11. Die psychologische Perspektive 98

12. Die Medizinische Perspektive 105

13. Die pädagogische Perspektive 111

D Verbindung von Organisation, Situation und Person 114

14. Die Kommunikationsperspektive 114

15. Was konkret tun zur Nutzung von IT und Vermeidung psychischer Gefährdung? 122

16. Literatur: 126

Abbildungsverzeichnis

Abbildung 1: Person, Situation, Organisation   29

Abbildung 2: Gesamtstruktur der Perspektiven der Digitalisierung...38

Abbildung 3: Teilstruktur Organisation: Ethik/ Kultur..............41

Abbildung 4: Teilstruktur Organisation: Ethik/ Kultur mit Cyberwar...58

Abbildung 5: Teilstruktur Organisation: Ethik/Kultur mit Cyberkriminalität 61

Abbildung 6: Teilstruktur Organisation: Ethik/ Kultur mit Rechtssystem...65

Abbildung 7: Teilstruktur Organisation: Ethik/ Kultur Sozialsystem...69

Abbildung 8: Teilstruktur Organisation: Teilsystem Ethik/ Kultur mit Politik 71

Abbildung 9: Teilstruktur Organisation: Technik....................76

Abbildung 10: Teilstruktur Organisation: Wissenschaftssystem 80

Abbildung 11: Teilstruktur Organisation: Ökonomie..............83

Abbildung 12: Teilstruktur Organisation: Arbeitswelt............87

Abbildung 13: Würfel Zentralität, Stabilität/ Flexibilität, WLB 88

Abbildung 14: Teilstruktur Situation: technische Ausstattung 93

Abbildung 15: Teilstruktur Situation: soziale Situationen 95

Abbildung 16: Teilstruktur Situation: Aufgaben 96

Abbildung 17: Teilstruktur Person: Psychologie....................98

Abbildung 18:Teilstruktur Person: Medizin...........................105

Abbildung 19 : Teilstruktur Person: Pädagogik 111

Abbildung 20: Gesamtstruktur: Kommunikation....................114

1. Des „Pudels Kern" der Digitalisierung mit ihren Chancen und Risiken

Alle Welt spricht von Digitalisierung, Industrie 4.0, Big Data, Internet der Dinge etc., oft verbunden mit der Vorstellung von einer schönen neuen Welt, in der unangenehme Arbeit von Maschinen übernommen wird, Autos von selbst fahren, wir komfortabler in unseren „smart homes" ökologischer und gesünder leben etc. In der allgemeinen Technik-Euphorie wird jedoch schnell übersehen, dass damit auch Gefahren vor allem für unser psychisches Wohlbefinden und unsere Gesundheit verbunden sind, die eher schleichend daherkommen und oft schwer zu erkennen sind. Es geht im Folgenden nicht um die Verteufelung von Technik. Im Gegenteil, sie sollte soweit möglich genutzt werden, sofern sie als Instrument unserer inhaltlichen Lebensqualität und Gesundheit dient. Aber sie sollte andererseits diese auch nicht gefährden.

Die Digitalisierung mit ihren Komponenten wie Computern, Robotern, Big Data, Internet der Dinge, künstliche Intelligenz, Industrie 4.0, Arbeit 4.0 - es scheint modern zu sein, alles Mögliche mit 4.0 zu „veredeln"- ist Janusköpfig wie alle Instrumente. Schließlich kann man auch mit einem Hammer Sinnvolles zimmern oder Köpfe einschlagen. Wir können an die Digitalisierung aus logisch-technischer Perspektive herangehen, was auch die meisten „Logik-Denker" in den Führungsetagen von Wirtschaft und Verwaltung tun. Meist handelt es sich um Ökonomen, Juristen, Ingenieure, Naturwissenschaftler, die vor allem ökonomische Vorteile im Sinne von mehr Effizienz, Umsatz, letztlich Gewinn im Blick haben und glauben, die Mitarbeiter würden das schon in den Griff bekommen. Wir können aber auch in einer psychologisch-menschlichen Perspektive die Digitalisierung betrachten. Dann stehen inhaltliche Aspekte der Lebensqualität, Gesundheit, Sicherheit, der (Fehl)beanspruchung, des Sozialverhaltens etc. im Vordergrund des Interesses. Wir können auch unter philosophisch-ethischen Gesichtspunkten fragen, wozu die Digitalisierung dient und ob eines Tages die Maschinen die Herrschaft über uns Menschen übernehmen. Wer seine Hirnpfade in Richtung technischer Machbarkeit getrampelt hat mag eher optimistisch der Digitalisierung gegenüber stehen. Wer eher an menschliche Qualitäten der Sozialität und Kommunikation, des gesunden und erbaulichen Miteinanders sowie an Emotionen wie Liebe, Freude, Glück denkt, mag eher pessimistisch an Phänomene wie digitale Demenz, Kontrollverluste und Cybermobbing denken. Der Optimist sagt: „Die digitalisierte Welt ist die beste aller Welten". Der Pessimist fürchtet, dass der Optimist damit Recht haben könnte. Wie bei der Globalisierung auch zu beobachten ist, dürfte die Digitalisierung Gewinner und Verlierer produzieren. Wie immer im Leben hilft uns Schwarz-Weiß-Denken nicht weiter, sondern wir sollten nach dem Motto „Chancen durch Balancen", Vor- und Nachteile, Chancen und Risiken der Digitalisierung ausgewogen betrachten, erstere ergreifen und letztere soweit möglich vermeiden. In erster Linie geht es im Folgenden um die Frage: „Inwieweit werden durch die Digita-lisierung „Gesundmacher" wie Sinn, Kontrolle bzw. Hand-habbarkeit, Planbarkeit, Vertrauen, Handlungsspielraum, Wertschätzung, Orientierung etc. gefördert oder gefährdet" oder umgekehrt: „Inwieweit werden „Krankmachern" wie Sinnlosigkeit, Kontrollverlusten, Ängsten, Süchten, Orien-tierungslosigkeit, mangelnder Wertschätzung, Hilflosigkeit, Fehlbeanspruchungen, Mobbing, Einsamkeit etc. Tür und Tor geöffnet?" Vertrauen, das Gefühl von Selbstwirksamkeit und im Griff haben (Kontrolle) sind Gesundmacher. Wem können wir in Zeiten der Digitalisierung beispielsweise angesichts der vielen Fake-News noch trauen? Können wir selbst konkret etwas dagegen tun und haben wir hinreichend Kontrolle über das Geschehen? Oder gerät die Welt aus den Fugen, und wir wissen nicht wie wir dies konkret verhindern können?

Versprechen

Google und Co. versprechen uns eine zukünftige bessere Welt? Probleme bei Gesundheit, Energieknappheit, Verkehrs-staus, mangelnder Lebensqualität und Komfort sollen uns abgenommen werden. Amazon „hilft" uns bei den richtigen Büchern, Facebook bei den richtigen Freunden, diverse Apps bei der Wahl von Speisen, Hotels, Reisen, Finanzprodukten, Geheimdienste bei der Sicherheit. Medizinisch/ psychologische-Apps „helfen" uns gesünder, fitter und erfolgreicher zu werden. Dies durch permanente Überprüfung von Bewegung, Kalorienverbrauch, Schlafphasen wie und wann, Gefühlen beim Beischlaf, Langeweile etc. Der Mensch kann sich selbst besser steuern, weil er weiß, für welche Krankheiten er anfällig ist und wie er zu viel mehr Freunden als früher Kontakt halten kann. Zu unserer Bequemlichkeit und zur Kostenreduktion werden Heizungen, Kühlschränke etc. „richtig" gesteuert. Stress beim Autofahren wird uns abgenommen und das Bezahlen per Smartphone (Google und Co. haben Banklizenzen mit gravierenden Folgen für die Banken) sowie Online-Banking ersparen uns Zeit und Energie. Mobile Geräte erlauben Arbeit überall, permanente Kontakte zu Kollegen, Mitarbeitern, Familie, und in Notfällen können wir schnell agieren. Demokratische Entscheidungs-findungsprozesse sind viel leichter und schneller als zuvor. Die Optionsmöglichkeiten steigen ins Unendliche (z. B. Partnersuche). Jeder kann sich sofort der ganzen Welt präsentieren. Share Economy wird leichter. Wir können Autos, Wohnungen, Geräte teilen, auch zum Nutzen der Umwelt. Die Singularität lässt uns eine neue Zivilisationsstufe erreichen mit mehr Fairness, Effizienz, Gesundheit und Besiegen des Krebses, sauberer Umwelt, einem längeren Leben, sicherem Straßenverkehr, Wohlstand, Komfort, Sicherheit, ohne Energieprobleme, mit besserer Bildung und Reduzierung der ökonomischen Ungleichheit. Das „Design-Thinking" ermöglicht schnelle Lebensqualität fördernde Entwicklungen. Schließlich erarbeitet der Mensch sich eine neue Stufe der Evolution vom Vernunftswesen zu einem um künstliche „Vernunft" erwei-terten Wesen, indem die Fähigkeiten von Maschinen zu sol-chen des Menschen werden. Dadurch wird der Mensch intelligenter, leistungsfähiger und seine Freiheit wird erweitert, weil er das Wissen jederzeit an jedem Ort zur Verfügung hat. So kann er seine Freiheit besser nutzen. Wir brauchen keine teuren Elite-Bildungseinrichtungen, weil wir uns im Netz bilden können. Dadurch, dass Menschen überall Zugang zum Wissen haben wird Bildung gerechter, weil sie nicht mehr von Lebensort, Geld, Geburt, Beziehungen etc. abhängt.

Die digitalisierte Medizintechnik bietet unendliche Vorteile, z. B. geben Kennzahlen präzise Informationen oder Operationen können am digitalen Double simuliert werden. Larry Page will mit digitalen Maschinen gleichzeitig Geld verdienen und die Welt verbessern. Er will grundlegende Probleme der Menschheit durch Technologien lösen. Beispielsweise verbringen Menschen zu viel Zeit mit Pendeln, das Energie und Zeit kostet und Unfälle mit sich bringt. Durch Street View und Google Maps sind Kosten und Probleme klar, so dass das selbst fahrende Auto kreiert werden kann. Roboter können die Produktivität steigern, so dass Menschen weniger arbeiten müssen und mehr Zeit für ihre Familien haben. Gen-Analysen können der Prävention von Krankheiten dienen.

Unbehagen

Solch optimistischen Visionen stehen etliche Facetten des Unbehagens entgegen. Wir sehen beispielsweise unsere Privatheit bedroht, weil unser Name, Adresse, Alter, Geschlecht, Beruf und Titel, Umzüge, unser Konsum- und Finanzgebaren statistisch schon viel über uns aussagen, was gezielte Werbung möglich macht. Dies erst recht, wenn wir über Facebook, Twitter. Elite.de etc. Dinge von uns preisgeben, die wir bewusst nie ohne weiteres verraten würden. Firmen verdienen mit unserem „Kunden-Genom" Geld, scheinbar kostenloser Service rechnet sich, weil wir mit unseren Daten das Produkt sind. Shitstorms sind wir hilflos ausgeliefert. Daten, die einmal im Netz stehen sind - wenn überhaupt - nur mit größten Mühen wieder heraus zu nehmen. Wir sind der Vernetzung ausgeliefert. Der Kriminalroman „Black out" von Mark Elsberg (2015) zeigt uns z. B. eindrucksvoll, was passiert, wenn sich jemand in unsere Elektrizitätsversorgung einhackt. Wir machen die Erfahrung von Digitaler Demenz, wenn wir ohne Navi keine Straße mehr finden. Wir finden nicht die richtigen Balancen zwischen

Freiheit und Sicherheit sowie Privatheit. Früher hatte man ein Refugium des Körpers, wo bleibt nun eines des Geistes? Wer hat Zugang zu welchen Daten aus welchen Gründen? Big Data liefert unendliche Information, löst aber nicht das Problem der Dateninterpretation. Weil Daten verfügbar sind, muss es nicht ethisch sein, sie auszuwerten. Inwieweit dürfen beispielsweise individuelle Daten in aggregierte Informationen aufgenommen werden? Inwieweit dürfen öffentliche Blogs aus dem Kontext gerissen werden? Die Selbstvermessung reicht bis zu Gehirnwellen, Blutzucker, Temperatur und kann den Effizienzwahn beliebig steigern. Man muss aufpassen, was man wo sagt, weil alles aufgenommen und ausgewertet wird. Permanente Überwachung schafft neue Möglichkeiten der Manipulation, durch zentrale Steuerung der Gesellschaftsordnung und damit Unterhöhlung der „Weisheit der Vielen" (Demokratie). Die unkontrollierbare, rasante, technische Entwicklung äußert sich in einem qualitativen Sprung dergestalt, dass früher die zivilisatorischen Entwicklungen lokal und oft linear abliefen. Jetzt erfolgen sie global und exponentiell in der Verbindung von Technisierung und Globalisierung. Staatliche Institutionen und Unternehmen sind vor Cyberkriminalität oder gar Cyberkriegen schwer zu schützen. Im digitalen Gefängnis werden uns die individuelle Freiheit und das Humane genommen. In einer Art von Selbstausbeutung liefern wir uns freiwillig einer Welt aus, in der es keine Ordnung bietenden Strukturen wie z. B. Staaten mehr gibt, sondern nur noch den genormten Zwang zu von digitalen Konzernen definierter Lebensqualität und Glück.

Die Freiheit des Einzelnen, sich non-konform zu verhalten, nicht beispielsweise der propagierten Gesundheitsnorm (Gewicht, Ernährung etc.) zu entsprechen oder sich auch dem technisch Machbaren zu verweigern, bleibt auf der Strecke.

Irgendwann fahren wir mit Google-Programmen Auto, arbeiten mit Google-gesteuerten Robotern, die dank Google- Deepmind intelligenter sind als wir und uns letztlich überflüssig machen. Außerdem kennen sie unsere Bedürfnisse schon bevor wir sie überhaupt äußern können.

Maschinen übernehmen die Kontrolle: Algorithmen analysieren Verhalten, Körperwerte, Gene, lenken Bedürfnisse, Geschmack, steuern Handlungen und „empfehlen", was wir kaufen, essen, wen wir lieben sollen. Wenn Computer-Erfolge von Therapien vorhersagen und Mediziner sich im „Autopilot-Modus" darauf verlassen, was ist dann noch deren Erfahrung wert? Wo bleiben „Bauchgefühl" und Intuition etwa hinsichtlich des Überlebenswillens eines Patienten? Können wir überhaupt für diese intelligenten Maschinen jetzt noch den Rahmen setzen, haben wir die Kontrolle und können wir entscheiden, welche Ziele sie verfolgen sollen? Dies muss jedenfalls geschehen, bevor diese es statt unserer tun.

Diese wenigen Beispiele für die Versprechen von Google und Co. nach dem Motto „alles, was technisch machbar ist, ist gut" einerseits und für mögliche Bedenken andererseits verdeutlichen schon, wie schwierig es werden dürfte, eine adäquate Balance aus Chancen und Risiken zu finden, die unserer Lebensqualität und Gesundheit am besten dient.

Was ist nun des „Pudels Kern" der Digitalisierung und was bedeutet er für unsere psychische Gesundheit? Es handelt sich um die Eigendynaxität unseres Milieus, also unserer Umgebung in Bezug auf unser Arbeits- und Privatleben mit ihren Schutz- aber auch schädigenden Faktoren. Ich habe vor knapp 30 Jahren den Begriff „Dynaxität" geprägt und vor vier Jahren zu „Eigendynaxität" erweitert, um ein Phänomen zu beschreiben, das ich für das entscheidende Merkmal der Globalisierung und jetzt Digitalisierung und zugleich für den wesentlichen Grund für die Zunahme psychischer Beeinträchtigungen halte. Immer mehr Elemente unserer Systeme (Produkte, Dienstleistungen, Prozesse) werden kreiert, variiert und vernetzt. Die drei Merkmale Anzahl, Vielfalt und Vernetzung machen die Komplexität aus. In der Digitalisierung werden immer mehr Elemente geschaffen und vernetzt. Dies alles geschieht über die Zeit in immer höherer Geschwindigkeit, d. h. die Dynamik steigt ebenfalls. Die rasende Veränderungsgeschwindigkeit schafft den Eindruck, als Einzelner nicht mehr mithalten zu können, dies erst recht, wenn die Frage, wohin denn die Reise gehen soll nicht beantwortet wird. Alexander von Schönburg (2016) bringt in seiner erfrischenden „Weltgeschichte to go" das schöne Bild von den Tönen. Danach werden die Abstände zwischen den bahnbrechenden Innovationen immer kürzer. Zunächst sind die Abstände unendlich lang, etwa zwischen der Entdeckung des Feuers, dann des Rades, dann immer schneller der Dampfmaschine (1769) und des mechanischen Webstuhles (1786, etwa die Zeit der ersten Industriellen Revolution), dann Computer (1941), Atomreaktor (1942) usw. Die Töne werden zum Stakkato und bald zum durchgängigen Sirren, was beim Erreichen der technologischen Singularität erreicht sein dürfte. Dann kontrollieren nicht mehr wir Menschen die Technik, sondern umgekehrt. Dann werden wir künstliche Intelligenzen haben, die ihrerseits Superintelligenzen entwickeln, dies im Verein von Entwicklungen in der Technik und der ebenfalls rasant voranschreitenden Genetik (vgl. die berühmte Abkürzung GNR für Genetik, Nanotechnologie, Robotik). Vielleicht sehen bald die Cyborgs uns mild lächelnd als bessere Neandertaler. Die Frage, ob wir solche Entwicklungen stoppen können, um die Kontrolle zu behalten beantworten wir meist mit dem lapidaren Satz: „Der technische Fortschritt ist nicht aufzuhalten". Uns sollte allerdings bewusst sein, je komplexer ein System, umso empfindlicher und angreifbarer wird es. Und je mehr Eigendynaxität es entwickelt, umso weniger haben wir es unter Kontrolle.

Das, was von so vielen Menschen geschaffen wurde ist für den Einzelnen überkomplex. Gemäß Ashbys Gesetz kann ein System immer nur weniger Komplexität bewältigen als es selbst hat. Der rasant wachsenden Komplexität versuchen wir zu begegnen z. B. durch Teamarbeit, bei der viele unterschiedliche Hirne mit verschiedenartigem Wissen dieses zusammenwerfen oder durch Computersysteme, die über eine ungleich höhere Kapazität verfügen. Unsere Arbeits- und Privatwelt ändert sich also unaufhaltsam immer schneller und wird gleichzeitig immer komplexer, wobei sich diese beiden Phänomene gegenseitig beflügeln.

Möglich wurde dies durch die Informations- und Kommunikations- sowie die Transporttechnologien. Schon Günther Anders (2002) verwies Ende der fünfziger Jahre des vergangenen Jahrhunderts darauf, dass der Mensch immer mehr Technologien entwickelt, die er anschließend nicht mehr beherrscht. Das ist eigentlich klar, denn die Technologien werden von höchst kompetenten Menschen auf dem anderen Stern der geschützten Forschungslabors entwickelt. Täglich umgehen damit muss aber Otto Normalverbraucher. Die Möglichkeiten der Technik übertreffen allzu oft unsere Bedienfähigkeit. Wir verändern durch unsere Technologien die Natur, die eine Eigendynamik hat (Beispiel Klimawandel). Hinzu kommt die Eigendynamik von Massenphänomenen - wenn alle Smartphones haben, brauche ich auch eines, sonst bin ich nicht anschlussfähig - und die Eigendynamik unserer Gier sowie Bequemlichkeit. Wir lassen uns von der Technik gerne „verführen", wenn wir glauben, sie verstärke unseren Komfort und biete Möglichkeiten des Geldverdienens. So entwickeln sich Eigendynamiken unseres Milieus, die wir nicht mehr beherrschen. Den Klimawandel können wir genauso wenig beherrschen wie die Finanzkrise oder die Digitalisierung. Wir können sie allenfalls etwas eingrenzen. Unser Milieu entfernt sich durch die technische Entwicklung in einer „Fortschrittsdynamik" immer schneller von der langsameren Evolution des Menschen, oder umgekehrt, wir halten mit unseren individuellen Fähigkeiten, unseren Rechts-, Sozial-, Bildungs- und möglicherweise auch Sicherheitssystemen nicht mehr Schritt. Ohne sich darüber streiten zu wollen, inwieweit dies objektiv und logisch so ist, entscheidend bleibt, was wir Menschen subjektiv, psychologisch, denken und fühlen. Der Eindruck, wir hätten die von uns selbst verursachten Systeme nicht hinreichend im Griff, macht uns Angst. Das Gefühl von Kontrollverlust ist einer der stärksten Stressoren. Und die Schwächung von Gesundmachern wie z. B. Sinn, Orientierung, Vorherseh- und -sagbarkeit und damit Planbarkeit, Wertschätzung macht psychische Beeinträchtigungen wie Burnout und Depression wahrscheinlicher. Durch die Digitalisierung nimmt Dynaxität noch schneller zu als die Rechenkapazitäten, so dass die Wahrnehmung der Daten immer selektiver wird. Statt Big Data brauchen wir Smart Data. Die Dynaxität steigt mit der Vernetzung, so dass die resultierenden Systeme nicht mehr in Echtzeit optimierbar sind. So „dackelt" z. B. die Demokratie den Ereignissen hinterher (lineare versus exponentielle Entwicklung). Es wird immer schwieriger, Modelle mit Feedback-Schleifen zu entwerfen, Daten in Echtzeit zu erfassen und die Algorithmen schnell genug anzupassen, wenn die Vorhersagen ihre eigenen Bedingungen beeinflussen (Weinberger, 2013, S. 227). Die (Eigen)Dynaxität macht die Welt immer komplexer als alle Modelle, so dass mehr „schwarze Schwäne" (Taleb) entstehen, auf die wir keine bewährte Antwort haben.

So werden Voraussagen immer schwerer und die Planbarkeit geringer. „Wir fahren auf Sicht". Die Dynaxität der technischen veränderten Systeme wächst schneller als sich die Evolution des Menschen „hinterher entwickeln" kann. Die Datenvolumina übersteigen unsere Fähigkeiten. Vor allem die Eigendynamik der Systeme macht Angst mit der Folge von Hilflosigkeit (Depression). Wir sind mit zunehmender Dynaxität immer stärker „Beratern" ausgeliefert. Man denke nur an die Anzahl der Lobbyisten um die Parlamentarier herum. Das allumfassende Abgreifen von Daten (z. B. NSA) lässt zivile und militärische sowie öffentliche und private Welt verschmelzen. Whistleblower stören da. Im Übrigen, wollen wir wirklich mehr Transparenz durch sie, oder ist es vielleicht psychisch gesünder, sich durch Nicht-Wissen nicht „unnötig" zu beunruhigen? Und hilft es, wenn wir uns im Sinne des „cocooning" auf unsere Inseln oder in kleine, traute, überschaubare, den Eindruck von Sicherheit vermittelnde Bereiche zurückziehen, weniger Nachrichten aus der grausamen weiten Welt zur Kenntnis nehmen und uns statt dessen in heile Welten á la Inga Lindström flüchten?

Die Implikationen von Globalisierung und Digitalisierung mit ihren Eigendynaxitäten für die (psychische) Gesundheit bzw. Gefährdung liegen auf der Hand. Gesundmacher wie Vertrauen, Orientierung, Vorherseh- und -sagbarkeit mit der Folge von Planbarkeit, Transparenz, Sinn etc. sind bedroht. Umgekehrt werden „Krankmacher" wie diverse Drücke (Kosten-, Konkurrenz-, Zeit-, Veränderungs-, Lerndruck), Hilflosigkeit, Ausgeliefertsein, Kontrollverluste, Ängste (Angst vor Versagen, Jobverlust, Armut etc.) gefördert.

2. Eine mögliche Struktur für Perspektiven der Digitalisierung

Da die Digitalisierung im Grunde alle unsere Lebensbereiche betrifft und in ihren Konsequenzen unendlich komplex ist und wir uns nicht im Sumpf des „Alles hängt mit allem zusammen" verlieren sollten, bedarf es einer Strukturierung. Struktur und Ordnung im Kopf fördert schließlich unsere psychische Gesundheit.

In unseren Bemühungen um den leistungsfähigen, gesunden und sicheren Mitarbeiter in der leistungsfähigen, gesunden und sicheren Organisation mittels Vorträgen, Seminaren, Workshops, Coaching etc. hat sich dazu folgende Struktur bewährt:

Durch sie soll unser hoch dynamisches und komplexes Verhalten und Erleben „anfassbarer" werden, so dass wir das Gefühl verlieren, immer nur in Watte zu greifen.

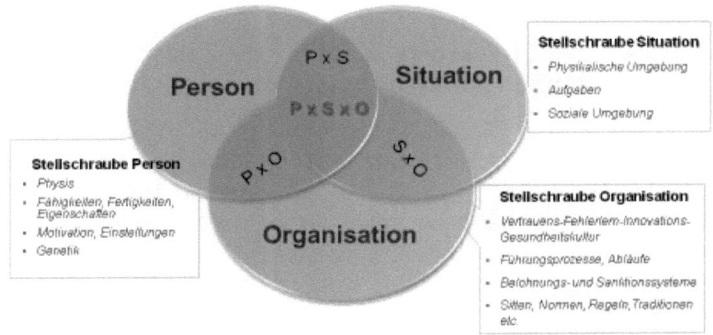

Abbildung 1: Person, Situation, Organisation

Diese Basisstruktur war in Forschung und Praxis zur Optimierung von Leistung, Gesundheit und Führung (Kastner, 2010) bzw. zu dem, was uns psychisch und damit verbunden natürlich physisch gesund erhält und dem, was uns umgekehrt psychisch gefährdet gut als ordnende Hand zu gebrauchen. Demnach verwirklicht sich ein entsprechendes Verhalten im dynamischen Zusammenspiel von Person, Situation und Organisation. Der Faktor Person betrifft all das, was an uns Individuen relativ stabil ist: Physis und Gene, Fähigkeiten, Fertigkeiten, Eigenschaften, Einstellungen, Emotionen etc. Der Faktor Situation bezieht sich z. B. im Berufsleben auf den Arbeitsplatz mit seinen physischen Qualitäten (Lärm, Stäube, Gase, Platz, Ausstattung etc.), der sozialen Situation (Kollegen, Mitarbeiter, Chef) sowie den Arbeitsaufgaben. Der Faktor Organisation beinhaltet Kultur und Art der Kommunikation, Abläufe, Prozesse, Belohnungs- und Sanktionsmechanismen, Regeln, Sitten, Traditionen etc. Entscheidend für die Unterschiedlichkeit des menschlichen Verhaltens und Erlebens sind die dynamischen

Wechselwirkungen zwischen diesen drei Faktoren (Transaktionismus). Jemand kann die tollste Person sein, wird aber in einer miesen Arbeitssituation ohne sinnvolle Aufgabe, positive Rückkopplung und ohne Handlungsspielraum (S) psychisch gefährdet. Diese tolle Person kann in einer wunderbaren Arbeitssituation agieren, wird aber in einer Kultur des Mobbings, der Erpressung, in der nur mit Zahlendruck geführt (O) wird wiederum psychisch gefährdet.

Bezogen auf die Digitalisierung würden zur (Arbeits)Situation Computer am Arbeitsplatz bzw. Laptop als mobiler Arbeitsplatz, Smartphone, I-Pad etc. oder auch das autonom fahrende Auto gehören. Die Organisation beinhaltet alle Aspekte der durch die Digitalisierung sich verändernden Gesellschaft, Unternehmen, Kultur, Regelsysteme etc. Der Aspekt der Person bezieht sich auf sich ebenfalls mit der Informations- und Kommunikationstechnologien (IKT) verändernden Fähigkeiten und Hirnstrukturen, Einstellungen, Emotionen, die Physis des Menschen usw. Erleben und Verhalten verwirklichen sich in den dynamischen Wechselwirkungen zwischen diesen drei Komponenten: Person (P), Situation (S) und Organisation (O). Der Frust über das Programm, das nicht so funktioniert, wie ich es will wäre eine Interaktion zwischen Computer (S) und mir (P). Die Firma, die die Digitalisierung vorantreibt wäre als Interaktion zwischen O und S zu beschreiben. Wenn sie aufgrund der Digitalisierung Mitarbeiter entlässt, wäre dies eine Interaktion zwischen O und P. Meist finden wir Dreifach-Wechselwirkungen zwischen P, S und O, etwa wenn die Firma (O) dafür sorgt, dass neue Maschinen und digitale Prozesse (S) von Mitarbeitern (P) eingeführt werden, die sich damit selbst wegrationalisieren, ihnen aber neue Tätigkeiten versprochen werden, um sie bei der Stange zu halten. Die Erfahrung lehrt, dass solche Versprechen meist nicht eingehalten werden. Das wissen die Digitalisierungsakteure natürlich, glauben aber eh keine Alternativen zu haben, und im Übrigen „die Hoffnung stirbt zuletzt".

Was nun wirklich in den Menschen passiert, zeigt sich also in dem dynamischen Zusammenspiel von O, S und P, ausgedrückt in den Interaktionen P x S, O x S, O x P und P x S x P. Es handelt sich dabei also um eine hoch dynamische und komplexe Angelegenheit (Dynaxität). Mein Unternehmen will noch effizienter werden, ersetzt mittels Digitalisierung menschliche Köpfe durch Computer oder Roboter. Bei diesem Prozess soll ich proaktiv mitwirken verbunden mit der Gefahr, dass ich je eher arbeitslos bin je besser mir dies gelingt. Das ist demotiviert und Existenzängste auslösen kann, leuchtet sofort ein.

Mittels dieser Basisstruktur P/ S/ O können wir auch die hier im Vordergrund stehenden psychischen „Gesund-" bzw. im Umkehrschluss „Krankmacher" ordnen und auf diese Weise die Hebel besser erkennen, an denen wir ansetzen müssen, um der Digitalisierung angemessen zu begegne.

Tabelle 1 „Gesund – und Krankmacher" aufgeschlüsselt nach Person, Situation, Organisation

Person	Situation	Organisation
Gefühl von Sinn	Sinnvolle Arbeit, Abwechslungsreichtum, Vielfalt und Vollständigkeit der Aufgaben	Sinnstiftung, transaktionale Führung, Visionen
Freiheit, Selbstbestimmung Glaube, positive Emotionen	Handlungsspielraum Rücksicht auf Glaubensrituale	Betroffene zu Beteiligten Wertepassung
Gefühl von Wertschätzung, Anerkennung, Respekt	Wertschätzender Umgang von Kollegen, Mitarbeitern, Führungskräften	Wertschätzende Kultur, VFLIG-Kultur (Kastner, 2007), Wertschätzungssymbole
Gefühl von Gerechtigkeit	Synegoismus (Kastner, 1994), faire Führung	Adäquate Bezahlung Aufstiegschancen
Transparenz, „Durchblick", Verstehbarkeit	Klare Ziele und Aufgaben	Informationspolitik
Vorherseh-, -sagbarkeit, Planbarkeit	Klare Ziele, rechtzeitige valide Information	Information, Mustererklärung, Datenschutz

Michael Kastner

Person	Situation	Organisation
Gefühl von Sicherheit, Geborgenheit, Bindung, Vertrauen	Entsprechende Führung, Events, Emotionalisierung	Beispiele: Familienunternehmen, Religionen, Arbeitsplatzsicherheit, VFLI-Kultur, Compliance
Klare Orientierung	Kläre Aufgabenbeschreibung Rückkopplung	Strategieerklärung
Kontrolle, Handhabbarkeit Bewältigen, Selbstwirksamkeit	Bewältigbare Aufgaben	Personalpolitik, erträgliche Leistungsverdichtung
Erfolg	Rückkopplung, Lob	Leistung lohnt sich
Handlungsspielraum	Gestaltung nach MA-Reife, Freiheitsbedürfnis	Passung von Befugnis, Verantwortung, Fähigkeiten, Motivation
Gefühl sozialer Unterstützung, Solidarität	Teamförderung, Events, Hilfe	Soziale Systeme (Rente, KiTa, etc.)
Optimismus	Entsprechende Führung	Dito

Person	Situation	Organisation
Harmonie, Gefühl verstanden zu werden, positive Kommunikation	Transaktionale Führung MA-Gespräche	Konfliktmanagement VFLIG-Kultur,
Ernährung, Bewegung, Entspannung, Rhythmus	Gelegenheiten, Förderung, Vorleben,	Gesundheitsmanagement Arbeitssicherheit
Rückkopplung, Vorsorge	Führung und Gesundheit	Gesundheitsmanagement
Sozioökonomischer Status, Wohlstand	Arbeitsplatz, Umgebung	Faire Bezahlung Alterssicherung
Privatheit, Intimität	Privatraum	Respektierung der Privatsphäre
(informationelle) Selbstbestimmung	Kontrolle eigener Daten	Datenschutz

Balancen

Person	Situation	Organisation
Laptop/ Lederhose	Arbeitszeitgestaltung	Dito, Events z. B. Betriebsausflüge, MA-Zeitschrift
Anforderungen/ Ressourcen	Passung : Anforderungen/ Ressourcen, 2/3 Zahnfleisch im Schnitt	Personalentwicklung Ressourcenstärkung

Person	Situation	Organisation
Investiv/ konsumativ	Faire Entlohnung, achten auf Energieaufwand	Dito
Stabilität/ Flexibilität	Arbeitsgestaltung	Dito, OE, PE
Inhaltlich/ instrumentell	Inhaltliche Führung	Vermeidung rein zahlenorientierter Führung und Organisation
Hoffnung auf.../ Furcht vor...	Leistungs-, Kontroll-, Anschlussmotiv ausbalancieren	Entsprechende Sanktions- und Belohnungssysteme

Wenn man diese „Gesund- und Krankmacher" aufgeschlüsselt nach Person, Situation und Organisation näher betrachtet, ergeben sich fast automatisch Implikationen analytischer Art sowohl für die später beschriebenen ethischen Phänomene der Digitalisierung als auch für die Konsequenzen, also was wir nutzen sollten und was wir tun können, um die Gefährdungen zu minimieren.

Diese Basisstruktur P, S und O soll nun mit den Perspektiven ausdifferenziert werden, die für die Digitalisierung von besonderem Belang sind.

Als Basis all unseres Handelns betrachten wir einen Organisationstrichter, der wiederum aufgeschlüsselt wird nach Ethik/ Kultur-, Technik-, Wissenschafts- und ökonomischer Perspektive.

Bei der Ethik vereinbaren wir, was gut/ schlecht, erwünscht/ unerwünscht, richtig/ falsch ist. Wer dies nicht weiß, kann sich nicht richtig verhalten. Diese Aufgabe der (Unternehmens)Ethik muss ergänzt werden durch die der (Unternehmens)Kultur. Hier geht es um das Wie. Wenn wir im virtuellen

Team über Kontinente hinweg mit Menschen unterschiedlicher Sprache, Hautfarbe, Kleidung, anderen Glaubens zusammen arbeiten, geht es um Kultur. In diesem Sinne kann „multikulti" etwas Buntes, Wunderbares sein. Dieses kulturell unterschiedliche Verhalten sollte allerdings auf den gleichen Werten (Ethik) basieren. Multiethik ist ausgesprochen problematisch. Was passiert, wenn die Scharia höherwertiger sein soll, als das Grundgesetz?

Die ethische Perspektive betrifft beispielsweise Fragen unserer von Harald Welzer in diesem Band beschriebenen Selbstentmächtigung, der Diffamierung oder des Mobbings im Internet oder: "Wird die künstliche Intelligenz schlauer als wir? Oder schafft die Digitalisierung im Zusammenspiel mit der Genetik Mensch-Maschinen oder Maschinen-Menschen (Cyborgs)? Verändert sich das Sexualverhalten unserer Teenager durch die Pornografie im Internet? Oder wie viele Menschenleben schützen wir durch autonom fahrende Autos? Kulturelle Fragen des Wie lauten: „ist ein persönliches Gespräch oder ein Brief besser als eine E-Mail oder legen wir das Handy beim gemeinsamen Abendessen weg?"

Die ethisch/ kulturelle Perspektive soll beschrieben und anschließend konkretisiert werden durch:

- die politische Sichtweise, etwa werden Wahlen beeinflusst durch Fake-News im Internet?

- die Probleme der Cyberkriege, etwa werden Kriege durch Drohnen und durch Lahmlegen von Infrastrukturen via Internet geführt?

- die Probleme der Cyberkriminalität, z. B. werden unsere Konten gehackt?

- Aspekte des juristischen Systems, z. B. hinken unsere Gesetze der technischen Entwicklung hinterher?

- Aspekte des sozialen Sicherungssystems, etwa kann der Konkurrenzkampf zwischen Einzelkämpfern im Internet durch Gewerkschaften zivilisiert werden?

In den Organisationstrichter gehören neben der ethisch/ kulturellen Perspektive:

- die technische Blickrichtung, etwa welche Implikationen haben Big Data, Industrie 4.0 und das Internet der Dinge für unsere Psyche?

- die wissenschaftliche Perspektive, z. B. forschen wir durch Big Data anders als früher.

- die ökonomische Sichtweise, etwa welche Prozesse werden durch die Digitalisierung effizienter und wo eröffnen sich neue Märkte?

- Die Perspektive der Arbeitswelt, z. B. Arbeitslosigkeit, ständige Neuqualifizierung.

In den Situationstrichter gehören alle Aspekte der Veränderung von Arbeitsplätzen durch die Digitalisierung. Dies betrifft die physische Ausstattung z. B. durch Computer und Roboter, die Aufgaben und die soziale Situation, z. B. die Frage, ob jemand nunmehr allein bzw. mobil arbeitet. Die Implikationen von Industrie 4.0 für den individuellen Arbeitsplatz, z. B. Überwachung von Arbeitsprozessen mithilfe des I-Pads in Echtzeit gehören in diesen Bereich.

In den Persontrichter gehören:

- Die psychologische Perspektive, z. B. Fragen der Süchte oder digitalen Demenz.

- Die pädagogische Perspektive, etwa E-learning oder Internet-Universitäten.

- Die medizinische Perspektive, z. B. Augen- und Rückenschäden durch zu viel Smartphone-Nutzung oder psychiatrische Schäden durch zu häufiges Video – Spielen oder Solidaritätsverlust durch Krankenversicherungsoptimierung mittels Apps übermittelter Gesundheitsverhaltenswerte.

Die Perspektive der Kommunikation dürfte das verbindende Element zwischen den drei Trichtern Person, Situation und

Organisation sein. Die Digitalisierung lässt unsere ganze Gesellschaft auf andere Weise kommunizieren als früher, z. B. via Social Media. Das Internet verändert deutlich Organisationskulturen, und Abläufe am Arbeitsplatz werden heute durch IT völlig anders gestaltet als vor 30 Jahren. Moderne Informations- und Kommunikationstechnologien verändern dramatisch die dynamischen Wechselwirkungen zwischen P, S und O mit all ihren Facetten von der Ethik bis zu medizinischen Perspektive, die auch verschiedenartige Kombinationen eingehen, z. B. Medizinethik.

Somit ergibt sich folgende Gesamtstruktur:

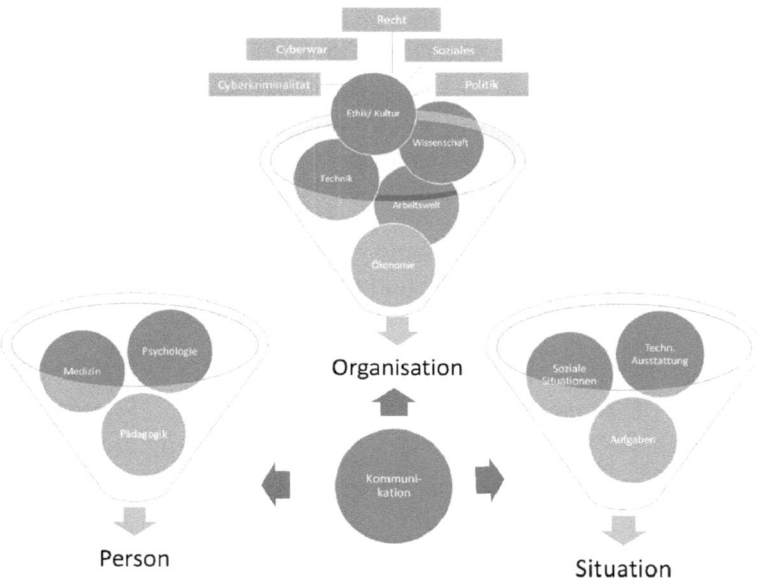

Abbildung 2: Gesamtstruktur der Perspektiven der Digitalisierung

Andere Auffacettierungen sind natürlich denkbar, und mit dieser Struktur sind sicherlich nicht alle Wirkfaktoren und Perspektiven der Digitalisierung auf unser Verhalten und Erleben und damit unsere psychische Gesundheit oder

Gefährdung erfasst. Aber wir haben doch ein wenig Orientierung und Ordnung (Gesundmacher) in unserem Kopf angesichts dieses hochkomplexen Themas, das die meisten unserer Lebensbereiche berührt. Beispielsweise erleben wir täglich Veränderungen:

- von Konkurrenz, Arbeit, Arbeitslosigkeit und sozialen Sicherungssystemen in einer digitalisierten Welt, in der jede Ecke unseres Arbeits- und Privatlebens stärker durchleuchtet wird.

- unseres menschlichen Miteinanders (Screen to Screen zu - Lasten der Face to Face - Kommunikation), von Vertrauen und Bindung in der medial vermittelten Kommunikation.

- der Regulierung von Privat- und Arbeitsleben durch Soziale Medien

- von Denk-, Problemlöse- und Lernprozessen sowie Hirnstrukturen bis hin zur digitalen Demenz.

- von Organisationen in Wirtschaft und Verwaltung inklusive Organisations- und Personalentwicklung, die im Zeitalter von Cloud Crowd neue Arbeits- und Organisationsformen schaffen.

- von Belastungs- und Beanspruchungsprozessen sowie psychischen Beeinträchtigungen, psychosomatischen und systemischen Erkrankungen.

- von zahlreichen alltäglichen Verhaltensweisen wie einkaufen, Partner suchen, Filme anschauen, Entscheidungen treffen etc.

Schon diese wenigen exemplarischen Veränderungsaspekte verdeutlichen, dass in Verbindung mit Ingenieurswissenschaften zahlreiche Disziplinen gefragt sind, deren Befunde zu integrieren sind: Psychologie, Medizin, Philosophie, Pädagogik, Ökonomie sowie ihren Mischaspekten in Kommunikations- und Kulturwissenschaften, Neurobiologie, Medienwissenschaften etc.

Die o. g. Aspekte verdeutlichen auch, dass die unterschied-lichsten Interessengruppen stark betroffen sind und sich kaum jemand diesen Veränderungen entziehen kann. Dies gilt für Wissenschaftler, Politiker, Arbeitgeber im Hinblick auf Arbeitsorganisation, Arbeitnehmer und Gewerkschaften etwa hinsichtlich sozialer Sicherheit, Individuen in Bezug auf ihr Selbstmanagement. Verkehrsplaner müssen damit umgehen, dass immer mehr Logistik durch den Online-Einkauf vonnöten wird. Ausbildungsinstitutionen und -gänge müssen verändert werden. Mittlerweile haben wir in Deutschland 18.000 Studiengänge, bei denen kein Mensch, geschweige denn ein Abiturient durchblickt. Diese Liste ließe sich endlos fortsetzen.

Wo hilft uns nun die digitalisierte Welt der 4. Industriellen Revolution, mit unserem Leben besser fertig zu werden, und wo ergeben sich psychische (Fehl)Beanspruchungen mit der Folge psychischer Beeinträchtigungen? Werden wir durch diese 4. Industrielle Revolution psychisch gesünder und resilienter oder kränker? Wenn beides, was wahrscheinlich ist, wie finden wir dann adäquate Balancen zwischen Chancen und Risiken in handhabbarer Vereinfachung ohne gleich-zeitige Vernachlässigung der wichtigsten Aspekte? Die Basis von allem betrifft unser Wertesystem, weshalb wir damit starten sollten. Wenn wir nicht wissen, was für unsere Lebensqualität und Gesundheit „richtig" ist, können wir auch nicht entsprechend agieren.

A Organisationale Facetten

3. Die ethisch-kulturelle Perspektive

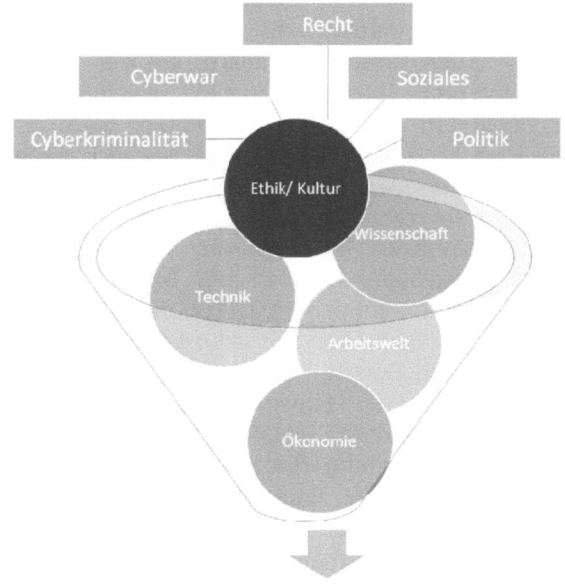

Organisation

Abbildung 3: Teilstruktur Organisation: Ethik/ Kultur

In diesem zur Organisationsperspektive gehörenden Basisthema Werte bzw. Ethik/ Kultur finden wir von der Digitalisierung betroffene ethische, kulturelle und philosophisch-soziologische Probleme z. B. der Balance von Freiheit und Sicherheit angesichts des Informationsoverloads durch NSA, Google, Apple, Facebook, Amazon etc., der Entgrenzung von Privat- und Arbeitsleben, der sozialen Verantwortung und Gerechtigkeit, von Privatheit und Öffentlichkeit. Cyberkrieg und -kriminalität, per IT gesteuerter Terrorismus, Töten durch Drohnen, maßgeschneiderte Menschen in der Gentechnologie sind nur ein paar Beispiele für eine Kette endloser ethischer Probleme, die sich durch die Möglichkeiten der Digitalisierung, von Big Data etc. ergeben. Die erwähnte zunehmende (Eigen)Dynaxität durch die Digitalisierung erzeugt immer mehr unvorhersehbare System-zustände, aber auch Werte, vor allem den der Gesundheit. Dadurch entstehen ebenso wenig zweifelhaft mehr Optionsmöglichkeiten, in vielen Bereichen mehr Lebens-qualität und Bequemlichkeit. Aber es zeigen sich auch kaum beherrschbare Eigendynamiken, wie wir sie z. B. von der Erderwärmung oder der Finanzkrise kennen: Kontroll- und Sinnverluste, Instabilität, Intransparenz, Vertrauensverluste verbunden mit zahllosen Ängsten um Arbeitsplatz, Rente, Existenz etc. (alles Krankmacher). Durch die Möglichkeiten in der digitalisierten Welt zur Strukturierung von Wissen (Wikipedia, Vergleichsportale, Ebay, Google-Earth) und zu konkreten Hilfen (z. B. Navigationen, Versorgung und Steuerung via Smarthome) entstehen zwar wieder mehr Transparenz und Entlastung (Gesundmacher). Wir müssen viel weniger aus dem Haus, um einzukaufen, unsere Steuern zu erklären oder können gar zuhause arbeiten etc. Aber wir haben damit auch weniger menschliche Kontakte. Einsamkeit ist ein Krankmacher, Bindung und soziale Unterstützung hingegen sind Gesundmacher. Wir unterliegen andererseits dadurch, dass wir via Internet global konkurrieren diversen stärkeren Drücken (Leistungs-, Qualitäts-, Kosten-, Zeit-, Dynaxitäts-, Lern-, Innovationsdruck). Etlichen wahrscheinlich zunehmenden „psychischen Krankmachern" stehen also einige „Gesundmacher" gegenüber. Und es fragt sich, wo beeinträchtigt psychisch was wie stark, wo hilft was und welche Balancen können uns helfen?

Schon die ersten drei Industriellen Revolutionen haben uns gelehrt, wie stark sich durch wissenschaftliche und technische Veränderungen auch unsere psychologischen, soziolo-gischen, pädagogischen, ethischen und kulturellen, unsere Arbeitsprozesse und unser privates Leben verändern. Beispielsweise hat der Ersatz von Muskelkraft durch Maschinen in der Ersten Industriellen Revolution unsere

Körper weitgehend verweichlicht (Krankmacher), verbunden mit entsprechenden Krankheiten. Es fragt sich, wie dies mit unserem Intellekt und unserer Psyche aussieht angesichts der Tatsache, dass in der Vierten Industriellen Revolution die kognitiven Prozesse von IT übernommen werden. Erleben wir hier eine „kognitive Verweichlichung"? Die Vierte Industrielle Revolution maßgeblich verursacht durch die Digitalisierung platzt in eine „Müdigkeitsgesellschaft", in der nach Han (2014, 9. Aufl.) das heutige Leistungssubjekt mit sich selbst Krieg führt, indem es sich in Freiheit wähnt, aber in Wirklichkeit gefesselt ist (S. 5) und sich selbst ausbeutet (Selbst-ausbeutung ist ein Krankmacher par excellence), dies u. a. um den Preis der Müdigkeit. Jedes Zeitalter hat seine Leitkrankheiten, das bakterielle, das durch Antibiotika, das virale, das durch immunologische Techniken zu Ende ging und nun das neuronale (Depression, ADHS, Borderline, Burnout) Zeitalter der Digitalisierung. Hier handelt es sich nicht um Infektionen, sondern um Infarkte, die nicht durch die Negativität des immunlogisch Anderen, den es abzuwehren gilt, entstehen, sondern durch übermäßige Positivität (S. 7) des Gleichen. Hier kann kaum noch unterschieden werden zwischen Freund und Feind, Innen und Außen, Eigenem und Fremden (Desorientierung ist ein Krankmacher). Wir wissen nicht mehr, wo wir konkret etwas abwehren können (Cyberkrieger, Flüchtlinge?), so dass zwangsläufig auch kein Immunsystem funktionieren kann. Es braucht das Andere, Fremde, sprich Feindliche. In unserer Not wehren wir alles ab, was wir uns nicht erklären können, auch das für uns nicht erkennbare Nicht-Feindliche (siehe Auto-Immunkrankheiten). Dies ist in Zeiten zunehmender Dynaxität natürlich ein Sisyphus-Unterfangen. Dem Menschen als primär „emotionalem, sozialem, Lauf-, Rhythmus-, Tarn- und Täusch-Tier", aber natürlich auch als kulturellem Wesen (Kastner, 2010) hat die Evolution eingebrannt: „Fremdes und Anderes kann dich den Kopf kosten". Nun muss er sich umprogrammieren auf „fremd ist bunt und wünschenswert". Die Globalisierung widerspricht dem immunlogischen Para-digma und der Andersheit, die qua Evolution eine

Immunantwort hervorrufen müsste, sie wirkt der Entgrenzung entgegen (Han, a.a.O., S. 11). Die Fähigkeit zur Selbstbegrenzung ist ein wesentlicher Gesundmacher wie man beim Krebs sieht, bei dem diese Fähigkeit der Selbstbegrenzung der Subsysteme verloren geht. Eine immunologisch geordnete Welt mit ihren Grenzen, Gräben und Mauern verhindert Austauschprozesse und die Hybridisierung widerspricht der Immunisierung. Siehe beispielsweise der Hybrid-Krieg in der Ost-Ukraine. Daraus resultieren Wünsche nach Abgrenzung (s. Brexit) oder aber Cocooning.

Das immunologisch Andere, also das Negative, dringt in das Eigene ein, um es zu zerstören. Deshalb muss das Eigene dieses Negative durch eine Immunreaktion bekämpfen. Nach Han (a.a.O.) folgen nun die neuronalen Erkrankungen des 21. Jahrhunderts nicht diesem immunologischen Paradigma, sondern sie sind einer übermäßigen Positivität zuzuschreiben. Die Gewalt geht nicht vom Fremden, sondern vom Gleichen, von der Fettlebigkeit der Systeme (Überfressen, Überinformation und -kommunikation, Überkonsum, Überfluss, Überleistung bzw. Hyperkonsum in dem Beitrag von Harald Welzer, alles Krankmacher) aus. Gegen Fett und Überdruss gibt es keine Antikörper, und hier können wir kaum Abwehrkräfte stärken. Wir verlieren die oben erwähnte Fähigkeit zur Selbstbegrenzung der Systeme. Dieses „Über und Zuviel" in allen Bereichen auf dem Hintergrund der Gewalt der Positivität führt zu Ermüdung, Erschöpfung, psychischer Sättigung sowie im Weiteren u. a. zur Depression. Dies oft über den Weg des Burnouts. Wir haben uns „überfressen". Dummerweise bildet diese Gewalt der Positivität nicht eine erkennbare Front, gegen die wir unsere Immunabwehr aufstellen können, sondern die Gewalt des Konsenses ist ansteckend und führt zu Kettenreaktionen. Wenn sich alle Sportler dopen und damit sich selbst ausbeuten, muss ich das auch tun, um in dieser Konkurrenz zu bestehen und entsprechende Erfolge einzuheimsen. Wer nicht mitmacht ist erfolglos. Der Feind der Selbstausbeutung steckt in uns selbst. Er rumort unterhalb der Bewusstseinsschwelle und wird durch alle möglichen Verdrängungsmechanismen und Fehlattributionen (falsche Ursachenzu-schreibungen) in Schach gehalten. Wir brauchen keinen Feind von außen, um uns selbst zugrunde zu richten. Unser innerer, der Wahrnehmung kaum zugänglicher Feind gedeiht in einer permissiven Gesellschaft, in der jeder fast alles darf und Fremdheit willkommen ist. Toleranz heißt nicht, dass jeder alles darf, sondern dass wir Andere nicht wegen ihrer Andersartigkeit (Hautfarbe, Alter, sexuelle Orientierung, Glaube etc.) weniger schätzen. Burnout, Depression, ADHS entstehen durch Überhitzung in einem Übermaß an Positivität (Han, a.a.O, S. 18).

Wir leben in einer durch die Digitalisierung noch stärker getriebenen Leistungsgesellschaft mit Leistungssubjekten als Selbstunternehmer. Es geht nicht um die Negativität der Disziplinargesellschaft, in der das Nicht-Dürfen definiert wurde. Es geht viel mehr um die Positivität des Gleichen, in der wir durch Empowerment, „we can", Motivation und Optimismus immer mehr erreichen wollen. Um die Produktivität noch weiter zu steigern, hilft nicht mehr die Disziplinartechnik und Negativität des Verbotes, sondern das Positive des Könnens, der Leistung, des Noch-schneller auf dem Hintergrund der unbegrenzten Möglichkeiten. Als Selbstausbeuter sind wir Opfer und Täter zugleich, sind aber perfekt darin, immer Anderen, im Zweifel „dem System" die Schuld zuzuschieben. Führt nun die Digitalisierung zu mehr Selbstausbeutung? Wäre Entnetzung und Entschleunigung oft nicht besser? Die Disziplinargesellschaft „erzeugt Verrückte und Verbrecher. Die Leistungsgesellschaft bringt dagegen Depressive und Versager hervor" (Han, 2014, S. 20). Hilft uns die Digitalisierung, adäquate Balance zu finden oder hindert sie uns eher daran?

Die Digitalisierung hat etliche ethische Aspekte, die wir möglicherweise im täglichen Gebrauch von Smartphone, Laptop etc. unter Nutzung des Netzes und der Social Media zu wenig hinterfragen. Han (2013) leitet schon aus täglich genutzten Worten etliche Implikationen ab. So verlangt Respekt (= Hinsehen) eine gewisse Distanz, die im Internet verloren geht. „Eine Gesellschaft ohne Respekt, ohne Pathos der Distanz führt in die Sklavengesellschaft" (a.a.O., S. 7). Wo der Respekt (Gesundmacher) als Basis für die Öffentlichkeit fehlt, verfällt diese, weil diese ein respektgeleitetes Wegsehen vom Privaten voraussetzt. In den distanzlosen sozialen Netzwerken wird Intimität und damit das Private öffentlich, so dass der mangelnde Ab-stand den An-stand verletzt. Auch der Ver-stand braucht Distanz. Der Abbau räumlicher und zeitlicher Distanz lässt auch die mentalen Distanzen erodieren. Öffentliches und Privates durchmischen sich durch die digitale Kommunikation mit ihrer pornografischen Ausstellung der Intimität (s. S. 8, a.a.O.). Diverse Shitstorms und die anonyme Diffamierung lösen in einer sich „ausbreitenden Kultur der Indiskretion und Respektlosigkeit" (a.a.O., S. 9) so manche psychische Störung aus. Wertschätzung ist einer der wichtigsten Gesundmacher (Kastner, 2013). Sie erodiert ebenfalls, weil „der Name die Basis der Anerkennung ist, die immer namentlich erfolgt...Daran... sind auch ...Verantwortung, Vertrauen und Versprechen (Gesundmacher) gebunden. Das Vertrauen lässt sich als Glaube an den Namen definieren. Verantwortung und Versprechen sind auch ein namentlicher Akt. Das digitale Medium, das die Botschaft vom Boten, die Nachricht vom Sender trennt, vernichtet den Namen" (a.a.O., S.9) und damit den Respekt.

Und wie schon beim Fax zu beobachten erfolgt die Reaktion direkt noch im Zuge der emotionalen Erregung. Die früheren Kontrollschleifen bei der Formulierung eines Briefes und des Wartens auf die Post, bei denen sich die Erregung verflüchtigt, existieren nicht mehr. So schaukeln sich Frustrations-/ Aggressions-Spiralen (Krankmacher) blitz-schnell auf und werden zudem zu einem Massenphänomen. Als digitale Menschen sind wir nicht mehr nur passive Empfänger wie etwa beim Radio, sondern aktive Informationsproduzenten und -empfänger, also Produzent und Konsument leider auch von Fake-News zugleich, was die Informationsmenge noch weiter steigert. Statt „nur" passiv zu hören und zu schauen wie bislang bei den Massenmedien

Radio und Fernsehen geben wir aktiv an die Welt eigene Informationen weiter, dies ohne die Zwischenstationen von Journalisten, Filmemachern etc. Nach Han (2013, S. 27) entmediatisieren digitale Medien wie Blogs, Twitter, Facebook etc. die Kommunikation, so dass „Meinungsmacher" als Filter wie etwa Journalisten oder Verlage überflüssig werden und damit die Epoche der Repräsentation zugunsten der Präsenz weicht.

Es gibt kaum noch geschützte Räume für im Rampenlicht der Öffentlichkeit stehende Personen. Politiker, Führungspersön-lichkeiten in Wirtschaft und Verwaltung oder auch Sportler, Schauspieler etc. sind dauernd der Gefahr ausgeliefert, dass Fotos oder aus dem Kontext gerissene Sprachinhalte gepostet werden. Dies führt zu einer psychischen Beeinträchtigung im Sinne einer informationellen Verun-sicherung (Krankmacher), weil diese Menschen keine Verfügungsgewalt über sie betreffende Informationen mehr haben. Kontrollverluste sind mit die stärksten Krankmacher. Wir können nicht mehr frei und ungezwungen kommunizieren, sondern müssen uns ständig in einer Art kommunikativer Deckung bewegen. Ein einziges Wort des Präsidenten der Europäischen Zentralbank beispielsweise kann ganze Märkte und Milliarden bewegen. Ein Satz der Bundeskanzlerin „Wir schaffen das" kann Millionen Flüchtlinge aktivieren und Europa spalten. Für die Demokratie ist es aber unerlässlich, dass wir in permanentem Austausch unsere Meinungen bilden, um Ansichten ringen, uns irren und korrigieren dürfen. Aber in der digitalisierten Medienwelt werden in Echtzeit Worte, Sätze hinausposaunt, die wir nicht mehr relativieren, korrigieren oder dementieren können. Was einmal ins Netz geraten ist, steht dort für lange Zeit, führt zu impliziten Persönlichkeitstheorien, stempelt uns ab. Was früher in unserem kommunikativen Umfeld klar gestellt werden konnte, ist jetzt im öffentlichen Netz kaum noch zu handhaben (Handhabbarkeit ist ein Gesundmacher). Letztlich müssen wir uns nicht wundern, wenn Politiker, die sich abstimmen, ihre Gründe und Ziele vermitteln und Entscheidungen vorbereiten müssen, irgendwann frustriert sind, weil all dies schneller als sie es zu Ende denken können in den Medien verzerrt und oft wenig wertschätzend oder gar persönlich diffamierend bewertet wird. So verliert man gutes Personal. Und so scheitern manche sinnvollen Vorhaben, weil irgendwelche Betroffenen und nicht rechtzeitig Beteiligten oft aus partei- und wahltaktischen Gründen sie torpedieren. Dass radikale Transparenz (an sich ein Gesundmacher) nicht weiterhilft, haben die Piraten bewiesen, u. a. weil die Prozesse so dynamisch und komplex sind, dass sie die kognitive Kapazität der Kommunikanten überfordern. Das fördert natürlich nicht die psychische Gesundheit.

Vielleicht führt eine Analogie zur Erfindung des Buchdrucks zu einigen Erkenntnissen (vgl. etwa Kucklick, 2014). Damals waren die Menschen auch verunsichert durch eine Informationsflut. Das vorher durch Fürsten und Theologen geprägte Weltbild veränderte sich, weil scheinbar plötzlich sich jeder selbst eine Meinung bilden und diese verbreiten konnte. Die Filter waren weggefallen so wie dies heute für die Filter von Journalisten gilt. Die damalige Befreiung aus der Unmündigkeit stellte zugleich eine Krise dar, weil sich die zuvor klare Welt in einer flutartigen Meinungsvielfalt auflöste. Jeder sucht sich seine Datenmuster selbst aus und baut sich damit „seine Wahrheit". Der „Charme" des „Islamischen Staats" liegt darin, dass er kognitiv einfach Strukturierten und Bildungsneutralen ein einfaches, „stimmiges" Weltbild mit klarem „Gut" und „Böse" und damit Orientierung und die Wertschätzung (beides Gesundmacher) bietet, die den meisten dieser Mitmacher bislang gefehlt hat.

Kann das ethisch „Falsche" die psychische Gesundheit fördern? Heutige Patienten verlassen sich kaum noch auf die Kompetenz des Arztes und ersetzen nicht mehr ihren Wissensmangel durch Vertrauen (einer der stärksten Heilfaktoren bzw. Gesundmacher), sondern „nerven" mit Erkenntnissen aus dem Internet. Oft wollen sie die Eigendiagnosen nur noch bestätigt sehen und mit Rezept und Krankschreibung nach Hause gehen. Schadet viel-Wissen der Gesundheit?

Die Wirkungen der Digitalisierung sind auch im Rahmen der Finanzkrise zu bewundern, die immerhin ein zentrales ethisches Problem verstärkt hat, das Auseinanderdriften von Arm und Reich. High Frequency Trading als Wettrüsten zwischen den schnellsten Computern der Welt ermöglicht eine virtuelle Finanzwelt, die von der Realwirtschaft abgekoppelt ist mit all ihren Folgen für Arbeitsplätze (Arbeitsplatzsicherheit ist ein Gesundmacher) und einer sich noch weiter öffnenden Schere zwischen Arm und Reich (Reichtum ist leider auch ein Gesundmacher). Nicht ohne Grund werden die mahnenden Stimmen in Richtung Banken- und Globalisierungskritik (etwa Hessel, 2011; Beck, 1986; Ziegler, 2015) lauter.

Han (2013, S. 49) verweist darauf, dass wir heute zwar weitgehend frei von uns versklavenden Maschinen (z. B. Fließband) sind, dass aber die digitalen Apparate ein neues Sklaventum schaffen, indem „jeder Ort in einen Arbeitsplatz und jede Zeit in Arbeitszeit" verwandelt werden kann. „Die Freiheit der Mobilität schlägt in den fatalen Zwang um, überall arbeiten zu müssen". Handlungsspielraum wäre ein wichtiger Gesundmacher. Während früher die immobilen Maschinen Arbeit und Freizeit abgrenzten, schleppen wir heute unseren Arbeitsplatz überall mit. Bei der Selbstausbeutung grenzen wir selbst unsere objektiv größeren Handlungsspielräume ein. Ähnlich „verstärken die sozialen Netzwerke den Zwang zur Kommunikation". Als psychische Störung liegt hier natürlich Sucht nahe. Wehe, wenn jemand sein Smartphone verliert und sich verloren fühlt, weil sowohl das gewohnte Orientierungs- als auch emotionsbesetzte (z. B. Fotos) Instrument als fehlt.

Ein zentrales ethisches Problem liegt in der Macht der Organisationen (von NSA bis Google), die über immer mehr Informationen über uns verfügen. Erfolgt hier ein gewaltloser, von uns kaum bemerkter Wandel einer Herrschaftsform? Die Abschaffung des Privaten, Persönlichen, auch Geheimen ist ein typisches Merkmal von Diktaturen, die Menschen kontrollieren wollen. Privatheit ist ein Gesundmacher. Beispielsweise setzen diverse Gesundheitsdienste Normen und erklären uns, was gut oder schlecht ist. Natürlich kann der Nutzer selbst entscheiden, welchen Dienst er nutzt, nur im Falle der Sucht ist es mit dem freien Willen vorbei. Das persönliche Geheimnis gehört zur Demokratie. Nicht ohne Grund gibt es Schweigepflichten, Betriebsgeheimnisse, Vertraulichkeit. Ohne das Private gibt es keine Öffentlichkeit und umgekehrt. Selbst das Recht, sich selbst zu schädigen gehört zur Demokratie.

Wenn sich Versicherungstarife am persönlichen (Gesundheits)Verhalten orientieren und Sportler weniger Prämie zahlen als notorische Fresser, Säufer, Raucher scheint das vordergründig vernünftig, höhlt aber das Solidarprinzip (Solidarität und soziale Unterstützung sind Gesundmacher) aus. Wenn wir nach Eigenschaften differenzieren öffnen wir eine Büchse der Pandora ethischer Probleme. Muss jemand, der genetisch für bestimmte Krankheiten vorbelastet ist oder jemand, der aufgrund von Traumata eine höhere Depressionswahrscheinlichkeit hat höhere Krankenkassenprämien zahlen?

Es wird eine Normalverteilung unterstellt, die alle, die zu den Extremen abweichen unter Generalverdacht stellt.

Wenn alles gefilmt, fotografiert, gepostet und vernetzt wird, wenn mit einem Klick alle möglichen Informationen über uns zusammengestellt, gefiltert und gezielt zu einem beliebigen Bild ohne unsere Korrekturmöglichkeit verdichtet werden können, dann sind wir Anderen mit unserem Image ausgeliefert und entmächtigen uns damit selbst. Bislang waren Medien in ihrer Reichweite begrenzter, verfielen oder verstaubten in Archiven. Nun ist es vorbei mit der Gnade des Vergessens. Prominenz wird unattraktiver, weil Privatheit noch schwieriger wird als früher. Allzu leicht wird jede Geste öffentlich, es entsteht im Internet via YouTube und Co. ein leicht zugängliches Archiv von Fehlverhaltensweisen, aus dem sich jeder je nach Gusto bedienen kann. Personalchefs suchen mit Vorliebe in den sozialen Netzwerken nach früheren Verhaltensweisen der Bewerber. Sich dagegen zu wehren kostet Energie und ist letztlich fehlbeanspruchend mit der Folge psychischer Beeinträchtigungen. Der Zwang zur permanenten Selbstbeobachtung und Kontrolle über jede Geste, Bemerkung, Gefühlsäußerung und das Vorspielen von Freundlichkeit selbst gegenüber Personen (z. B. Kunden, Klienten, Wählern), die man nicht ausstehen kann ist ebenfalls psychisch gefährdend. Unsere informationelle Selbstbestimmung erodiert zu einer informationellen Verunsicherung (Krankmacher). Wir geraten fortlaufend in Alarmreaktionen (auf Dauer Krankmacher), weil wir befürchten, beobachtet und in der Folge angegriffen, in Widersprüche verwickelt zu werden etc.

Wir wollen Privatheit, Freiheit und Sicherheit zugleich, eine schwierige Balance. In Zeiten von Dschihadismus, Salafismus und Islamismus wird aufgerüstet und die Vorratsdatenspeicherung wieder zum Thema, die mit Datenschutzfragen kollidiert.

Solchen skeptischen Überlegungen zu ethischen Problemen der Digitalisierung stehen etliche Versprechen gegenüber. Viele Digitalisierer wollen sicherlich Geld verdienen, haben zudem aber durchaus den Anspruch, diese Welt zu verbessern. Ihre Ideen greifen oft mit einer Schnelligkeit um sich, die uns atemlos fragen lässt, ob unsere politischen und sozialen Systeme mit diesen Veränderungen Schritt halten können. Uber beispielsweise hat sich innerhalb von fünf Jahren zu einer Organisation in mehr als 50 Ländern und 260 Städten mit einem Wert von ca. 50 Milliarden Dollar entwickelt, in der monatlich 50.000 neue Fahrer anfangen. Der Verstoß gegen geltendes Recht wird in Kauf genommen. Und ehe Gewerkschaften und Gesetzgeber überhaupt geordnet reagieren können, werden Fakten geschaffen. Dies durchaus auf dem Hintergrund der Vision von einem globalisierten Transportservice, bei dem einfach und preiswert Menschen und Waren transportiert werden. Es handelt sich um eine Philosophie des Teilens, so dass viele auf den Besitz von Autos verzichten können. Airbnd folgt demselben Prinzip, nur im Hinblick auf Wohnen und den ganzen Bereich des

Reisens. Snap ist aktuell trotz bisheriger Riesenverluste 28 Milliarden Dollar wert, mehr als die Lufthansa.

Im Kern geht es nicht nur um einen technischen Wandel (Smartphones, selbstfahrende Autos, Internet etc.), der schneller als unser sozialer Wandel und die menschliche Evolution erfolgt, sondern um einen rasanten gesellschaftlichen Wandel, der auch unsere Art des Denkens, Entscheidens, Lernens etc. betrifft. Er wird von relativ wenigen Köpfen getrieben und auch gesteuert, seien es Unternehmer (Cook/Apple, Brin und Page/Google, Zuckerberg/Facebook, Kalanick/ Uber, Gebbia/ Airnbn, Musk/ Tesla/ SpaceX etc.), seien es Chefdenker, Patentinhaber bzw. Wagniskapitalgeber (Kurzweil und Thrun/ Google, Thiel/ Paypal, ein Unterstützer von Trump, etc.). Ihnen geht es über den wirtschaftlichen Erfolg hinaus angeblich um eine bessere Welt zum Wohle der Menschheit qua Technologie. Staatliche Regulierungen und Politik behindern da nur in ihrer nationalen Fixierung und Langsamkeit die Kreativität, u. a. weil sie existierende Strukturen zementieren. Der Libertarismus will möglichst viel Autonomie (meist ein Gesundmacher) bei möglichst wenig staatlicher Bevormundung. Dadurch ergibt sich ein Wettlauf zwischen technologischer (exponentieller) und politischer (leider linearer) Entwicklung in der Vernetzung von Globalisierung und Digitalisierung.

Unter dem Stichwort „Singularität" warten sie auf den Zeitpunkt, an dem Mensch und Maschine sich so weit angeglichen haben, dass eine neue „Zivilisationsstufe" erreicht wird, die durch mehr Fairness, Effizienz, Gesundheit und Besiegen des Krebses und saubere Umwelt, ein längeres Leben, sicheren Straßenverkehr, Wohlstand, Komfort, Sicherheit, keine Energieprobleme, bessere Bildung und Reduzierung der ökonomischen Ungleichheit etc. gekennzeichnet sein soll. D. h. hier werden alle denkbaren Gesundmacher versprochen.

Konkrete Beispiele wären: Eine Autobahn aus der Luft fotografiert zeigt kurz vor dem Stau eine Füllung von ca. nur einem Drittel. Die Menschen reagieren nur falsch. Selbstfahrende Autos wären da effizienter und sicherer. Oder explodierenden Immobilienpreisen könnten wir durch billigen Transport begegnen durch extrem lange Busse, die wie U-Bahnen alle paar Minuten fahren. Roboter können die Arbeitseffizienz um das Zehnfache steigern, was die Produktpreise senken würde und Wohnen und Sicherheit ebenfalls billiger machen würde. Die Arbeitszeit könnte verkürzt werden, wodurch wir mehr Zeit für die Familie hätten. Selbstfahrende Autos sollen Zeit für Lesen, Schlafen, arbeiten gewinnen und künstliche Intelligenz soll das menschliche Denken verstärken.

Die dramatische Dynamik der Entwicklung wird letztlich auf die steigende Rechenkraft zurückgeführt. Gemäß dem Moore`schen Gesetz verdoppelt sich etwa alle zwei Jahre die Leistungsfähigkeit von Computerchips. Es leuchtet ein, dass eine solche exponentielle Funktion (siehe auch der Beitrag von Tim Hagemann in diesem Band) explodierende Vernetzungen ermöglicht, die sich in Medizin, Robotik, Biotechnologie etc. niederschlagen. Der qualitative Sprung besteht darin, dass in der Vergangenheit die zivilisatorischen Entwicklungen lokal und oft linear abliefen. Jetzt erfolgen sie global und exponentiell, so dass man sich fragt, wie da die menschliche Evolution noch mithalten kann. Die Tatsache, dass wir in Vielfachrollen als Kunden, Käufer, Lieferanten von Ideen, Opfer und Täter zugleich hineingleiten, verstärkt die Dynaxität noch.

Der technische Fortschritt ist verbunden mit einer Fixierung auf Daten und Zahlen, denen wir allerdings trauen müssen. Ein Haltbarkeitsdatum auf Lebensmitteln oder ein Abgaswert als Basis für meine Entscheidungen müssen auch stimmen. Ich kann schließlich nicht zum Experten für Lebensmittelhygiene oder Techniken der Abgasreduktion werden. Wenn das Vertrauen (Gesundmacher) in unsere Informationsquellen, die mein unzureichendes Wissen ausgleichen müssen, gestört ist, habe ich ein Entscheidungsproblem. Wenn zusätzlich noch die unterschiedlichsten Qualitätslabels-etwa bezüglich Bio-widersprüchlich sind oder eine eigene

Komplexität entwickeln wird der Leitsatz „Wissen durch Vertrauen ersetzen" zur Farce. Das Argument, der Markt liefere uns die nötige Transparenz -etwa durch Bewertungsclicks und Verkaufszahlen- verkennt, dass in durch Egoismus funktionierenden Systemen Produktinformationen schöngeredet oder sogar systematisch gefälscht (siehe VW-, Libor-Skandal etc. die Liste ließe sich endlos fortführen) werden. Im einfachsten Fall wird das Hotel von der Schokoladenseite fotografiert, oder Jugendbild und Altersangabe in der Partnerbörse haben mit der Realität wenig zu tun. Der Glaube, irgendwann werde der Betrug offenbar, Kunden verlören das Vertrauen, wendeten sich der Konkurrenz zu und das schändliche Verhalten werde durch Verschwinden vom Markt bestraft erscheint eher naiv. Auch die Bewertungsportale zeigen, wie abhängig wir von Daten und Messwerten und damit von den Menschen, genannt „Experten", sind, die diese Werte erheben und veröffentlichen, ohne Validitäts- und Reliabilitätswerte hinzuzufügen. Was führt hier zu Vertrauen oder Misstrauen? Der VW-Skandal hat gezeigt, dass Kosten- und Umweltschutzvorgaben nicht in Einklang standen. So wie Werte widersprüchlich sein können (Freiheit und Sicherheit) können es auch Kennzahlen sein. Für den wirtschaftlichen oder auch politischen – man denke etwa an die Angaben zur Radioaktivität in Fukushima-Erfolg werden Daten manipuliert, was unser Vertrauen in Kennzahlen und Messwerte erschüttert.

Die oben beschriebene optimistische Grundeinstellung von Google und Co. passt natürlich nicht zu einer skeptischen Sicht á la Eggers, bei dem uns im digitalen Gefängnis die individuelle Freiheit und das Humane genommen werden, wir uns selbst offenbaren „müssen". Wie bei der Selbstausbeutung liefern wir uns freiwillig aus in eine Welt, in der es keine Ordnung bietenden Strukturen wie z. B. Staaten mehr gibt, sondern nur noch den genormten Zwang zu von digitalen Konzernen definierter Lebensqualität und Glück. Die Freiheit des Einzelnen, sich non-konform zu verhalten, nicht beispielsweise der propagierten Gesundheitsnorm (Gewicht,

Ernährung etc.) zu entsprechen oder sich auch dem technisch Machbaren zu verweigern bleiben auf der Strecke.

Brauchen wir (vgl. Jaron Lanier, 2014) einen „neuen Humanismus", in dem klar ist, dass „Menschen etwas Besonderes... und mehr als Maschinen und Algorithmen" sind. Selbst wenn Maschinen „intelligenter" bzw. fehlerfreier als Menschen werden, bleiben noch genügend Facetten des Menschseins wie Launen, Spieltrieb, Neugier, Widersprüchlichkeit, Kreativität, Fähigkeit zu Überraschung und Verblüffung und machen ihn geheimnisvoll. Gerade letzteres wird ihm ja im Circle genommen.

Wie können die Vor- und Nachteile der Digitalisierung abgewogen werden? Wir geben Autonomie ab an die Digital-Organisationen. Je mehr wir schon beim Navigationssystem angefangen über Gesundheits-Apps bis zum selbstfahrenden Auto an Digital-Systeme delegieren, umso mehr verlieren wir unsere Selbststeuerung und langfristig unsere Fähigkeit zur Selbststeuerung. Die Verführung durch den digitalen Komfort ist natürlich groß, letztlich opfern wir aber Freiheit für Bequemlichkeit. Wir gewöhnen uns an den Komfort und werden langfristig von ihm abhängig und verlieren etliche Handlungsressourcen wie ein Muskel, der nicht trainiert wird oder Langzeitarbeitslose (Kastner & Kuhnert 1999).

Als zentrales Problem bleibt die spannende Frage, inwieweit sich die menschliche Psyche auf das Internet und seine Gefahren eingestellt bzw. durch dieses gefährdet wird. Die meisten Nutzer gehen mit dem Internet nur Jahre, maximal wenige Jahrzehnte mit IT um. Aus Sicht der Evolution ein zeitlicher Tropfen im Meer. Dies erklärt auch die Anthropomorphismen im Hinblick auf den Computer. Wenn etwas nicht klappt schimpfen wir auf diese „Person", schieben ihr die Schuld zu, treten sie etc., obwohl wir „eigentlich" wissen, dass es sich um eine „dumme" Maschine handelt.

Aus dem oben Gesagten ergibt sich, dass von der Digitalisierung zentrale Werte wie Freiheit, Sicherheit, Privatheit, Selbstbestimmung, Lebensqualität, Wertschätzung,

Respekt, positive Kommunikation, Verantwortung, Vertrauen, Solidarität, Gesundheit etc. berührt werden. Vor allem wird es um die Frage gehen, ob wir noch die Instrumente beherrschen oder sie uns. Vielleicht besteht die fünfte industrielle- oder auch Menschheitsrevolution in der Singularität, die Mensch und Maschine bzw. das Internet verknüpft. M. E. wird diese Gefahr noch übertroffen von dem, was ich 5. Industrielle bzw. gar Menschheitsrevolution nenne, die (technische) Singularität, platt ausgedrückt: Die Maschine wird schlauer als der Mensch. Wahrscheinlich wird zwischen 2040 und 2070 der Zeitpunkt erreicht, zu dem die künstliche Intelligenz fähig wird, sich selbst zu verbessern und damit in der Kombination aus Bio-, Gen-, Nano- und Informationstechnik „höhere" Wesen oder sogar die erwähnte „höhere Zivilisationsstufe" entsteht. So soll die biologische Unsterblichkeit oder zumindest die geistige Unsterblichkeit erreicht werden. Werden wir heutigen Menschen dann zu den Hausschweinen dieser „höheren, übermenschlichen" Intelligenzen, die dann ihre eigene Ethik entwickeln? Die Hybris der Menschen, sich zu Gott aufzuschwingen hat eine lange Tradition. Die Ängste vor der eigenen Vergänglichkeit können im Prinzip auf vier Arten lindern:

a) Eine Religion kann ein Leben nach dem Tod versprechen.

b) Wir können uns einfrieren lassen in der Hoffnung auf spätere Überwindung von Krankheit und Tod.

c) Wir können biotechnisch unser Leben zumindest verlängern. Die Grönlandhaie werden schließlich auch 400 Jahre alt.

d) Wir können unser geistiges Ich aus dem sterblichen Hirn in Computer auslesen.

Drei dieser vier Methoden haben mit der technischen Entwicklung und dem Glauben an technische Machbarkeit zu tun.

Wenn das kein zentrales ethisches Problem ist, was dann?

Die Fähigkeit des Menschen zur Emotion hilft ihm, Komplexität zu reduzieren. Je nach Gefühl wählt er aus seiner Umgebung das aus, was er wahrnehmen will (Qualität). Die Fähigkeit des Computers des zur quantitativen Speicherung ist ungleich höher als die des Menschen. Was liegt da näher als beides zu verknüpfen. Die Sucht von Google und Co. sowie von Geheimdiensten nach Information hat ihren Grund im Gewinn von Macht durch Information, sei es Marktmacht, sei es politische Macht. Wenn Unternehmen alles über ihre Kunden wissen, können sie diese gezielt mittels Marketing bearbeiten. Wenn Geheimdienste alles über die Bürger wissen, können sie gezielt politisch agieren. Dies wäre eine eher indirekte Steuerung von Menschen. Wenn aber eines Tages Chips in Hirne eingepflanzt werden, wird eine direkte Steuerung via Internet möglich. Die entsprechende Wissenschaft (Brain-Engineering) ist erstaunlich weit. Mittlerweile können in Grenzen Blinde sehend oder Taube hörend gemacht werden. Dadurch bekommt natürlich die in der Hirnforschung sattsam diskutierte Frage des freien Willens einen neuen Schub. Diverse Science-Fiction-Romane können sich als zukünftige Realität entpuppen. Nur die Erfahrung lehrt, was technisch machbar ist wird auch gemacht. Schöne neue digitalisierte Welt.

Welzer (2016, siehe auch in diesem Band) zeigt ein entscheidendes ethisches Problem auf. Schnüffelei war früher etwas Unmoralisches, Unangenehmes, die private Sphäre hingegen ein hohes Gut. Heute hingegen entblößen wir uns freiwillig, geben bereitwillig alle möglichen Informationen über uns und unsere Umgebung, auch die soziale, preis zum Zwecke des Konsums und der Bequemlichkeit. Wir zahlen sogar für unsere Entmächtigung und Dressur im Internet mit Daten. Früher haben wir für unsere Privatheit gezahlt mit zeitlichem und finanziellem Aufwand, heute zahlen wir für unsere Unfreiheit mit zunächst Zahlen und Daten, die mit zunehmender Vernetzung und Personifizierung zu Wissen über uns werden, über dessen Ausmaß wir uns meist keine Gedanken machen. Die personalisierten Verhaltensdaten erlauben präzise Prognosen unseres zukünftigen Verhaltens.

Dies ermöglicht eine Steuerung von Informationen, die unsere Wahrnehmungen und in der Folge Entscheidungen stark beeinflussen. Dies wird besonders virulent bei Fragen von Wahlen, Krieg und Frieden.

Die ethisch/kulturelle Perspektive wird nun weiter ausdifferenziert in Form von Cyberwar, Cyberkriminalität, Rechtssystem, Sozialsystem und politischer Perspektive.

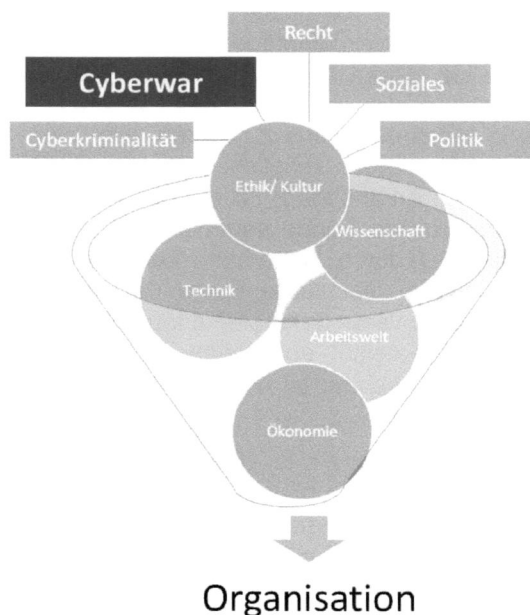

Organisation

Abbildung 4: Teilstruktur Organisation: Ethik/ Kultur mit Cyberwar

3.1 Cyberkriege

Betrachten wir zunächst einige Aspekte der Cyberkriege. Ein aktueller Fall des Drohnen - Steuerers Brandon Bryant zeigt die ethische Problematik des Ausschaltens unerwünschter

Personen mittels eines Sticks, der eine tausende von Kilometern entfernte Drohne schießen lässt. In einem Wohnwagen fern ab vom Tatgeschehen war dieser „Cyberkrieger" an der Ermordung unzähliger Menschen beteiligt, dies ohne Anklage, ohne Recht auf Verteidigung und ohne Gerichtsurteil. Dabei wurden wenige Terroristen, aber viele unbeteiligte Zivilisten, Frauen und Kinder umgebracht, Kollateralschäden eben. Sein Gewissen hat dies auf Dauer nicht ausgehalten, weshalb er unter etlichen psychischen Schäden litt, an die Öffentlichkeit ging und nun als „Whistleblower" wiederum unter Isolierung und entsprechender Einsamkeit, Erschöpfung und weiter unter schlechtem Gewissen leidet. So etwas ist erst der Anfang. Im Cyberwar macht man sich die Tatsache zunutze, dass wir ohne Computer kein Geld leihen und verleihen, nicht fliegen, regieren können, nicht mit Strom und Wasser versorgt werden, nicht telefonieren können usw. Entsprechend anfällig sind wir für Attacken auf unsere Lebenssysteme. Angreifer sind kaum zu identifizieren. Sie können Passwörter kopieren, Daten löschen oder stehlen, Gespräche von Politikern oder Unternehmenslenkern aufnehmen, Rechner lahm legen, Schiffe, Drohnen, Flugzeuge umlenken etc. Der Krieg ist nicht mehr laut und blutig mit bekannten Gegnern, sondern leise, oft zunächst unbemerkt und hört u. U. nie auf, weil die Viren, Würmer etc. in den Netzen bleiben und sich in die ganze Welt verbreiten können.

Cyberwaffen nutzen oft Software-Fehler aus, die noch nicht einmal deren Hersteller kennen. Für sie gibt es einen Schwarzmarkt (Zero-Days, weil der Angegriffene null Tage hat, um zu reagieren). Wer Sicherheitslücken in US-Computernetzwerken schließt begünstigt auch Russen und Chinesen, weil die dieselbe amerikanische Software benutzen.

Wer in ein gegnerisches Netzwerk eindringt kann lesen und hören, was der Gegner plant, seine Kommunikation stören, ihn mit falschen Nachrichten täuschen, seine Waffen umlenken. Der Soldat der Zukunft ist kein Rambo im Feld und steht dem Gegner gegenüber sondern ein blasser Nerd im abgedunkelten Raum fern vom Gegner. Streitkräfte werden nicht mehr nach geografischen Kriterien definiert, man gewinnt kein Gelände, sondern verwirrt den Gegner und macht ihn lebensuntüchtig. Man wird nicht mehr aus dem Raum heraus angegriffen, den man durch Mauern oder Panzer schützen kann, sondern von innen her in den eigenen Steuerungs- und Kommunikationssystemen. Ein Gegner hackt sich in Elektrizitätsnetze (Black Out, Atomprojekte; Beispiel: Iran), Verkehrssysteme, Wasserversorgung, Wertpapier-börsen, den Bundestag, Sicherheitssysteme von Industrie-anlagen etc. ein.

Cyberwaffen sind preiswert, sparen Menschenleben, und der Angreifer ist meist nicht identifizierbar, was ihm zumindest einen Zeitvorsprung verschafft. Es beginnt meist mit Spionage durch die Geheimdienste und mit Trollen, die die Aufgabe haben, in den Sozialen Medien sehr gut aufgemacht Unwahrheiten zu verbreiten, so dass die Bevölkerung wirklich davon überzeugt ist, dass z. B. der Gegner in der Ukraine kleine Kinder frisst.

Ein Staat kann ohne Blutvergießen zumindest einen Gegner weitgehend desorientieren, kampfunfähig machen und in Angst und Schrecken versetzen ehe er ein Land wirklich mittels Soldaten besetzt.

Die Grenzen zwischen Cyberkrieg und Cyberkriminalität sind sicherlich fließend.

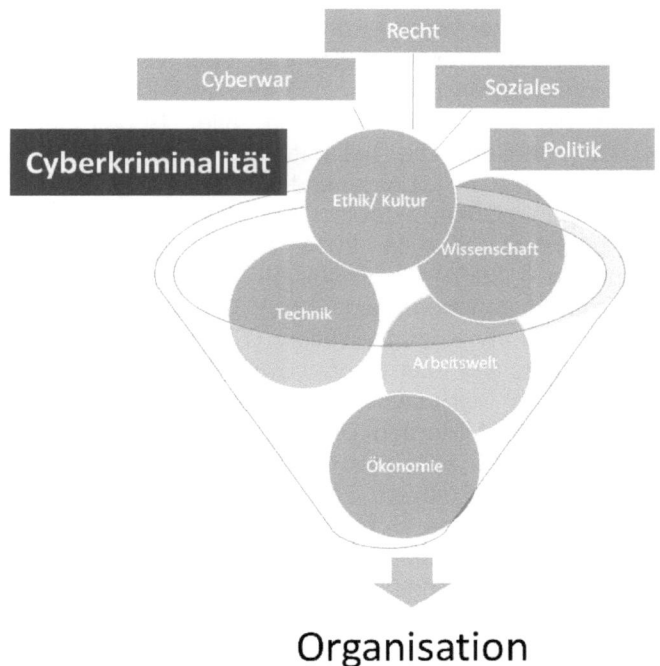

Organisation

Abbildung 5: Teilstruktur Organisation: Ethik/Kultur mit Cyberkriminalität

3.2 Cyberkriminalität

Mit der Cyberkriminalität sieht das Ganze nicht wesentlich anders aus. Selbst Hersteller von Sicherheitssoftware werden Opfer von Hacker-Angriffen, werden also zur Zielscheibe derer, die sie bekämpfen sollen. 2010 gab es weltweit 9,4 Millionen Cyberattacken, 2012 waren es 24,9 Millionen und 2014 42,9 Millionen (Focus – Money, 27, 2015). Der Angriff auf den Bundestag, der über 20.000 Rechner betrifft könnte ein Schläferprogramm sein. Hier hatten die Hacker über ca. 20 Computer Zugang zu dem gesamten Netz des Bundestages. Ca. 20 Gigabyte sollen abgeflossen sein. So müssen die gesamte Hard – und Software ausgetauscht werden. In den USA wurden Daten von über vier Millionen Mitarbeitern des Öffentlichen Dienstes inklusive CIA gehackt. Es entsteht ein Kampf Aller gegen Alle, Regierungen, Unternehmen, Banken. Die beliebtesten Angriffsziele von Cyberattacken sind in abnehmender Reihenfolge: USA, Russland, Japan, China, Deutschland, Frankreich. Nach Branchen geordnet sind in 2014 betroffene Industrien: Dienstleistungen (31%), Produktion (20%), Finanz-dienstleistungen, Versicherungen (18%), Großhandel (10%), Versorger, Transport, Kommunikation (7 %). Gemäß dem Center for Strategic and International Studies (CSIS) belaufen sich die Verluste verursacht durch Online-Attacken in Deutschland auf 43 Milliarden Dollar pro Jahr bzw. für die Weltwirtschaft auf 400 Milliarden Dollar. Maschinen lassen sich mit manipulierten Software-Updates stören bis umlenken, so dass permanent neue Schutzmechanismen eingezogen werden müssen. Beim Datenschutz schützt vor Industrie-spionage letztlich nur, schneller und besser zu sein als die Spione.

Hackerangriffe sind nicht zu sehen, nicht zu hören und können nicht mit den üblichen Mitteln bekämpft werden. Zudem weiß man nicht, wer der Gegner ist, ob er noch da ist oder bleibt.

Den zahlreichen technischen Möglichkeiten der Angreifer stehen zu wenige Techniken zur Verteidigung gegenüber. Selbst wenn bessere und meist komplexere technische Möglichkeiten zur Verfügung gestellt werden, gehen die Menschen damit nicht unbedingt sicherer mit um. Besonders befremdlich wirken die Akteure im Darknet. Stille Ecken im Internet schützen die Meinungsfreiheit, aber auch kriminelle Aktivitäten, zum Beispiel: krimineller Onlinehandel v. a. mit Drogen. Waffen und Elektronik, gefälschten Ausweisen etc.. Im Darknet sind Nutzer mithilfe einer speziellen Software und Zahlung über Bitcoins anonym unterwegs, d. h. jeder tut, was er will und ist vor der Polizei geschützt. Allerdings wird das Darknet auch von Dissidenten in totalitären Systemen sowie

Geheimdiensten genutzt (Tor-Netzwerk). Das Darknet (vgl. Jamie Bartlett, 2015) funktioniert über mehrfache Verschlüsselung beim Absender und das schicken der Anfrage für mehrere tausend Tor-Server über zufällig ausgewählte Zwischenstationen, wobei die Routen alle paar Minuten gewechselt werden. Dort wird eine äußere Verschlüsselung entfernt und die Adresse der nächsten Station mitgeteilt usw. Wer den Empfänger erkennt, weiß nicht, woher die Nachricht kommt. Im Darknet tauchen alle denkbaren Unmenschlichkeiten von zerstückelten Leichen über Kindesmissbrauch vor laufenden Kameras bis zu Wetten auf Todesdaten von Politikern, die anonyme Attentatsverabredungen erlauben auf.

Mit Phishing hatten die meisten Internet-Nutzer schon Kontakt. Cyberkriminelle schicken unter der Maske Anderer (Vodafone, Sparkasse, Versicherungen etc.) Mails mit Link, die zur Begleichung einer Rechnung, zur Kontoaktualisierung, Versicherungsänderung etc. aufrufen. So werden Trojaner injiziert, die z. B. sensible Bankdaten abrufen.

Interessierte deponieren Miniprogramme auf anderen PC`s, die getarnt selten zu finden und zu löschen sind (Supercookies). Beim Social Engineering manipulieren uns Hacker mit emotionalen Tricks, im Namen einer Autorität (Amt, Sparkasse) einen zweifelhaften Link anzuklicken. Meist sind die IT-Kriminellen den Aufpassern zeitlich und kreativ voraus. Den technischen Möglichkeiten der oft anonymen Angreifer stehen wenige Verteidiger gegenüber. Zudem werden vielfach die Hacking-Opfer mit Vorwürfen überhäuft, weil sie „zu blöd und zu faul" waren, rechtzeitig entsprechende Abwehrmaßnahmen vorzunehmen.

Mit der IT-Abhängigkeit von Individuen, Unternehmen und Verwaltungen steigt die Anzahl der Angriffe auf Informationsstrukturen. Diese erfolgen immer schneller und werden gleichzeitig komplexer (Dynaxität) und richten einen wirtschaftlichen Schaden allein in Deutschland von über 50 Milliarden Euro jährlich an. Fast die Hälfte aller Unternehmen wurden 2014 Opfer von digitaler Spionage und Datenklau

(Süddeutsche Zeitung, 19. Mai, 2015), vielfach übrigens durch Täter im eigenen Haus.

Oft hat Unbedachtheit katastrophale Folgen, etwa wenn ein Mitarbeiter über sein Privat-Handy geschäftliche Mails abruft, selbst Zugang auf den Unternehmens-Server hat und Dokumente bearbeitet. Über Viren, Trojaner etc. in seinem Handy gefährdet er ein ganzes Unternehmens-Netzwerk.

Der Datenklau wird oft nicht bemerkt, weil die Daten ja nicht weg, sondern kopiert sind. Patentrechtsverletzungen, Plagiate führen zum Verlust von Wettbewerbsvorteilen. Sie erfolgen oft durch eigene Mitarbeiter, die sich wegen Unzufriedenheit rächen.

Beim Cyberterrorismus dürfte es sich um eine Mischform aus Cyberkrieg und Cyberkriminalität handeln. Der sog. Islamische Staat entwickelt bedrohliche Fähigkeiten in der Nutzung von IT, sodass sich mittlerweile Hacker organisieren (Anonymus), um dagegen zu halten. Im einfachsten Fall genügen schon Drohungen, man werde bei Großveranstaltungen Bomben legen, um diese abzusagen und viele Polizeikräfte zu binden.

Sowohl Cyberkrieg als auch Cyberkriminalität stellen Auswüchse dar, die wir durch ein Rechtssystem verhindern oder bekämpfen wollen.

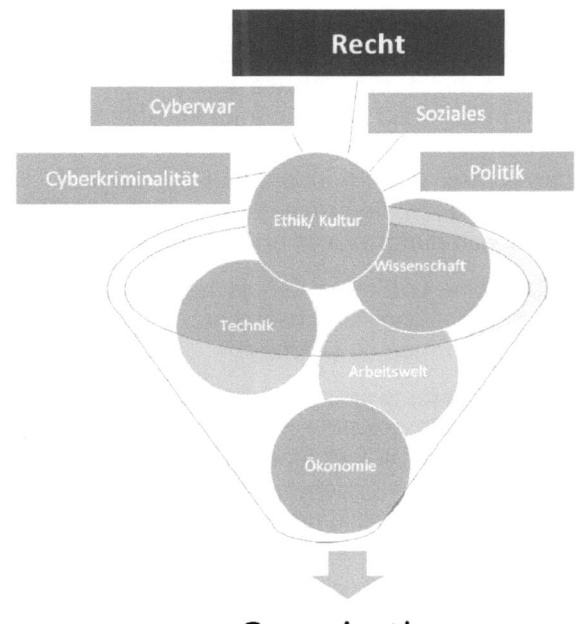

Organisation

Abbildung 6: Teilstruktur Organisation: Ethik/ Kultur mit Rechtssystem

3.3 Rechtssystem

Ein Wertesystem kann natürlich nur gelebt und aufrechterhalten werden durch ein entsprechendes Rechtssystem und eine Exekutive, die Rechtssicherheit bietet. Es zeichnet sich ab, dass die Technikentwicklung schneller ist als die zur Technikanwendung benötigten Rechtssysteme. Diese sind auf Phänomene wie Uber, Airbnb etc. nicht eingerichtet. Und es werden immer größere Anteile der Wertschöpfungskette ins Netz verlagert. So entstehen asymmetrische Standortwettbewerbe (Beispiel Google).

Vor allem in mittelständischen Handelsunternehmen stellt sich die Frage, wer die Geschäfte mit qualifiziertem Personal vor cleveren Kunden schützt, die sich die Ware erklären lassen, sogar zur Probe nutzen und anschließend im Netz kaufen? Im Netz ist vieles billiger, so dass Kaufhäuser und Fachgeschäfte aus den Innenstädten verschwinden. Auf der anderen Seite verstopfen Straßen durch die boomenden Logistik-Autos bzw. der Luftraum füllt sich durch Waren bringende Drohnen.

Und wer schützt kleine und mittelständische Unternehmen vor der Ausnutzung auf Internet-Marktplätzen(z. B. Amazon) oder Internetauktionsplattformen (z. B. Ebay)?

Etliche Fragen der Verantwortung sind beileibe nicht geklärt. Wer ist beispielsweise verantwortlich, wenn das selbstfahrende Auto einen Unfall verursacht? Oder wie kann man Personen zur Verantwortung ziehen, die unter der Tarnkappe der Anonymität Andere beleidigen, bedrohen oder sich in Infrastrukturen (z. B. Elektrizität) einhacken?

Unterlaufen strategisch operierende mächtige Internetunternehmen die Machtbasis des Staates, der kaum die Datennutzung kontrollieren kann?

Das Internet verändert Gesetze und umgekehrt zwingt das Recht die Wirtschaft ins Netz. In „selektiven Vertriebssystemen" dürfen Waren oder Dienstleistungen nur an Händler verkauft werden, die zum Vertrieb zugelassen sind, z. B. solche, die über besonders qualifiziertes Personal verfügen, das entsprechend beraten muss. Dies schließt Verkaufswege über das Internet aus. Umgekehrt verlangt die Integration Europas, dass Einschränkungen des Wettbewerbs vermieden werden. Die Freiheit, seine Ware nur in einer bestimmten Umgebung und mit persönlicher Beratung zu verkaufen, wird eingeschränkt (s. etwa Apotheken). Die Frage, ob das Internet ein chancengleicher und transparenter Raum des Wettbewerbs ist, ist hoch umstritten. Und wer zahlt wo welche Steuern, wenn er im freien Raum des Internets unterwegs ist (s. Google, Amazon etc.)

Es fragt sich generell, inwieweit überhaupt nationale Rechtssysteme Probleme mit internationalen Giganten wie Facebook in den Griff bekommen können. Aktuell wird heiß diskutiert und auch rechtlich verfolgt, wer für die Richtigstellung von Fake-News verantwortlich ist. Mittlerweile wird immer öfter in den Massenmedien diskutiert, wer denn Schuld sei, wenn z. B. ein selbstfahrendes Auto einen Unfall verursache oder wie es selbstständig entscheiden könne, wen es in einer unvorhersehbaren Situation eher umbringen solle, die Insassen oder ein Gruppe beiseite stehender Menschen. Um vor ein Strafgericht gestellt zu werden, bedarf es menschlicher Eigenschaften wie Bewusstsein, Wille, Gefühl für Recht und Unrecht sowie die Fähigkeit, Schuld auf sich zu laden. Können dies alles Roboter? Je intelligenter und selbstlernfähiger sie werden und je selbstständiger sie handeln, umso drängender wird diese Frage. Werden sich zukünftige Programmierer fragen, wie ihre Maschine all dieses „Falsche" lernen konnten wie Eltern, die sich nicht erklären können, von wem dieses Kind das haben könnte? „So haben wir dich doch nicht erzogen". Unser geltendes Recht dürfte bei autonomer Steuerung der Maschine ohne menschliche Entscheidungshoheit und natürlich entsprechender Eingriffs-möglichkeit (Stecker ziehen?) scheitern. Auch selbstlernende Roboter machen Fehler und sind oft nicht kontrollierbar. Schon die relativ einfachen Drohnen von Amazon mit ihrer Erkennungs- und Ausweichtechnologie bewegen sich oft außerhalb menschlicher Sichtweite. Soll eine defekte Drohne selbstständig entscheiden, über welcher Menschmenge sie abstürzt?

Bislang haften Autohalter für Schäden, die durch ihr Fahrzeug verursacht wurden. Dessen Hersteller haften für Kon-struktionsfehler. Wer haftet, wenn zukünftig autonome, lernfähige Roboter Schäden anrichten, ohne dass ein Konstruktions- oder Programmierfehler nachzuweisen wäre? Alle derzeit diskutierten Lösungsvorschläge haben ihre Nach-teile. Wenn man von Robotern angerichtete Schäden als Naturereignis wie etwa ein Erdbeben ansähe, hätten die Hersteller keinen Druck, ihr Produkt zu verbessern. Müssten die Besitzer haften wären z. B. autonome Autos unverkäuflich. Ein Taxiinsasse sieht auch nicht ein, dass er haften soll, wenn der Taxifahrer sich falsch verhält. Weiter wäre es möglich, dass der Hersteller alle Risiken übernimmt, egal, ob ein technischer Fehler vorliegt oder nicht. Eine spezielle Roboterhaftung scheint unausweichlich so wie etwa bei der Hundeversicherung. Hier haftet auch der Besitzer, wenn sein Hund außer Kontrolle gerät. Was aber passiert, wenn die Maschine intelligenter ist als der Mensch? Und welcher Mensch ist gemeint? Hier taucht wiederum schon das thematisierte Problem auf, dass der „normale" Mensch nicht die Hochtechnologie beherrscht, die höchst spezialisierte Experten erzeugt haben. Aber selbst wenn der Mensch die von ihm erzeugte Hochtechnologie beherrschen sollte, heißt dies noch lange nicht, dass er passende Sozialsysteme entwickelt.

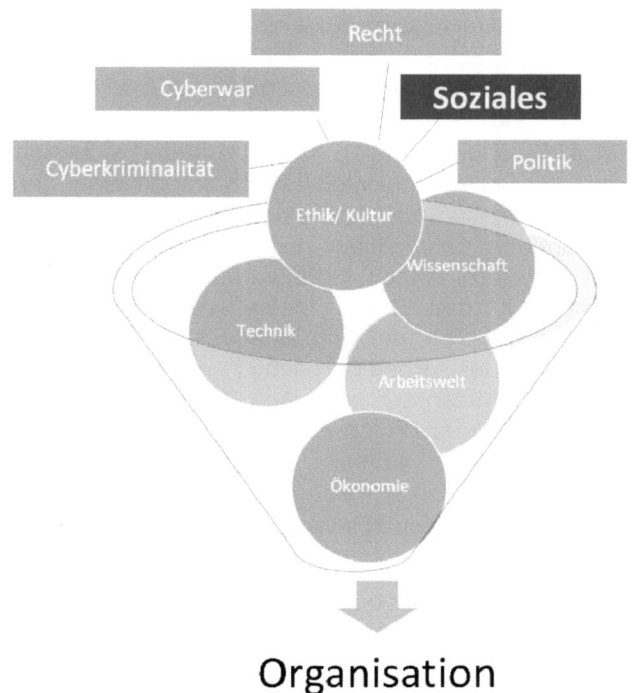

Organisation

Abbildung 7: Teilstruktur Organisation: Ethik/ Kultur Sozialsystem

3.4 Sozialsystem

Ein wesentliches Element unseres Wertesystems sind natürlich die sozialen Sicherungssysteme. Sie hinken wie das Rechtssystem der technischen Entwicklung hinterher. Sollte sich bewahrheiten, dass zwischen 30 und 50% der Jobs gefährdet sind und wir immer mehr als Einzelkämpfer im Netz unterwegs sind, werden dadurch die sozialen Sicherungssysteme massiv bedroht. Wir haben schon heute Probleme mit der Scheinselbstständigkeit. Wie mag es da erst aussehen, wenn wir unsere Leistung im Internet anbieten ohne eine schützende Organisation im Rücken, die für

Betriebsrente, Krankenkassenbeitrag etc. zuständig ist? Die Regeln von Arbeitgebern und Gewerkschaften bzw. vom Staat vorgegebenen sozialen Sicherung stammen aus dem vorigen Jahrtausend und sind kaum für die zukünftige Arbeitswelt geeignet. Die Art der sozialen Kontakte ändert sich nicht nur dramatisch im Bereich der digitalen Kommunikation, sondern auch bei der Face to Face Kommunikation, wenn z. B. immer weniger direkter persönlicher Kontakt in Fachgeschäften stattfindet, sondern Innenstädte veröden, weil alles online gekauft wird. In den Social Media werden vielfach naiv Informationen geboten, die sich bitter rächen können. So ist beispielsweise das Posten privater Fotos (Kinder) auf Facebook oder Instagram gefährlich. Sie bleiben selbst bei Löschen auf anderen Rechnern. Oder die feuchtfröhliche Examensfeier kann später bei der Jobsuche von Personalchefs, die sich immer mehr via Social Media vorinformieren, negativ gedeutet werden.

Wer trägt überhaupt die Verantwortung für sichere Kommunikation, der Staat oder das Individuum?

I&K- Technologien sind wichtig für Innovationsfähigkeit von Unternehmen, aber Erwartungen hinsichtlich ständiger Erreichbarkeit, Entgrenzung von Arbeits- und Privatleben, flexible Arbeitszeiten, Homeoffice etc. und permanente Kontrollierbarkeit verleiten zur Selbstausbeutung, die gewerkschaftlich kaum zu kontrollieren ist. Die Rahmenbedingungen für Wirtschaft und Soziales werden von der Politik vorgegeben.

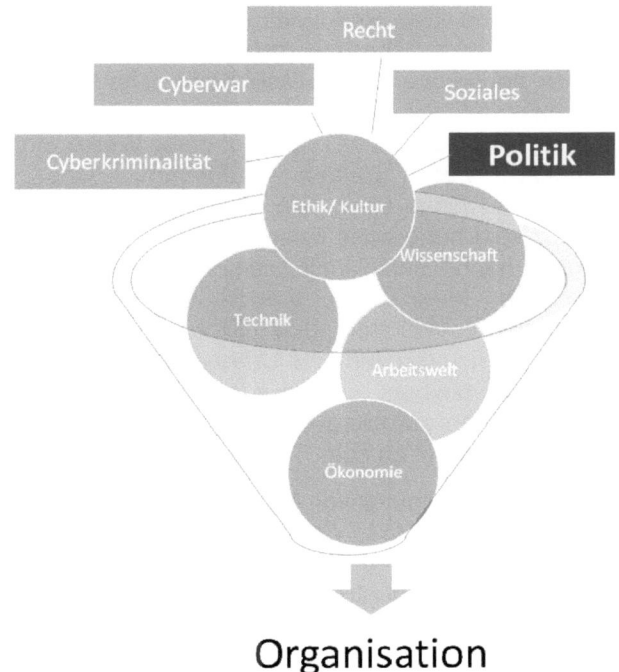

Organisation

Abbildung 8: Teilstruktur Organisation: Teilsystem Ethik/ Kultur mit Politik

3.5 Politische Perspektive

Welche Möglichkeiten das Internet bietet zur „Gestaltung" von Politik haben wir jüngst bei der Wahl von Trump in den USA erlebt. Derzeit zeigt sich ein ähnliches Muster bei der Bundestagswahl 2017. Der Höhenflug des SPD-Kanzlerkandidaten Schulz ist sicherlich darauf zurückzu-führen, dass „neue" Gesichter erst mal einen Bonus haben, aber auch auf eine geschickte Internet – Kampagne. Ähnlich wie Trump es verstanden hat, die Menschen zu emotionalisieren, versucht man dies bei Schulz über eine Internet-Plattform Reddit, auf der man Texte und Fotos veröffentlichen kann. Das Reddit-Mitglied Sillymaniac hat ein Forum „The_Schulz" eröffnet mit mehreren Moderatoren, die andere Posts beobachten. Für diese Seite „The_Schulz" ist festgelegt, dass für Schulz positive Bilder weiterverbreitet, aber negative ausgesondert werden. Auf diese Weise wird der Kanzlerkandidat zum Helden aufgebaut, was von Darstellungen als Jesus über sein Konterfei mit der Unterschrift „Schulz-kola hohe hohe Energie" bis zu der Abbildung eines Zuges nach Berlin mit seinem Abbild auf der Lokomotive reicht. Jeder kann sich auch unerkannt im Netz in den Wahlkampf einmischen und Bilder und Texte mit politischen Inhalten verbreiten. Die Urheber von „The_Schulz" wollen unerkannt bleiben, scheinen aber zu einem SPD-Ortsverein in Hessen zurückzuverfolgen zu sein. Mittlerweile schein der Hype verpufft zu sein.

Für die Verselbstständigung von Begriffen wie MEGA (Make Europe Great Again), Fotos, Videos gibt es die Bezeichnung Meme. Solche Meme sollen bestimmte Bilder in den Köpfen erzeugen, die sich natürlich bei der Wahlentscheidung auswirkten. Im SPD-Wahlkampf werden nun die Umkehrschlüsse zu den Sprüchen von Trump plakatiert. Jeb Bush war der „Niedrig-Energie-Mann", also ist Schulz nun der „Energie-Mann" und der „Brückenbauer" im Gegensatz zum „Mauerbauer" Trump. Während Trump die Tränen der Demokraten trank, tut dies nun Schulz mit den Tränen von Frauke Petry. Man wird sehen, inwieweit dies verfängt oder nach hinten losgeht. Aber wenn man die Erfolge des Populismus sieht, ist Ersteres zu vermuten. Sowohl dieser als auch solche Meme sind letztlich nichts Anderes als eine Reaktion auf die kaum durchschaubare und beherrschbare Komplexität von Politik. Diese wird natürlich noch komplexer, weil Otto Normalverbraucher oft kaum zwischen Fakten, „alternativen Fakten" und Fake-News unterscheiden kann. Paradoxerweise behaupten die Anhänger von Pegida, sie seien der Lügenpresse ausgeliefert, die immerhin Gegendarstellungen und Faktenchecks vorsieht, gleichzeitig glauben sie alle den ungeprüften Schwachsinn bei Facebook. Etliche Politiker twittern nicht mehr, weil sie die Trolle nicht unnötig füttern wollen. Schließlich werden Autoren mit Unmengen von negativen Kommentaren belästigt, vor allem Politiker, die mit Hasstiraden bis hin zu Todesdrohungen klar kommen müssen. Die Social Bots sind so programmiert, dass sie tausendfach Nachrichten via Twitter, E-mail, Facebook etc. auf Stichwörter hin verbreiten, dass die Empfänger meinen, dahinter steckten richtige Menschen. Im politischen Raum werden solche künstlichen Meinungsmacher immer mehr gekauft. Oft lassen sich die klassischen Medien darauf ein, um diese Fake-News richtig zu stellen, was natürlich wiederum neue Stichworte für die Social Bots liefert. So schaukeln sich Frustrations-Aggressions-Spiralen hoch und das Ganze radikalisiert sich bis irgendwann Worten Taten folgen. Der Empfänger, der nicht von differenziertem Denken geplagt ist, glaubt das, was die Masse sagt, nennt es Schwarmintelligenz und hinterfragt nicht, ob diese Masse wirklich echte Meinungen verschiedener Menschen repräsentiert. Wahlkämpfe werden somit immer stärker im Internet mittels gefälschter Nachrichten ausgefochten. Donald Trump hat es vorgemacht, indem er stereotyp via Twitter über die „betrügerischer Hillary" schrieb, was seine Anhänger veranlasste, noch einen drauf zu setzen und gleichzeitig zu betonen, was für ein toller Hecht doch Trump ist. Nebenbei wurden natürlich nicht die vorteilhaften Fotos von Frau Clinton verbreitet. Das Ganze ist natürlich auch eine Marketing-Masche, denn egal ob negative oder positive Nachrichten, Hauptsache es wird über die jeweilige Person geredet. Das macht interessant. Angeblich sollen ca. ein Drittel der Twitter-Kontakte sowohl bei Trump als auch bei Clinton maschinell erzeugt worden sein. Anbieter, die diese künstlichen Meinungssoldaten verkaufen machen bei Politikern Werbung mit dem Argument, sie müssten möglichst viele Follower haben und schließlich koste ein Facebook-Abonnement ab 1.000 Stück nur 18 Cent. Der Twitter-Follower ist mit 8 Cent preiswerter. Der jeweilige künstliche Fan wird mit Biografie und Profilbild geliefert. Die Versuche von Facebook und Twitter, diese Methoden durch das Löschen künstlicher Accounts einzudämmen werden unterlaufen durch wiederum käufliche Dienstleistungen. Die informationelle Verunsicherung (Krankmacher) feiert fröhliche Urständ.

Der rasante technische Wandel in Verbindung mit den Fortschritten in der Genetik erfolgt nicht nur schneller als der soziale Wandel und die menschliche Evolution, sondern auch als der gesellschaftliche bzw. politische Wandel, wenn man einmal die Entscheidungsprozesse näher unter die Lupe nimmt. Der technische Wandel wird von relativ wenigen Köpfen getrieben. Unternehmer (Cook/ Apple, Brin und Page/ Google, Zuckerberg/ Facebook, Kalanick/ Uber, Gebbia/ Airnbn etc.), Chefdenker, Patentinhaber bzw. Wagniskapitalgeber (Kurzweil und Thrun/ Google, Thiel/ Paypal etc.) wollen wirtschaftlichen Erfolg plus eine bessere Welt qua Technologie. Staatliche Regulierungen und Politik behindern in ihrer nationalen Fixierung und Langsamkeit die Kreativität, u. a. weil sie existierende Strukturen zementieren. Der Libertarismus will möglichst viel Autonomie bei möglichst wenig staatlicher Bevormundung. Dadurch ergibt sich ein Wettlauf zwischen technologischer und politischer Entwicklung in der Vernetzung von Globalisierung und Digitalisierung. Und wenn es nach den Technologie-Besessenen geht gleichen sich in der „Singularität" Mensch und Maschine an und sind gekennzeichnet durch mehr Fairness, Effizienz, Gesundheit, saubere Umwelt, längeres Leben, sicheren Straßenverkehr, Wohlstand, Komfort, Sicherheit, keine Energieprobleme, bessere Bildung und Reduzierung der ökonomischen Ungleichheit. Beispielsweise sollen Roboter die Arbeitseffizienz um das Zehnfache steigern. Das senkt Preise für Produkte, Wohnen, Sicherheit, bewirkt verkürzte Arbeitszeit, was wiederum mehr Zeit für Familie bringt. Künstliche Intelligenz verstärkt menschliches Denken. Die Google-Tochter Calico entwickelt Methoden gegen das Altern und altersbedingte Krankheiten. Wie soll die Politik, zumal in ihren extrem langsamen demokratischen Entscheidungsprozessen, angesichts dieser Rasanz noch mitkommen?

In der obigen Argumentation unter der ethischen Perspektive wurden schon etliche Gesund- und Krankmacher genannt. Ein Blick auf Tab. 1 erleichtert die Zuordnung zu Person, Situation und Organisation. Bezüglich der Personen dürften uns - und hier zeigt sich wiederum die Janusköpfigkeit der Digitalisierung - einige Gesundmacher eher verloren gehen, gleichzeitig in anderem Gesicht zuwachsen. Z. B. verlieren wir durch die zunehmende Dynaxität in vielen Bereichen den Durchblick (Transparenz), zugleich nimmt die informationelle Verunsicherung zu. Andererseits verhelfen uns etliche Apps zu mehr Transparenz, beispielsweise Reiseportale oder Wikipedia, sofern wir deren Wahrheitsgehalt trauen. Allerdings steigt unsere Abhängigkeit von IKTn. Privatheit, das Gefühl von Sicherheit und Geborgenheit, Vertrauen und echter sozialer Unterstützung dürften leiden, Zukunftsängste, u. a. vor Cyberkriminalität und -kriegen dürften ebenso wie Süchte zunehmen. Handlungsspielräume dürften durch die zunehmenden Optionalitäten eher erweitert werden. Bezogen auf die (Arbeits)Situation steigen in vielen Bereichen die Anforderungen, während Routine-Aufgaben durch Maschinen abgenommen werden.

Unter organisationalem Aspekt werden kommunikative Unsitten wie Cybermobbing sowie Cyberkriminalität und - kriege zunehmen, die Bindung (Gesundmacher) an Unternehmen mit allen Implikationen für die Organisationskultur wird abnehmen. Das Vertrauen in staatliche Institutionen sinkt, weil Tatsachen kaum von Fake-News oder „alternativen Fakten" zu unterscheiden sind. Zentrale, von der Digitalisierung betroffene Werte dürften sein: Privatheit, Respekt und Wertschätzung Anderer, Sicherheit und Freiheit, Verantwortung und natürlich (psychische) Gesundheit sowie evtl. die Demokratie selbst.

4. Technische Perspektive

Zum organisationalen Aspekt gehört neben der Ethik/ Kultur mit ihren oben beschriebenen Facetten Sozial- und

Rechtssystem, Cyberkrieg und -kriminalität die technische Perspektive.

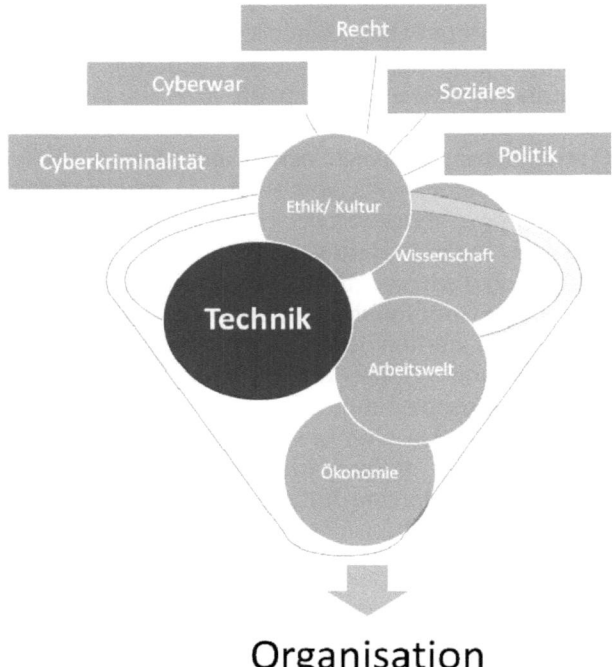

Abbildung 9: Teilstruktur Organisation: Technik

Durch das Internet der Dinge, Big Data, Digitalisierung und Industrie 4.0 verändert sich unser Leben (einkaufen, fahren, lernen, denken, lesen, arbeiten, wohnen, putzen, Partner suchen, kommunizieren, forschen, innovieren, entscheiden, ...auch fühlen?) in einer Weise, die wir nur verstehen, wenn wir die dahinter stehende Technologie einigermaßen verstehen.

Digitalisierung ist nichts Anderes als der Prozess der Übersetzung analoger Prozesse in digitale Daten. Man bildet kognitive Prozesse digital ab und wickelt sie auch entsprechend ab so wie in der 1. Industriellen Revolution die Abbildung und Abwicklung körperlicher Prozesse durch Maschinen erfolgte. Das durch die Digitalisierung mögliche Internet der Dinge als Grundlage von Industrie 4.0 versorgt Güter auch ohne einen direkten Bezug zu IT mit computerartiger Hardware bzw. Kommunikationstechnologie. So wird via Internet alles miteinander verbunden, was wiederum Big Data ermöglicht. Im Internet der Dinge wird alles verknüpft (Menschen, Kleidung, Wohnung, Maschinen, Autos, etc.), so dass neue Geschäftsmodelle möglich werden. Mittels der Informationstechnologien können wir über die Software Daten sammeln, verarbeiten und mit anderen vernetzten, „intelligenten" Dingen austauschen. Das Internet der Dinge verändert die Dinge bzw. ihre Konfigurationen, aber nicht das Internet.

Durch die Digitalisierung entstehen natürlich Unmengen von Daten, eben Big Data, also riesige Datenbestände, die zwecks Zweitverwertung zusammengeführt und ausgewertet werden. Bestimmte Algorithmen suchen nach Regeln und Mustern, aus denen man Schlüsse zieht bzw. Regeln auf den individuellen Fall anwendet. Rechenleistung und Präzision der Algorithmen werden immer weiter maximiert, um große Datensätze zu verbinden, zu vergleichen und zu analysieren. Über die gefundenen Muster werden Aussagen über soziale, technische, wirtschaftliche, politische, juristische etc. Sachverhalte vorgenommen. Die unglaubliche Datenflut, Big Data, erfordert Metadaten, d. h. man muss Konzepte finden, um Daten je nach Verwertungsinteresse und Verwendungszusammenhang zu sammeln, zu unterscheiden, zu vergleichen, zu listen und zu gruppieren bzw. zu sortieren. So wird Big Data zu einem Maschinengott, der die Zukunft vorhersagt.

Big Data, Cloud Computing und Industrie 4.0 befruchten sich gegenseitig, weil z. B. im Cloud Computing sowohl unternehmensinterne als auch externe Daten auf vom Unternehmen entfernten statt auf eigenen Computern gespeichert werden. Anbieter in der Cloud bieten außer Speichern auch ganze Programme.

Natürlich ist Big Data d i e Herausforderung für den Datenschutz. Jedes fünfte Unternehmen, das über eine Smart Factory verfügt, sieht als Hauptrisiken von Industrie 4.0 Industriespionage und Datendiebstahl.

Hinter dem Begriff Industrie 4.0 steckt die Vision von sich permanent selbst organisierenden Produktionsanlagen, innerhalb derer Menschen und Maschinen mit und jeweils untereinander kommunizieren. Mittels fortlaufender Daten- übertragung und selbst lernender Prozesse soll eine bis ins Detail transparente und individualisierbare Produktion ermöglicht werden. In einer solchen Fabrik sind diese „Dinge" im Internet der Dinge Anlagen und Produkte. Ein Ding kann seine Rolle wechseln, es kann mal Produkt, mal Teil einer Anlage sein.

Industrie 4.0 wird weniger fest montierte Roboter haben, um deren Greifarmradius Schutzzäune gebaut werden müssen. Treffender ist das Bild von Schwärmen kleiner Roboter, ähnlich dem autonomen Rasenmäher, die ausgestattet mit selbstlernenden Systemen scheinbar durcheinander wuseln. In einem Werk in Ingolstadt hat Audi Fließbänder weitgehend abgeschafft und durch autonome Transportroboter abgelöst, die die Karosserie an 200 Montageinseln ergänzen. Dies hat angeblich einen Produktivitätsgewinn von 20 % gebracht.

Humanoide Roboter sollen gefährliche Arbeiten übernehmen (Beispiel: Fukushima), Vermisste finden, Opfer aus Trümmern bergen, kämpfen. Bislang meiden Roboter den Kontakt mit Objekten, nun sollen sie möglichst viel berühren und daraus lernen, letztlich selbstständig handeln können. In den USA werden bis 2025 1,2 Millionen neue Roboter installiert. Roboter müssen nicht mehr separat programmiert und gesteuert werden, sondern können mit Informationen aus der Cloud versorgt werden und voneinander lernen (Cloud-

Robotik). Detailtechnisch werden auch Smartphones immer weiter optimiert. Es gibt fast so viele SIM-Karten wie Menschen (ca. 7 Milliarden). Smartphones sind das wichtigste Instrument für die zahlreichen Flüchtlinge (digitale Völkerwanderung), für die natürlich entsprechende Anwendungen angeboten werden, z. B. wo die Asylbeantragung am schnellsten bearbeitet wird und welche Taktiken anzuwenden sind, um die Wahrscheinlichkeit einer Anerkennung als Asylant zu erhöhen. Über 40% der Menschen verfügen über Internet. 3 G-Netze decken die Hälfte der Weltbevölkerung ab. In der dritten Welt sind Handys deutlich stärker verbreitet als Festnetztelefone.

Im Smart Home stellen sich die Geräte auf die Lebensweisen der Bewohner ein (Licht geht automatisch an/ aus, Thermostate kennen die Wärmevorlieben, Wunschmusik ertönt etc.) Minihubschrauber inspizieren Gebäude.

Für unsere Lebensqualität und Gesundheit sind natürlich etliche technische Entwicklungen äußerst förderlich. Kritische Aspekte gehen in Richtung Kontrollverlust über die Technik und digitale Demenz sowie Ängste bezüglich Arbeitsplatzverlust und Versagen.

Eine Auflistung technischer Innovationen auf Basis der Digitalisierung ließe sich endlos fortführen. Natürlich erfolgen diese auf Basis eines Wissenschaftssystems.

5. Die wissenschaftliche Perspektive

Unter dem organisationalen Aspekt stellt dieses die Basis für unseren Zugang auch zur Digitalisierung dar.

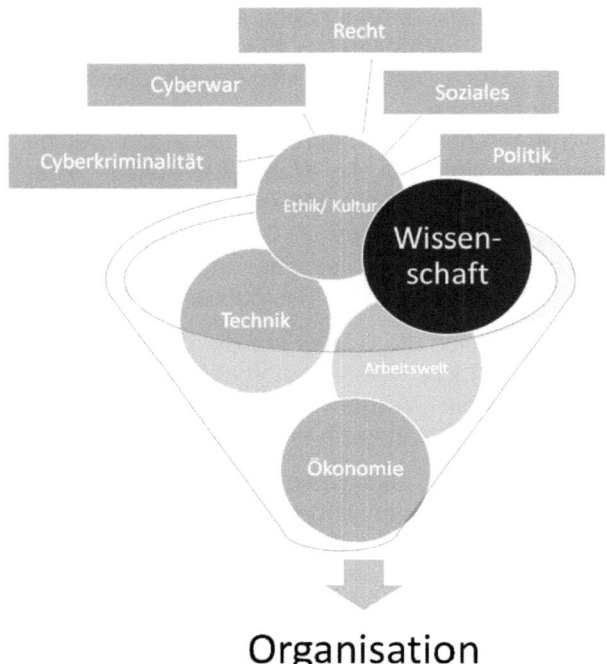

Organisation

Abbildung 10: Teilstruktur Organisation: Wissenschaftssystem

Durch die Digitalisierung entwickeln sich einerseits neue Wissenschaften bzw. „alte" bekommen ein ganz anderes Gesicht. So sprechen wir beispielsweise seit einigen Jahren von „digital humanities", womit computergestützte Geisteswissenschaften gemeint sind mit Disziplinen wie den textwissenschaftlichen, aber auch Archäologie, Architektur, Kulturwissenschaften oder Musikwissenschaften. Bei der Architektur wird dies besonders augenfällig. Die Elbphilharmonie in Hamburg hätte nie ohne Computer-unterstützung gebaut werden können. In der Archäologie werden nicht mehr von einem Skulptur-Stück Gipsmodelle erstellt, die mühsam weltweit in Museen auf ihre Passung an andere Funde überprüft werden müssen. Vielmehr werden die Stücke mittels 3 - D - Druck gefertigt und über Internet weltweit verglichen. Oder mittels Laser-Scannern werden unter der Geländeoberfläche antike Bauten entdeckt. Andererseits gehen wir in der Forschung anders vor. Bislang sind wir es gewohnt, ein theoretisches Konzept zu erstellen, auf dessen Basis Hypothesen zu entwickeln und diese empirisch zu überprüfen. Durch Big Data sammelt man möglichst viele Daten und lässt den Algorithmus korrelative Muster erkennen, die anschließend interpretiert werden. Damit wandelt sich die Denkweise von der Kausalität zur Korrelation. Heute gehen wir induktiv vor, d. h. wir lassen die möglichst umfangreichen Daten sprechen, ohne zuvor zu hypostasieren, was sie uns sagen werden. Die Datenflut der „neuen Wissenschaft" erübrigt wissenschaftliche Methoden. Petabytes in der Cloud brauchen keine Ordnung durch Dimensionen. Google weiß nicht, warum eine Seite besser ist als die andere. Es reicht der statistische Wert der Links. Damit werden auch Theorien menschlichen Verhaltens unnötig, da Verhalten haarklein verfolgt, gemessen und prognostiziert wird. Die Algorithmen im Maschinen-Lernen werden aus der Datenfülle schon die „richtigen" Muster und Strukturen heraussuchen. Nun bedeuten mehr Daten nicht unbedingt bessere Daten. Weil Daten verfügbar sind, muss es nicht ethisch sein, sie auszuwerten. Inwieweit dürfen beispielsweise individuelle Daten in aggregierte Informationen aufgenommen werden? Inwieweit dürfen öffentliche Blogs aus dem Kontext gerissen werden?

Wenn nur die Anzahl der Clicks, Bewertungen und darin befindliche Zusammenhänge und Konfigurationen zählen, interessiert statt der Frage, „warum?" der Kausalität nur noch die Korrelation der Daten, die unser Handeln bestimmt. Kennzahlen können wie Werte widersprüchlich sein. Manipulierte Kennzahlen und Messwerte erschüttern natürlich unser Vertrauen. Die ungeordnete Flut von Daten in Big Data erfordert Metadaten, Konzepte, mithilfe derer je nach

Verwertungsinteresse und Verwendungszusammenhang Daten gesammelt, unterschieden, verglichen, gelistet, gruppiert und sortiert werden. Wer kontrolliert die Konzepte? Die unkontrollierbare, rasante technische Entwicklung unterscheidet sich von früheren zivilisatorischen Entwicklungen, die meist lokal und oft linear waren. Jetzt sind sie global und exponentiell in der Verbindung von Technisierung (Robotik, Bio-Tech, Genetik, Nanotechnik) Globalisierung und Digitalisierung. Damit werden bisherige Denkmodelle und Gewissheiten in Frage gestellt. Wir werden abhängig von den Filtermethoden und laufen damit Gefahr, unseren klaren Menschenverstand auszuschalten.

In den Naturwissenschaften und den Life Sciences ist die Nutzung von IT normal und selbstverständlich und wird mit Bindestrichen versehen, etwa Geo-Informatik, Bio-Informatik oder Computional Physics. Klassische Geisteswissenschaften wie etwa Philosophie, Geschichtswissenschaften und Philologie leben von der Tradition und dem Interpretieren. Ihnen fällt es nicht unbedingt leicht, hier rechnende Verfahren einzuführen und mit Computern und Internet zu arbeiten. Möglicherweise löst sich durch die Digitalisierung auch die klassische Unterscheidung von Natur-Geisteswissenschaften in der Rektoratsrede von Windelband 1896 in Wohlgefallen auf. Die Massendigitalisierung von Büchern durch Google hat Einiges dazu beigetragen.

Unter Beteiligung der Wissenschaft lösen sich gewohnte Arbeitsabläufe in den meisten Branchen auf. Beispielsweise fließen bei der Vergabe von Krediten alle möglichen Informationen zu unserem Leben (wohnen, Bewegung, kaufen, lernen, sozialen Zusammenleben, Gesundheit etc.) in die Entscheidung mit ein. Selbstlernende Algorithmen prognostizieren, wer den Kredit zurückzahlt und wer nicht.

Bislang wurden Richter oder Ärzte meist erst aktiv, wenn die Straftat begangen oder die Krankheit eingetreten war. Jetzt werden Menschen aufgrund von Internet-Daten verdächtigt oder sie werden vorsorglich operiert, weil Daten ein Risiko anzeigen.

Aus den Datenschnipseln von Big Data erschließen wir, ob eine Beziehung halten oder ein Mensch depressiv wird. Ist er herzinfarktgefährdet oder wird ein Kind studieren?

Wir wird Wissenschaft betrieben, wenn die Maschinen uns besser „verstehen" als wir uns selbst?

Zur psychischen Gefährdung gehört unter wissenschaftlichem Aspekt die mangelnde Kontrolle über die Konzepte zu Metadaten sowie Unsicherheit und Desorientierung bezüglich der Frage, inwieweit wir uns noch auf „bewährte" Denkstrategien und -muster verlassen können.

6. Die ökonomische Perspektive

Zum organisationalen Aspekt gehört neben Ethik/ Kultur, Technik und Wissenschaft auch die Ökonomie.

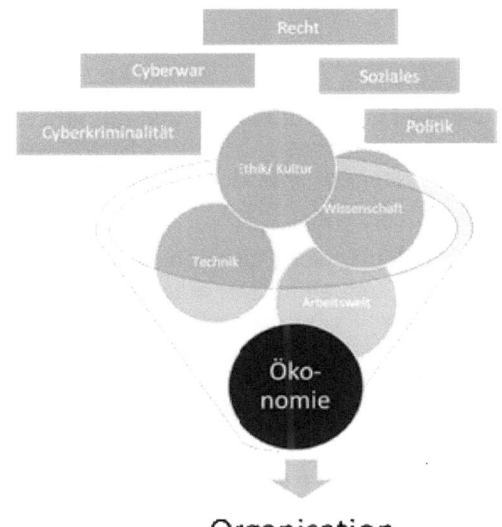

Abbildung 11: Teilstruktur Organisation: Ökonomie

Ökonomie ist nicht ethisch, sondern im Prinzip auf Effizienz zum Zwecke des Gewinns ausgelegt. Insofern ist aus dieser Richtung kaum Zurückhaltung bei der Digitalisierung aus ethischen Gründen zu erwarten. Allenfalls wenn die Kosten durch die psychischen Beeinträchtigungen zu hoch werden. Industrie 4.0 soll nicht primär unsere Lebensqualität verbessern, sondern Qualitäts-, Zeit-, Kosten-, Flexibilitätsvorteile bringen, weil z. B. durch vernetzte Werkzeuge und Produktionsanlagen sowie flexible Montagelinien automatisch aus den Aufträgen Montageabläufe erzeugt werden können. Dies über 24 Stunden ohne menschliche Versagensrisiken. Dadurch kann flexibel und schnell auf Störungen oder Anforderungen von Kunden reagiert werden. Und durch die Vernetzung von Maschinen, Werkzeugen, Elektrogeräten, Menschen und die Verbindung von Elektronik und Mechanik werden Gegenstände, die bislang passiv von uns benutzt wurden, ohne unser Eingreifen zu Akteuren, was natürlich nicht den Eindruck von Bedeutsamkeit bei den Beschäftigten fördert.

Die Produktion erfolgt auf Basis cyberphysischer Systeme, die permanent Daten sammeln, interpretieren und lernen, dies weitgehend ohne menschliches Zutun. Sich selbst organisierende Fabriken fertigen, was der individuelle Kunde wünscht.

Mitarbeiter müssen den Schritt vom direkten zum indirekten Agieren schaffen. In der Industrie 3.0 programmieren die Mitarbeiter Maschinen. In 4.0 programmieren sie ein gesamtes System, das dann selbstständig planen, agieren, Automatisierungsprogramme erzeugen und das Ganze überwachen muss. Vergangene Produktivitätszuwächse durch Senkung von Arbeitskosten mittels Automatisierung (Industrie 3.0) sind ausgereizt. Nun haben wir eine globale Vernetzung von Unternehmen, Lieferanten, Händlern und Kunden sowie das Zusammenwachsen von realer und virtueller Welt. Dabei kollaborieren Menschen und Maschinen mit möglichst viel Autonomie, Flexibilität und dezentraler Steuerung. Das verarbeitende Gewerbe könnte in Deutschland in der nächsten Dekade einen Produktivitätsgewinn von 150 Milliarden Euro erzielen und das Bruttosozialprodukt könnte zusätzlich 1% pro Jahr wachsen (Boston Consulting Group, 2014). Im Idealfall machen die voll automatisierten Montagelinien die Losgröße 1 in beliebiger Auftragsreihenfolge möglich, dies ganz im Gegensatz zu Fließbandfertigung des ersten Fords, der entweder in schwarz oder in schwarz zu haben war. M2M, also Machine to Machine Kommunikation wird vielfach wegen der Komplexität und mangelnden Vertrauens in die vernetzten Geräte nicht eingesetzt. Das Auslesen von Fehlercodes könnte aber einen Überblick über den Zustand der Geräte geben und so präventive Maßnahmen ermöglichen, die das Risiko eines Ausfalls und damit des Zusammenbruchs einer ganzen Prozesskette minimieren. In der Logistik können beispielsweise in cyberphysischen Systemen mit Sensoren und integrierter Intelligenz ausgestattete Behälter mit Maschinen und Menschen kommunizieren. Sie steuern die Logistikprozesse selbstständig, überwachen ihre Umwelt, treffen eigenständige Entscheidungen. Bei Aufforderung zum Transport befördern nahe Transportfahrzeuge diese Behälter zum Ziel, das flexibel und kurzfristig von letzterem übermittelt wird. Der intelligente Behälter erteilt diesen Auftrag auf der Basis eines Kundenauftrages in der Cloud.

Im Smart Home stellen sich die Geräte auf die Lebensweisen der Bewohner ein (Licht geht automatisch an/ aus, Thermostate kennen die Wärmevorlieben, Wunschmusik ertönt etc.) Minihubschrauber inspizieren Gebäude. Somit werden uns Menschen nicht nur bei der Arbeit, sondern auch im Privatleben etliche Gelegenheiten zum Beweis unserer Selbstwirksamkeit genommen.

Psychische Gefährdungen durch die Ökonomie der Digitalisierung haben wir alle leidvoll in der Finanzkrise erfahren. Die Angst vor Verlust unseres Lebensstandards, weil Roboter viel effizienter und preiswerter arbeiten gehört auch in diese Kategorie. Die Frage der Fixierung auf Konsum, auch unsinnigen, wie Harald Welzer in seinem Beitrag näher ausführt, gehört auch in den Bereich der ökonomischen Perspektive.

Die durch die Digitalisierung sich verändernde Ökonomie bringt auf jeden Fall höhere Qualifizierungsanforderungen mit sich. Es ist heute schwer abzuschätzen, was sich in der Konsequenz an Belastungen und Fehlbeanspruchungen daraus ergibt. Zweifellos werden mit Arbeiten und Organisationen neben ihren Tätigkeiten zum Gelderwerb einen erheblichen Mehraufwand an Weiterbildung betreiben müssen. Dieser permanente Druck, dass das, was man gerade beherrscht, schnell wieder obsolet wird, fördert Burnout-Phänomene.

7. Die Perspektive der Arbeitswelt

Unter organisationalem Aspekt ist die Arbeitswelt kaum von der Ökonomie zu trennen, birgt aber doch für die Fragen der Lebensqualität und Gesundheit einige wichtige Besonderheiten.

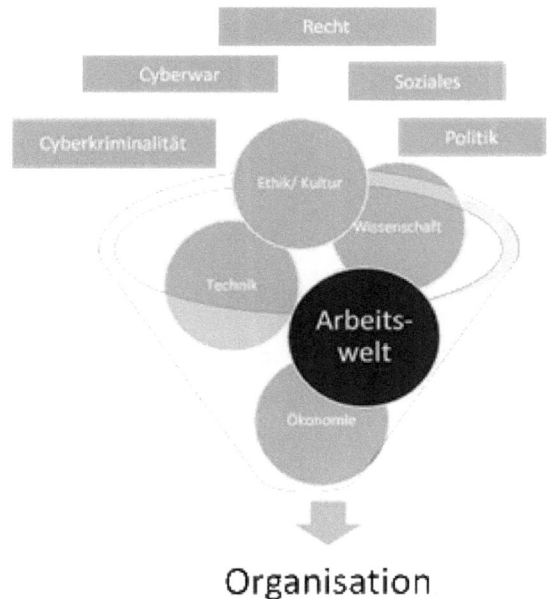

Organisation

Abbildung 12: Teilstruktur Organisation: Arbeitswelt

In den letzten drei bis vier Jahrzehnten hat sich unsere Arbeitswelt schon erheblich verändert. Durch die Globalisierung ist sie deutlich fluider geworden. Raum und Zeit schützen uns immer weniger vor Konkurrenz. Wir müssen immer flexibler werden und Arbeits- und Privatleben werden immer mehr entgrenzt. Neue Arbeits- und Organisationsformen wie Teilzeit-, Tele-, Leiharbeit, Call Center, prekäre Arbeitsverhältnisse, Jobsharing etc. werden Vorstellungen vom festen Angestellten- oder gar Beamtenjob mit hoher Arbeitsplatzsicherheit und garantiertem Rentenanspruch immer unrealistischer.

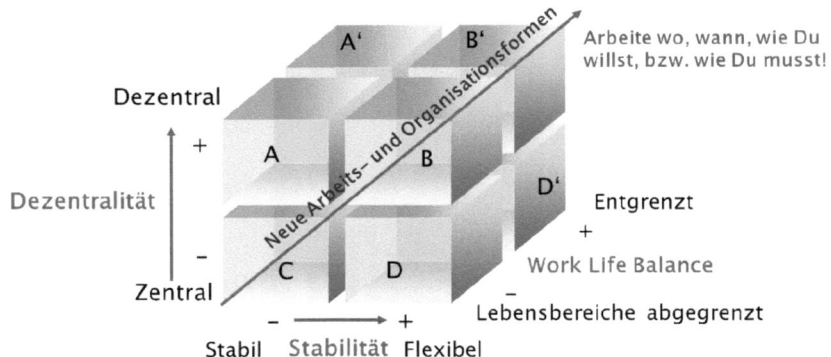

Abbildung 13: Würfel Zentralität, Stabilität/ Flexibilität, WLB

Als ich Anfang der siebziger Jahre wissenschaftlicher Assistent an der Universität wurde, war von Globalisierung keine Rede. Zentral war für meine Generation der feste Arbeitsplatz, möglichst nicht allzu weit von der Wohnung. Man hatte ein eigenes Büro mit einer Schreibmaschine und einem Telefon mit Drehscheibe. Es gab noch keine Fotokopierer und damit auch kein Fax-Gerät. Unterlagen für die Studierenden wurden mühsam auf Matrizen getippt, die es von Hand „durchzunudeln" galt. Tippfehler kosteten Zeit, weil mit Tipp-Ex der Schaden umständlich behoben werden musste. Zum privaten Telefonieren musste man sich eine Telefonzelle suchen. An Verabredungen hielt man sich, weil kurzfristige Umorganisationen viel zu viel Aufwand erforderten.

Die eigene Arbeitswelt war stabil (Stabilität, Orientierung und Planbarkeit als Gesundmacher), Arbeitszeit und Urlaub waren festgelegt und einklagbar (Sicherheit). Ich konnte mir ausrechnen, wenn ich Glück habe und nicht faul bin, werde ich Beamter auf Lebenszeit und 40 Jahre später die Pension X bekommen. Arbeits- und Privatleben waren strikt voneinander getrennt (Work Life Balance). Freitags mittags war Schluss. Es wäre keinem Vorgesetzten eingefallen, am Wochenende anzurufen.

Mit den Jahren wurde die Arbeitswelt flexibler. Die Mobilität stieg, die Arbeitszeiten wurden flexibler, die Tätigkeiten änderten sich immer stärker und man musste verstärkt damit rechnen, durch Arbeitsplatzwechsel sich von einem Personenkreis zu entbinden und in andere neu einzubinden, u. U. sogar im Ausland. Dies Alles durch neue Informations- und Kommunikationstechnologien - die Digitalisierung ist ja nichts so Neues - sowie verbesserte Verkehrstechnologien. Beide förderten die Internationalisierung und Zusammenarbeit über räumliche Grenzen hinweg, dies immer schneller. Die Dynaxität der Arbeitswelt stieg deutlich. Viele wanderten von dem Punkt unten links in Abb. 13 „zentral, stabil, Arbeits- und Privatleben getrennt" nach oben rechts „dezentral, flexibel, Arbeits- und Privatleben entgrenzt". Die vierte industrielle Revolution verstärkt diese Wanderung noch weiter bis hin zum einsamen Einzelkämpfer im Internet mit Millionen Konkurrenten weltweit.

Arbeitslosigkeit war eher ein Problem der weniger Gebildeten.

Dass der Verlust von Arbeitsplätzen durch die Digitalisierung nicht nur die wenig qualifizierten Jobs betrifft, lässt sich gut bei den Juristen beobachten. Ein Jurastudium galt bislang als relativ sichere Investition für späteren beruflichen Erfolg, zumal es viele Anwendungsmöglichkeiten in Wirtschaft und Verwaltung bietet. Die Programmierung von Software, mit deren Hilfe Rechtsfragen bearbeitet werden durch Legal-Tech-Start-Ups (Unternehmen, in denen Technologie und Recht zusammenwachsen) lässt zukünftig Juristenberufe in einem anderen Licht erscheinen.

Es ist davon auszugehen, dass Algorithmen etwa die Hälfte der Aufgaben, die derzeit Jungjuristen erledigen bewältigen. Selbstlernende Algorithmen können beispielsweise dank künstlicher Intelligenz und Schrifterkennung blitzschnell aus ellenlangen Immobilienverträgen die wichtigsten Daten auslesen und mit anderen Informationen verbinden, etwa welche Mieter wo wohnen, wann gekündigt werden können usw. Die Marktchancen mag man an der Tatsache ablesen, dass Google innerhalb von fünf Jahren knapp 40 Millionen Dollar in den Online-Rechtsdienstleister Rocket Lawyer investierte. Die Juristen-Ausbildung hinkt der technischen Entwicklung wie so oft hinterher. Nur wenige Universitäten bieten Seminare zu Legal-Tech an (Ausnahmen Münster und LMU München).

Zur Zukunft der Arbeit respektive Arbeitslosigkeit werden recht unterschiedliche Zahlen berichtet. Es wird natürlich Gewinner geben, deren Arbeit womöglich durch Computerunterstützung leichter, kreativer, interessanter wird und Verlierer, deren Fähigkeiten nicht mehr gebraucht werden. Zu letzteren werden Personen gehören, die repetitive Verwaltungsarbeit verrichten, am Fließband stehen, LKW Lokomotive oder Gabelstapler fahren, verkaufen, im Call Center arbeiten. Nach einer Studie der Bertelsmann Stiftung (zit. Im Handelsblatt, 2016, 2 . – 4. Dez., S. 60 ff.) sind Beispiele für Zukunftsberufe: Roboter-Koordinator, Kreativitätscoach, Übersetzer für Mensch-Maschine-Systeme, Programmierer, digitale Designer, Datenwissenschaftler, Hausmeister für den kollektiven virtuellen Raum, persönlicher Gesundheitsberater, Ethik-Experte für das Programmieren von Algorithmen, Innenausstatter für den virtuellen Raum, Qualifizierer für Tätigkeiten, die Roboter nicht übernehmen können. Zu den Gewinnern werden auch Personen gehören, die manuelle Tätigkeiten ausführen, die zu komplex für Roboter sind, etwa Zahnärzte, und Personen, bei denen Kreativität und Fachwissen zusammen kommen, etwa Schriftsteller, Forscher und Entwickler oder Menschen, die einen emotionalen Mehrwert schaffen wie Führungskräfte, Psychologen und Ärzte. Die Gewinnerformel scheint zu lauten: Kreativität, Digitale Kompetenz, emotionaler Mehrwert und permanente, lebenslange Weiterbildung. Die höchste Wahrscheinlichkeit der Substitution in den kommenden 20 Jahren haben Steuerberater (98 %), gefolgt von Buchhaltern und Wirtschaftsprüfern (94 %), Immobilienmaklern (86 %), Piloten

(55 %), Ökonomen (43 %), Schauspielern (37 %), Feuerwehr-
männern (17 %). Sehr unwahrscheinlich werden Tätigkeiten
von Computern übernommen bei Chemieingenieuren (2 %),
Personalmanagern (0.55 %). Die stärksten Treiber techno-
logisch bedingter Arbeitslosigkeit werden sein in abnehmender Stärke: Robotik, Synergien verschiedener Technologien, Künstliche Intelligenz, (Weiter)Bildung, die nicht mit
dem technologischen Wandel Schritt hält, 3-D-Druck, Drohnen, Nanotechnologie.

Derzeit ist ein Trend zu beobachten, dass immer mehr US -
Internetunternehmen sich in das Privatleben ihrer Mitarbeiter
einmischen, indem sie das Betriebsklima auf die Spitze
treiben. Beispielsweise möchte Google-Chef Larry Page, dass
das Unternehmen für den Mitarbeiter eine zweite Heimat oder
mehr noch eine Familie ist. Man bietet den Mitarbeiterinnen
an, das Einfrieren ihrer Eizellen zu bezahlen (Social
Freezing), damit sie ihre Karriere „freier" gestalten können. Es
fragt sich, inwieweit damit ein Druck verbunden ist, die eigene
Familienplanung nach den Vorstellungen des Unternehmens
auszurichten. Der Fachkräftemangel sorgt auch in
Deutschland dafür, dass Unternehmen zu „Caring Com-
panies" werden, die über das Social Freezing hinaus neben
Kitas auch Pflegeeinrichtungen für Eltern und betriebseigene
Schulen anbieten. Generell sind Angebote wie Social
Freezing, Kita auch am Abend oder gar 24 Stunden
zweischneidige Schwerter. Einerseits sind sie eine Hilfe,
andererseits können daraus Ansprüche oder zumindest Erwartungen seitens des Arbeitgebers erwachsen, man möge
doch noch den Kinderwunsch zurückstellen oder dann auch
solange arbeiten, wie die Kinder versorgt sind.

Einige Firmen bieten ihren Mitarbeitern eine Anti-Stress-App
an. Wenn beispielsweise unter Zeitdruck der Blutdruck steigt,
der Körper noch stärker verspannt und die Atmung flacher
wird und sich der Atemrhythmus verändert, dann brummt das
Smartphone und empfiehlt, achtsamer zu sein. In der Stanford
University versucht man, Erkenntnisse aus Psychologie,
Medizin, Mensch-Maschine-Interaktion zusammenzutragen,

um mittels Technik gelassener zu werden. Im Grunde handelt es sich um ein erweitertes Bio-Feedback, das bei Selbstregulierung behilflich sein soll. Google, Apple, Microsoft und alle möglichen Start-Ups wollen mittels kleiner Geräte am Körper und Apps für ein adäquateres Stressverhalten und damit letztlich für eine höhere Leistungsfähigkeit sorgen. Bei unerfreulichen Abweichungen können dann alle möglichen Empfehlungen in Richtung Achtsamkeit gegeben werden, etwa zu meditieren, Entspannungs- und Atemübungen zu machen oder einfach auszuruhen. Interessanterweise versuchen gerade die Unternehmen, die für zunehmende Dynaxität in besonderer Weise gesorgt haben, nun mittels derartiger Technologie die Mitarbeiter bei der Entschleunigung zu unterstützen. Sie haben halt erkannt, dass E-Mails, Smartphones und durch die Technik gefördertes Multitasking Stress fördern. Dieselben Firmen, die ihre Mitarbeiter zu 60- bis 70- Wochenstunden Arbeit peitschen bieten Stressbewältigungs- und Achtsamkeitskurse, Meditation und Yoga an. In welcher verbleibenden Zeit man sich dann noch der Familie widmen oder einfach mal Müßiggang betreiben kann sei dahin gestellt. Zweifellos wird es bald Apps für die Psyche geben. Ein weiterer Charme mag für die Unternehmen darin liegen, dass sie schnell erkennen, wann z. B. ein Mitarbeiter in ein Burnout oder eine Panik-Attacke rutscht.

Psychische Gefährdungen durch die Digitalisierung betreffen in erster Linie Ängste vor Arbeitsplatzverlust und Altersarmut sowie Überforderung durch steigende Drücke (Konkurrenz-, Zeit-, Leistungs-, Lern-, Qualitätsdruck) sowie die Angst vor Versagen bzw. Nicht-Mithalten-Können mit der Digitalisierung. Insofern sind Ansätze wie der im Beitrag von Rainer Thiehoff beschriebene von besonders konstruktivem Wert.

B Situative Facetten

8. Die Perspektive der physischen (Arbeits)Situation

Die obige kleine biographische Schilderung zeigt, wie sich die Arbeitssituation geändert hat.

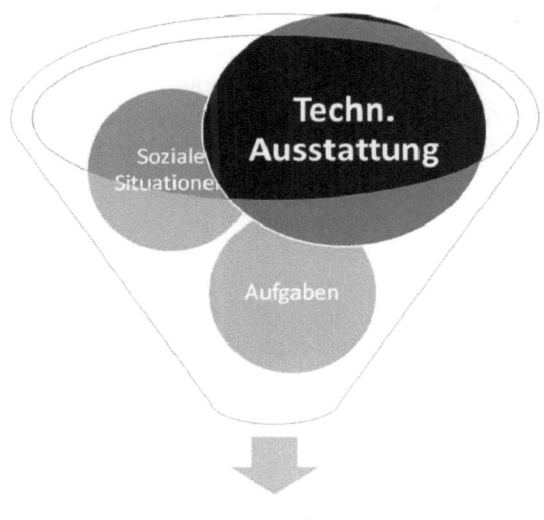

Situation

Abbildung 14: Teilstruktur Situation: technische Ausstattung

Ein Sekretariat mit Sekretärin und dem Kommando „Fräulein, zum Diktat" ist heute undenkbar. Allenfalls Chef-Sekretärinnen sind neben dem Statussymbol eher Chef-Managerinnen, die natürlich ihren PC beherrschen und via Internet Flüge, Hotels buchen, Termine vereinbaren müssen. In immer mehr Berufen hat man sein Büro in Form seines Laptops bei sich, arbeitet zuhause, im Hotel, trifft sich in Flughafen-Besprechungsräumen und kommuniziert in internationalen Teams mittels Video-Konferenzen.

Eine Gegenbewegung besteht z. B. viele durch hoch qualifizierten Frauen und wenige Work Life Balance bewusste, meist jüngere Männer, die auf einem festen Standort und festen Arbeitszeiten bestehen, um ihre Familien zu organisieren.

In der Produktion haben sich schon in den letzten beiden Jahrzehnten die Arbeitsplätze durch die Technologien teils dramatisch geändert, beispielsweise vom Schlosser im Blaumann, der selbst fräst zum Maschinen-Überwacher im weißen Kittel. Ähnliches passiert durch die Digitalisierung nun auch bei kognitiven Prozessen. Computer bearbeiten etwa in Bausparkassen automatisch die Vorgänge, und man braucht nur noch wenige Mitarbeiter für die besonderen Fälle.

Mit anderen Worten, in der Logik von Abb. 13 dürften durch die Digitalisierung die Dezentralisierung, die Flexibilisierung und die Entgrenzung von Arbeits- und Privatleben noch deutlich vorangetrieben werden. Dies aber mit dem Unterschied zu früher ohne die Facetten Mobilität und Arbeitszeitflexibilisierung, weil man viele Menschen nicht mehr braucht. Wohl aber werden sich die Tätigkeiten noch schneller verändern (Dynamik), und sie werden noch komplexer ähnlich den 18.000 Studiengängen, die kein Mensch mehr überschaut.

Wir können nun die Arbeitssituationen für alle Branchen durchgehen. Wir brauchen weniger Verkäufer, weil immer mehr online gekauft wird. Chirurgen arbeiten immer mehr minimal invasiv und mit Robotern. Zahnersatz wird 3-D-gedruckt. Studiert wird nicht mehr im Hörsaal, sondern im Internet. Kreativ-Leistungen werden ebenfalls dort von internationalen Teams erbracht, die sich nie persönlich die Hand gegeben haben. In vielen Bereichen wandert der Arbeitsplatz nachhause, weshalb auch angesichts der Wohnungsknappheit Möbelfirmen Lösungen anpreisen, bei denen z. B. der Schreibtisch auch zum Esstisch wird.

Zu den psychischen Gefährdungen unter dem Aspekt der psychischen (Arbeits)Situation gehören sicherlich in der Interaktion mit Robotern und der mangelnden „Heimat" des Arbeitsplatzes. Wer die meiste wache Zeit seines Lebens bei der Arbeit verbringt sollte sich dort wohlfühlen und in Ruhe konzentrieren können. Großraumbüros, in denen man sich mit seiner Arbeitsbox täglich einen neuen Platz suchen muss tragen weder zu Gesundheit noch zu Wohlbefinden bei.

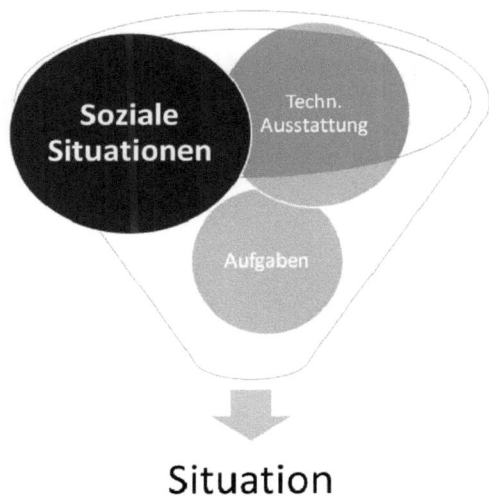

Abbildung 15: Teilstruktur Situation: soziale Situationen

9. Die Perspektive der sozialen (Arbeits)Situation

Das gemeinsame Hand in Hand-Arbeiten wie früher etwa im Handwerk geht zurück durch die Mensch-Maschine-Interaktion. Team- und Gruppenarbeit werden weiterhin zur Planung komplexer Prozesse benötigt. Aber die tägliche Routinearbeit wird immer stärker von Robotern übernommen, die allenfalls unterstützt oder überwacht werden. Die Einzelkämpfer im Internet kooperieren mit anderen Einzelkämpfern, die sie oft nur durch Screen-to-Screen-Kommunikation kennen und bei denen sie Konkurrenz argwöhnen. Jedenfalls dürfte die vertrauensvolle, sozial unterstützende Zusammenarbeit mit KollegInnen, die man jahrelang aus dem persönlichen Kontakt heraus kennt weniger werden.

Vertrauen und soziale Unterstützung als Gesundmacher brauchen persönliche Nähe und positive Erfahrungen. Führen im Sinne der transaktionalen Führung, des Inspirierens, Motivierens, Vorlebens etc., das die Gesundmacher Orientierung und Planbarkeit fördert wird schwieriger, wenn Einzelkämpfer, Nomaden im Internet und Roboter koordiniert werden müssen. Versagens- und Zukunftsängste dürften somit auch schwerer aufgefangen werden.

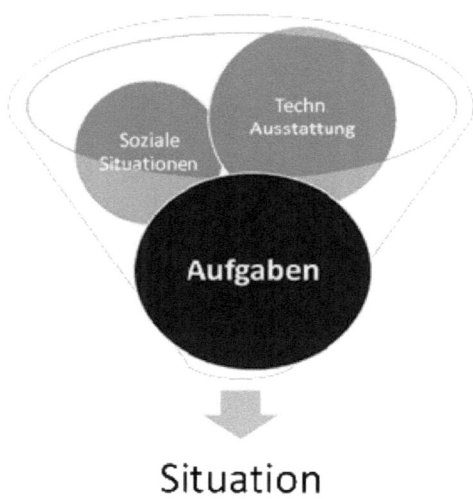

Abbildung 16: Teilstruktur Situation: Aufgaben

10. Die Perspektive der (Arbeits)Aufgaben

Sie werden dynaxischer, weil sie sich immer schneller verändern und gleichzeitig immer komplexer werden. Die Routineanteile sinken, weil diese immer mehr von Maschinen übernommen werden. Und das einmal Gelernte taugt immer schneller wenig für die neuen Aufgaben, so dass wir permanent neu lernen müssen. Wir werden uns auf sich immer schneller ändernde Aufgaben einstellen müssen, die auch immer weniger „klassischen" Disziplinen oder Branchen zuzurechnen sein werden.

Bezüglich der psychischen Gefährdungen durch sich permanent verändernde Aufgaben liegen einige psychischen Krankmacher auf der Hand: Versagensängste verbunden mit dem Druck der permanenten Veränderung inklusive Lerndruck. Die Balance aus Stabilität und Flexibilität gerät in Gefahr. Wir brauchen beide für unser psychisches Wohlbefinden. Stabilität schafft Voherherseh- und -sagbarkeit mit der Folge von Orientierung und Planbarkeit. Flexibilität ist erforderlich, um sich den sich ständig ändernden Anforderungen anzupassen. Das entscheidende für die psychische Gesundheit ist allerdings eine adäquate Balance aus beiden.

Die Veränderungen in den Organisationen und (Arbeits)-Situationen wirken sich natürlich auf uns als Menschen aus. Damit sind wir bei der individuellen Perspektive, die wiederum nach psychologischem, medizinischem und pädagogischem Zugang ausdifferenziert werden soll.

C Personale Facetten

11. Die psychologische Perspektive

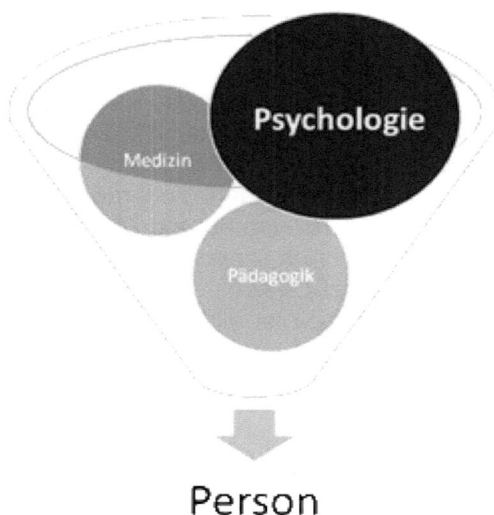

Abbildung 17: Teilstruktur Person: Psychologie

Globalisierung und Digitalisierung scheinen eine Sehnsucht nach Überschaubarkeit zu befördern. „Die Welt ist ein Dorf" gilt nicht mehr. Man misstraut Freihandelsabkommen, Flüchtlingsströmen und offenen Grenzen. Man will z. B. Europas Grenzen sichern, und regionale Kleinräumlichkeit hat Hochkonjunktur. Die Angst des Menschen vor Kontrollverlust und die Sehnsucht nach Heimat, die Dinge verstehen und im Griff haben wollen und Identifikation bis hin zum Patriotismus laufen der Globalisierung zuwider. Mit diesen Trends zur Komplexitätsreduktion angesichts dieser unüberschaubaren Dyamik und Vielfalt von Globalisierung und Digitalisierung korrespondieren auch Phänomene wie Populismus, das „Cocooning" sowie Flucht in die Esoterik. Beim Populismus läuft man einfachen Erklärungsmustern und Versprechungen hinterher, die scheinbar von der undurchschaubaren Komplexität befreien. Beim „Cocooning" zieht man sich in eine Nische zurück, spinnt sich ein, sieht keine Nachrichten mehr und schafft sich seine kleine, überschaubare Welt. Und bei der Esoterik glaubt jenseits aller Realität, was man glauben will. Wer an die Wirksamkeit von Bachblüten glaubt, interpretiert einen Placebo-Effekt als kausal naturwissenschaftlich biochemisch belegt.

Man möchte einfache Erklärungsmuster und im Sinne von Retropie (als Gegenteil von Utopie) die einfach erklärbare Welt von früher. Globalisierung und Digitalisierung werden als Elitenprojekte gesehen, die sich demokratischen Kontrollmechanismen entziehen. Google und Co. schreibt man mehr Macht als der eigenen demokratisch legitimierten Regierung zu. Entgegen der Vorstellung vom einseitig in die Zukunft gerichteten, nicht aufhaltbaren Fortschritt scheint es Pendelbewegungen zu geben zwischen großräumigen Ordnungen wie Globalisierung, Zusammenschluss zu politischen und wirtschaftlichen Verbünden einerseits und kleinräumigen Organisationen, die Ähnlichkeit Geborgenheit versprechen, siehe etwa Separationsbewegungen in Spanien, Brexit etc. In diesem Sinne geht auch Münkler (2016) davon aus, dass entgegen dem kontinuierlichen Fortschritt in Wissenschaft und Technik die Politik- und Mentalitätsgeschichte durch Pendelbewegungen u. a. zwischen Klein- und Großräumigkeit geprägt sind. Insofern sind natürlich auch Widerstände gegen die Digitalisierung zu erwarten.

Bei der Frage: „Hängt die Kultur von der Natur ab?" sagen wir spontan „ja". Mein Schreibtisch war früher mal ein Granitklumpen und wurde zu dem heutigen Möbelstück kultiviert. Bei der Frage: "hängt die Natur von der Kultur ab?" denken wir vielleicht an Pflanzenkulturen, weniger aber an das Gehirn. Doch genau das ist der Fall, die Digitalisierung verändert unser Hirn. Als Beleg wird oft der Befund genannt, dass Kinder, die viel simsen an der Stelle des Gehirns, die für den Daumen zuständig ist, mehr Zellen haben. Das Ganze

„vererbt" sich über Mutation und Selektion. Es handelt sich um natürlich/ kultürlichen bzw. kultürlich/ natürlichen Drift über die Generationen. Wir nehmen auf die Dauer anders wahr, denken anders, entscheiden anders, speichern und lernen anders. In diesen Kontext gehören die vielen Diskussionen über die „Digitale Demenz" (Spitzer, 2012). Wir können sie an uns selbst beobachten. Wenn wir immer nur ohne mitzudenken das Navi benutzen können wir irgendwann keine Karten mehr lesen. Und wenn wir immer den Taschenrechner oder unser Smartphone rechnen lassen, können wir bald keine Wurzel mehr ziehen.

Als Beispiel für die unendlichen vielen Befunde zur Veränderung unseres Verhaltens und Erlebens durch die Digitalisierung mag die Virtual-Reality-Brille dienen.

Das Gedächtnis und die Gnade des Vergessens sowie die Aufmerksamkeit sind Funktionen, die im Laufe von Millionen Jahren der Evolution sich so herausgebildet haben wie wir es gewohnt sind. Im Rahmen des Wearable Computings, also anziehbarer Computer spielt eine Google-Brille mit einer Kamera und einem Prisma, verbunden mit einer Fünf-Finger-Tastatur in der Hosentasche (Google Glass) eine besondere Rolle. Der Träger kann sich mit uns unterhalten, Erlebnisse aus seinem Nähkästchen plaudern mit genauem Datum, Personen und exakter Beschreibung der Umgebung, wobei die Daten dazu von der Brille in seine Netzhaut gespiegelt werden. Gleiches gilt für eintreffende Nachrichten und er weiß sofort qua Gesichtserkennung, wer ihm gegenüber steht, wie dessen familiäre Situation aussieht usw. Peinlichkeiten wie jemanden nicht wiederzuerkennen oder seinen Namen vergessen zu haben oder Dasselbe mehrmals zu erzählen bleiben diesem Brillenträger erspart. Zugleich wird sein Leben protokolliert (Lifelogging). Wie in dem Roman Circle von Eggers tragen wir bald alle derartige Kameras, haben unser perfektes Gedächtnis immer dabei und landen in der ebenso perfekten Überwachung. Natürlich kann diese Kamera in der Brille auch auf Sprachbefehle hin fotografieren, ohne dass das Gegenüber dies merkt. Dies eröffnet die Möglichkeit interessanter Gedächtnis-Experimente mit dem vorhersehbaren Ergebnis, dass das ausgelagerte Gedächtnis deutlich besser im Sinne von objektiver und genauer ist als unser naturgegebenes. Aber wollen wir überhaupt die perfekte Erinnerung? Interessant dürfte es auch für einen Mitmenschen sein, sich in ein solches privates Tagebuch einzuhacken. Parallel zu diesen Erinnerungen lassen sich natürlich alle möglichen Körperdaten erfassen, so dass der Brillenträger weiß, wie gestresst er war, ob seine Blutzuckerwerte gestimmt haben etc.

Ein wesentlicher Aspekt im Rahmen der psychologischen Perspektive ist die (Fehl)Beanspruchung im Hinblick auf Digitalisierung. In der Public Health-Forschung geht man davon aus, dass in den hoch industrialisierten Ländern gut zwei Drittel aller Krankheiten maßgeblich durch unser Verhalten bedingt sind. Dies läuft meist über die Stress- und damit verbunden die Immunachse. Auch recht konkret krankmachende Verhaltensweisen wie Rauchen oder Fehlernährung hängen damit zusammen. Dies alles geschieht im Kontext unserer Leistungsgesellschaft, die sich durch die Digitalisierung noch schneller als bisher verändert und das „höher, weiter, schneller, besser, effizienter" vorantreibt.

„Je mehr er hat, je mehr er will, niemals steht der Ehrgeiz still". In diesem Sprichwort drückt sich die Überhitzung, Selbstausbeutung mit der Folge von Erschöpfung aus.

Der oben erwähnte Übergang von der Disziplinar- zur Leistungsgesellschaft startet die Karriere der Depression als das Disziplin- Paradigma mit Grenzgebungen (soziale Klassen, Geschlechterrollen, Normen etc.) verschwindet zugunsten von persönlicher Initiative. „Werde der du bist" (Ehrenberg, 2008) führt zum „erschöpften Selbst". Es ist einfach anstrengend, man selbst zu werden. Wir müssen selber denken, Entscheidungen treffen, die Initiative ergreifen, Verantwortung übernehmen etc. Es ist viel einfacher, wenn mir jemand sagt, was „richtig" ist und was zu tun ist. Bei konkreten Aufgaben sehen wir unsere Erfolge. Wenn dann noch ein Lob von einer übergeordneten, von uns akzeptierten

Instanz kommt, geht es uns gut. Sinn, Transparenz und Erklärbarkeit, Kontrolle, Erfolg, Wertschätzung, Handhabbarkeit sind „Gesundmacher". Das jeweilige Gegenteil sowie mangelnde soziale Unterstützung und Bindungsarbeit in einer digitalisierten Welt sind „Krankmacher".

Nach Han (2014, S. 22 ff.) macht aber in Wirklichkeit nicht das Übermaß an Verantwortung sondern der Leistungsimperativ krank. Die Depression ist in einem Immun-Paradigma nicht erklärbar, sondern entwickelt sich, wenn „das Leistungssubjekt nicht mehr können kann", ist eine „Schaffens- und Könnensmüdigkeit" und gedeiht als „nichts ist mir mehr möglich" nur in einer Gesellschaft, in der nichts umöglich ist. Der Depressive führt kraft seiner Selbstvorwürfe mit sich selbst Krieg (a. a. O., S. 23 ff.). Wir sind zwar äußeren Herrschaftszwängen in unserer „freien Welt" entronnen, aber wir zwingen uns „freiwillig" zu Leistungsmaximierung bis hin zur Selbstausbeutung. Achtsamkeit im Rahmen der Selbstverantwortung verlangt, dass wir selbst diese gleichzeitige Täter- und Opferrolle erkennen, die Konsequenzen ziehen und u. a. durch freiwilligen Verzicht vermeiden, dass in einer paradoxen Freiheit wir uns selbst Gewalt antun. Ältere Mitarbeiter erkennen beispielsweise oft nicht, wie sehr sie ihren Körper schon geschädigt haben, weil sie in ihrem „Trott" und ihren Gewohnheiten, die sich ja meist als erfolgreich erwiesen haben immer weiter machen. In unserer Leistungsgesellschaft wollen wir schließlich nicht zum „alten Eisen" gehören, jung bleiben. Wir sind eitel, wollen Macht nicht abgeben usw. So finden wir tausend rationale Gründe, nicht „mehr loszulassen".

Pausen, Muße, Kontemplation, Langsamkeit sind in unserer Leistungsgesellschaft nicht sonderlich angesehen, allenfalls instrumentell als manchmal notwendig, um hinterher noch mehr leisten zu können. In der digitalisierten Welt gelten Multitasking, Computerspiele, permanentes Online-Sein etc. etwas. So entstehen andere Aufmerksamkeitsmuster. Wir versuchen immer oberflächlicher immer mehr Informationen immer schneller aufzunehmen. Führungskräfte verlangen in ihrer Weiterbildung nach Rezepten, Zusammenfassungen komplexer Zusammenhänge auf einer Seite, ständiger Information in Echtzeit.

Kontemplation und tiefgründige Auseinandersetzung mit philosophischen Problemen sind ihnen ein Graus. Zur Führungskompetenz gehört die Inkompetenz-Kompensations-Kompetenz (IKK, Kastner, 1994). In der durch die Digitalisierung stark gesteigerten Dynaxität wird die weiße Landkarte des potentiellen Wissens ständig größer. Gleichzeitig bleibt immer weniger Zeit, um in Ruhe und Muße die bunte Landkarte des persönlichen Wissens zu erweitern. D. h. die Diskrepanz zwischen dem, was ich wissen müsste und dem, was ich wirklich weiß wird täglich größer. Dies darf ich aber nicht zeigen, sonst gelte ich als inkompetent. Diese De-facto steigende Inkompetenz muss ich kompensieren, so dass meine soziale Umgebung den subjektiven Eindruck meiner Kompetenz hat. Man denke an Politiker, die tausende von Seiten mit Informationen zur Finanzkrise nicht gelesen haben, aber innerhalb kürzester Zeit weitreichendste Entscheidungen treffen müssen.

Erschwert wird dies durch das Phänomen des „Mind Wandering". Vielen Menschen fällt es schwer, sich auf eine Angelegenheit langfristig zu konzentrieren und sie zu Ende zu bringen. E-Mails, Googlen, Chatten etc. verführen allzu leicht dazu, die Tätigkeit, die man „eigentlich" zügig vollenden will, zu unterbrechen. Dies mit der Folge von Prokrastination („Aufschieberitis"), die wiederum zu Unzufriedenheit führt. Daraus ergeben sich typische Selbstzweifel in dem Sinne „jetzt habe ich doch den ganzen Tag gearbeitet, fühle mich kaputt, habe aber nichts wirklich geschafft". Dazu passt der Befund im Stressreport der Bundesanstalt für Arbeitsschutz und Arbeitsmedizin (2014), das 44% von befragen knapp 20.000 Arbeitnehmern angaben, häufig bei der Arbeit unterbrochen zu werden. 58 % fühlten sich unter Druck gesetzt, weil sie mehrere Aufgaben gleichzeitig bewältigen müssten. Generell schält sich ein Muster dergestalt heraus, dass man sich weniger nachhaltig konzentrieren kann, weniger Prioritäten klar im Kopf hat, alle paar Minuten etwas Neues macht und einen hohen Prozentsatz begonnener Arbeitsvorgänge nicht abschließt. Im Privatleben wird neben dem Fernsehen noch gegoogelt, beim gemeinsamen Essen werden E-Mails gecheckt, Unterhaltungen werden unterbrochen, weil sich im Smartphone etwas tut.

Man ist nicht mehr „bei der Sache" und versucht im positiven Falle Achtsamkeit zu lernen.

Neurobiologisch (Levitin, 2014) führen neue Reize via Tablets, Smartphones etc. zu Dopamin-Ausschüttungen, ein Prozess, der sich aufschaukelt. Die Belohnung durch diese Ablenkungen führt dazu, dass wir nicht bei der Sache bleiben und uns noch mehr ablenken, was uns wiederum mit Dopamin belohnt. Dieser Prozess spielt sich im präfrontalen Cortex, unserem „Verhaltenscontroller" statt. D. h. ausgerechnet die Instanz, die uns die Konzentration beschert und unsere Emotionen im Griff haben könnte, wird abgelenkt. Es erfordert schon eine gewisse Disziplin, digitale Medien abzuschalten, sich auszuklinken, voll und nachhaltig auf die Prioritäten zu konzentrieren und so der Ablenkung zu entgehen. Das schöne Bild, dass man auch im Freibad arbeiten, mit dem Chef kommunizieren kann etc. hat seine Tücken. Die Ablenkung führt zu permanenten Vornahmen, neuen To-do-Listen und letztlich einer „Terminator-Schwäche" (nichts wird erfolgreich abgeschlossen) mit der entsprechenden Unzu-friedenheit mit sich selbst. Die Fähigkeit, „dran zu bleiben", sich nachhaltig auf eine Sache zu konzentrieren und spontan auftretende Erinnerungen, wiederkehrende Gedanken, Schuldgefühle, Tagträume, sexuelle Phantasien und natürlich Ablenkungen via digitaler Medien auszublenden, scheint neben Intelligenz und Begabung ein ausgesprochen wichtiger Erfolgsfaktor zu sein. Das Mind-Wandering hingegen ist eine Flucht vor der Realität, es ist kurzfristig viel schöner, in Computerspiele zu versinken statt Hausaufgaben zu machen. Letzten Endes spielt wieder die Dynaxität hinein. Wir können unsere Aufmerksamkeit in der Gegenwart ca. drei Sekunden halten, dann prüft unser Hirn kurz, ob es etwas Neues gibt, was ja auch gefährlich sein könnte, dann konzentriert es sich weiter. Durch die digitalen Medien haben wir nun auch in kürzester Zeit eine Informationsüberlast, in der wir nicht so schnell herausfiltern können, was für uns wirklich wichtig ist.

Zusammengefasst ergeben sich also unter der psychologischen Perspektive etliche Implikationen für psychische Gefährdungen durch die Digitalisierung: Ängste vor Kontrollverlust, Verlust von Heimat und Stabilität, Veränderungen von Hirnstrukturen, das Sich-Verlieren in einer virtuellen Welt, Selbstausbeutung, der Verlust von Sinn, Transparenz und Erklärbarkeit, Handhabbarkeit (Antonovsky, 1989), Verlust der langandauernden Konzentrationsfähigkeit.

12. Die Medizinische Perspektive

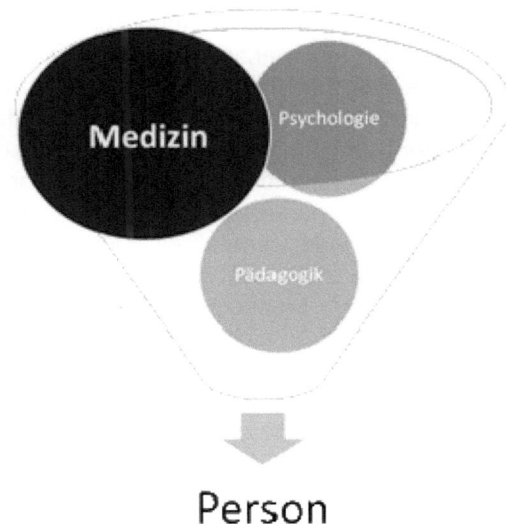

Abbildung 18:Teilstruktur Person: Medizin

Die Digitalisierung bringt im medizinischen Bereich unendliche nützliche Phänomene mit sich. Beispielsweise können EKG-Geräte mit dem Patienten-Handy vernetzt werden und können mit Arzt und Angehörigen kommunizieren. Eine App kann Sehbehinderten Farben erläutern 500 Farbtöne werden erkannt und per Sprachausgabe benannt. Mittels einer Tinnitus-App werden aus der Lieblingsmusik des Betroffenen dessen Tinnitus-Frequenzen herausgefiltert. Überaktive Hörnerven werden so beruhigt. Das Tinnitusgeräusch wird reduziert. Vor allem trägt die Digitalisierung dazu bei, dass wir immer differenziertere und kleinteiligere diagnostische Daten erhalten. Wenn wir nur genau genug untersuchen finden wir bei fast Jedem etwas Krankes. Damit schaffen wir bei jeder Untersuchung psychische Konflikte. Wenn beispielsweise bei Männern der PSA-Wert über der „Norm" liegt drängt die Angst vor Prostata-Krebs ins Bewusstsein. Ein erhöhter Wert kann einerseits allerlei harmlose Ursachen haben, kann aber auch ein Hinweis auf ein Karzinom sein. Die Dunkelziffer der Prostatas, die aufgrund falsch positiver PSA-Werte ohne Not entfernt wurden mit allen unerfreulichen Begleiterscheinungen wie Inkontinenz und Impotenz dürfte hoch sein. Grenzwerte für Hormone, Knochendichte, Cholesterin, Harnsäure und für etliche weitere Biomarker werden soweit herunter gestuft, dass irgendwann jeder "krank" ist. Die Suche der nach der „richtigen" Grenze zwischen gesund und krank verunsichert aber immer mehr Menschen. Im Übrigen sind etliche ökonomische Interessen nicht zu leugnen. Es fällt leicht, einen lebensfrohen Menschen, dem es hervorragend geht mittels Überdiagnostik zu einem multimorbiden Nervenbündel zu machen, das hypochondrisch darauf wartet, dass die aufgrund von Grenzwertüberschreitungen prognostizierten Gefahren endlich eintreten. Das Bild des Quacksalbers, der den Menschen Krankheiten einredet, um daran zu verdienen, trifft die Situation ganz gut.

Diese ganze Datenflut wird nun enorm angereichert durch Medizin-Apps, mittels derer alle möglichen Daten von der Herzfrequenz und -variabilität über die Schlafqualität bis hin zum Erleben des Orgasmus erfasst werden. Und wer nach möglichen Ursachen seiner Kopfschmerzen im Internet sucht, der erstickt in zig Informationen zu Hirntumoren, was seine Befindlichkeit kaum bessert, die Hypochondrie feiert fröhliche Urständ. Die Ärzte, deren Hauptaufgabe darin besteht, Laborwerte und Gesundheitsdaten zu selektieren, gewichten, interpretieren und Prognosen abzuleiten schauen leicht genervt, wenn der Patient mit seinen Internet-basierten Eigendiagnosen aufwartet oder gar im Netz checkt, ob der Mediziner auch genauso verfahren ist. Big Data in der Medizin basierend auf immer mehr molekularbiologischer Tests, Internet, Gesundheits-Apps und deren Verknüpfungs-möglichkeiten mögen einerseits manche therapeutische Verbesserung mit sich bringen, lassen uns andererseits aber die Übersicht verlieren. So wie vor allem Ängste von Arbeitsplatzverlust, Altersarmut etc. zunehmen so wächst auch die Anzahl der Besorgten, die überall Unrat wittern, hypochondrisch -auch mittels App- auf jede kleinste Normwertabweichung lauern und erwarten, dass ihnen in einem Reparaturverhalten sofort die richtige Pille verabreicht oder der Physiotherapeut ihnen möglichst schnell die Schmerzen ausmerzt. Die Gesundheitsindustrie wird mobil und digital. Pharmafirmen, Kranken- und Lebensversicherer, IT-Konzerne lechzen nach unseren Gesundheitsdaten. Sie haben wirtschaftliche Interessen und versprechen uns als Gegenleistung eine noch bessere, auf den einzelnen Menschen zugeschnittene Medizin. Kraft Digitalisierung können wir mit Armbändern, Brustgürteln und Sensoren in der Matratze unsere Bewegungen und Schlafphasen erfassen, um die Schlafqualität zu optimieren. Das können wir ergänzen durch Lampen, die unseren Hormonhaushalt beeinflussen und die Melatonin-Produktion anregen. Wir können Essverhalten, Fettverbrennung, Herzfrequenz, Herzratenvariabilität, Atmung, Blutzucker, Muskelaktivität, sogar Stimmungen etc. etc. messen, kurz uns zum gläsernen Menschen machen. Zahnbürsten und Kontaktlinsen werden zu Datenlieferanten. Sogar Autohersteller wollen durch die Sitze Herzkreis-laufdaten erheben und die Atemluft messen. Alle möglichen Daten können wir zur Selbstoptimierung nutzen analog einer

Bewegung in den USA „Quantified Self". Die Daten werden von den diversen Messgeräten über Bluetooth ans Handy gesendet und mittels verschiedener Apps gesammelt. Sie sind natürlich nicht nur für den Einzelnen interessant, der sein Gesundheitsverhalten optimieren will sondern auch für Versicherungen, die Tarife anpassen wollen, für Sport- und Gesundheitsartikelhersteller, die werben wollen oder für Pharmafirmen, um neue Medikament zu entwickeln. Forscher freuen sich naturgemäß über medizinische Big Data. Siemens vernetzt weltweit Röntgengeräte, Computertomographen und MRTs, um Diagnosen zu verbessern. IBM und SAP wollen Krebsdiagnosen und -therapien mittels Datenanalysesystemen wie „Watson" oder „Hana" verbessern. Apple und Google - siehe auch die Gesundheitsfirma Calico sowie Google Health – investieren riesige Summen in den Gesundheitsbereich, um mittels Big Data und personalisierter Medizin einen riesigen Markt zu erobern.

Apple beispielsweise beansprucht eine führende Rolle im Gesundheitsbereich, denn iPhone und Apple-Uhr sollen zu individuellen Diagnosegeräten werden, die die Daten an Forschung, Krankenkassen etc. weitergeben können. Damit bekommt der Datenschutz zusätzliche Aufgaben. In Deutschland dürfen gesetzliche Krankenkassen noch nicht einmal die Gesundheitsdaten ihrer Versicherten sammeln. Die privaten Versicherer hingegen schaffen neue Tarifmodelle, etwa Generali in Form eines Tarifes namens „Vitality" zum einen für Berufsunfähigkeits- und Lebensversicherungen, zum anderen über die Central für Krankenversicherungen. Der Solidargedanke der Krankenversicherung wird so nach dem Motto aus der Kfz-Versicherung „das richtige, gesunde Verhalten soll sich lohnen" konterkariert. Hacker freuen sich besonders über Gesundheitsdaten, weil diese bis zu zehn Mal so teuer verkauft werden können wie Daten zu Kreditkarten. Einem der größten amerikanischen Krankenversicherer wurden 2015 Daten von ca. 80 Millionen Versicherten gestohlen. Dies ist nur die Spitze des Eisberges, denn es scheint eine hohe Dunkelziffer gestohlener Daten von Ärzten,

Krankenhäusern und am Körper getragenen (Fitness)Messgeräten zu geben.

Die Politik ist an E-Health und Telemedizin interessiert, weil sie glaubt, so dem Ärzte-Mangel vor allem auf dem Land ein wenig abhelfen zu können. Patienten sollen per Skype mit ihrem Arzt kommunizieren. Und es sollen Fehlbehandlungen oder gar Todesfälle vermieden werden, die oft entstehen, weil das Krankenhaus nichts von der Notfall-Medikation des Notarztes weiß. Ökonomisch interessant wäre natürlich auch, dass so überflüssige Röntgenaufnahmen und unnötige Diagnose-Wiederholungen vermieden werden.

Die bezüglich der Werbung problematische Personalisierung macht in der Medizin sehr viel Sinn. Meist wird in diesem Zusammenhang Bezug auf die Entschlüsselung des Genoms genommen, die 13 Jahre gedauert und ca. 3,6 Milliarden Dollar verschlungen hat. Heute können wir unser Genom übrigens mittels Big Data für unter 1.000 Dollar innerhalb einer Stunde entschlüsseln lassen. Einige Start-Ups (z. B. „23andMe") bieten dies sogar für unter 100 Dollar an. Letzten Endes ist das Ziel, sowohl Genom als auch Proteom als auch Biom zu entschlüsseln. Bislang wurden Alter, Gewicht, Geschlecht, Konstitution vom Arzt zur Personalisierung herangezogen. Aber zukünftig dürfte man mittels genetischen, molekularen und zellulären Biomarkern deutlich zielgenauer werden, was angesichts von 230 Krebsarten, die in über 200 Organsystemen wirken äußerst wünschenswert wäre. In der Krebsbehandlung passen etwa 50% der Medikamente nicht zu den Patienten, weshalb sie natürlich nicht wie gewünscht wirken können. In Europa sterben knapp 200.000 Menschen an den Folgen der falschen Medikamentierung (Adverse Drug Reaction).

Nun fragt sich natürlich, ob Menschen überhaupt einen virtuellen Zwilling, eine Art medizinischen Avatar mit ihren Gendaten auf einem USB-Stick akzeptieren würden. Für die Forschung wäre Big Data ein Gewinn, denn man müsste anonymisierte klinische Daten mit solchen Biomarkern verknüpfen, um für die Therapie verwertbare Muster erkennen zu können.

Bislang sind die Erfahrungen mit Big Data in der Medizin eher bescheiden. Eine Studie des Pharma-Giganten Bayer (2011, zit. in Spiegel, 2015, No. 50, S. 17) hat gezeigt, dass von 67 Untersuchungen, die in seriösen Fachzeitschriften veröffentlicht wurden, nur 14 wissenschaftlichen Kriterien wie z. B. vollständiger Wiederholbarkeit im Labor genügten.

Was soll es bringen, wenn man sich hypochondrisch ständig sorgt, dass man aktuell nicht den Zielwert im Fitnessgerät erreicht. Ständige Vergleiche sind der erste Schritt zum Unglücklich-Sein und zur Unzufriedenheit und der Zwang zur Perfektion fördert nicht die innere Ausgeglichenheit und Gelassenheit.

Cyberdyne heißt eine Aktiengesellschaft seit 2014, deren Börsengewinn sich vervierfacht hatte ehe sie überhaupt Gewinn erwirtschaftete. Sie bietet ein Exoskelett an, genannt Hybrid Assitive Limb (HAL), das als hüfthohes Gestell mit Unter- und Oberschenkeln aus Plastik angelegt wird und als äußeres das innere Skelett unterstützen soll. Die Elektronik in diesem Gerät erkennt schwache Muskeln und trainiert diese. Elektroden auf der Haut erfassen die bioelektrischen Impulse des Nervensystems. Der Träger des HAL steuert das Gerät mit seinem Gehirn, ein ganz entscheidender Vorteil, weil nicht mehr von außen per Fernbedienung agiert werden muss. Im Grunde ist dies der Beginn eines Cyborgs, also eines hybriden Wesens aus Maschine und Mensch. Die Hoffnung besteht natürlich darin, evtl. Rollstühle ersetzen zu können und den Betroffenen durch den aufrechten Gang mehr Lebensqualität zu bieten. Mittlerweile wird ein Exoskelett für die Arme entwickelt, das beispielsweise als Hebehilfe in der Krankenpflege eingesetzt werden könnte. Der Erfinder, der Japaner Yoshiyuki Sankai meint übrigens, man müsse eine neue Wissenschaft gründen, genannt Cybernics als Mischung aus Kybernetik, Informatik, Hirnforschung, Verhaltenswissenschaft, Robotik und Mechatronik.

Die Digitalisierung kann durchaus im Sinne von Google und Co. wesentlich zu unserer Gesundheit beitragen. Gefahren im Sinne psychischer Gefährdungen liegen zusammengefasst in: einem Gesundheitsperfektionismus, der allzu oft Frustrationen impliziert; einer Internet-Besserwisserei, die das Vertrauen in Ärzte untergräbt, einem veränderten Risikoverhalten, wirtschaftlichen Interessen an unseren Gesundheitsdaten, dem Verlust des Solidargedankens bei Krankenkassen.

13. Die pädagogische Perspektive

Zur individuellen Perspektive gehört neben der psychologischen und medizinischen auch die pädagogische Sicht.

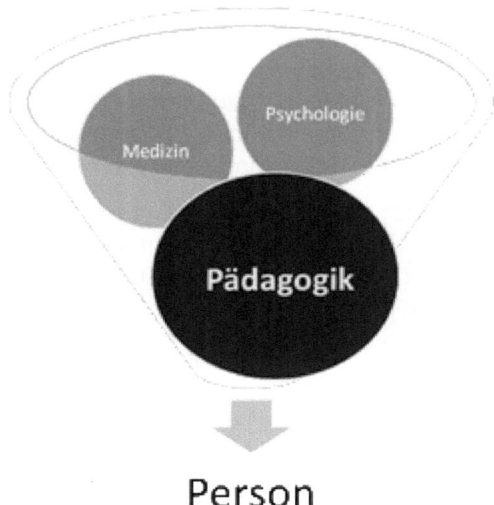

Abbildung 19 : Teilstruktur Person: Pädagogik

Durch die Digitalisierung verändern sich auch unsere Denk-, Problemlöse- und Lernprozesse. Menschen, v. a. Kinder lernen, denken und entscheiden in der Interaktion mit IT

111

anders. Der erwähnte kultürlich/ natürliche Drift über die Generationen bewirkt Veränderungen unserer Hirnstrukturen. Dies mit der Folge von digitaler Demenz, der Abhängigkeit von IT und des „Mind Wandering" sowie der Prokrastination („Aufschieberitis"). Lembke & Leipner (2015) argumentieren, bis zum 12. Lebensjahr sollten Computer für Kinder tabu sein, da diese keine positiven Lerneffekte hätten, sondern im Gegenteil ein schlechter Ersatz für Erlebnisse und Denkvorgänge seien. Kinder sollten ohne Computer denken und reflektieren und so eigene Denkstrukturen und Weltkonstruktionen entwickeln. Digitale Medien würden qua Reizüberflutung und Oberflächlichkeit Lernprozesse behindern. Viel wichtiger als das „Daddeln" auf dem Tablet seien konkrete Erfahrungen, unstrukturiertes Spielen und proaktives Selbsterkunden. Bildschirmzeiten von 200 Minuten pro Tag bei sechs- bis 13- Jährigen seien nicht verantwortbar. Hingegen seien reale Erfahrungen etwa in der Natur wichtig. 50% der Kinder zwischen vier und 12 Jahren sind noch nie auf einen Baum geklettert, ein Viertel hat noch nie Tiere in der Wildnis gesehen. Wenn Kinder zu früh an die Social Media gewöhnt würden, sterbe immer mehr echte Kommunikation.

Im Gegensatz dazu werden in manchen Schulen Smartphones und Tablets in den Unterricht via schulinternen Plattformen (ist-learning) eingebaut. Und Klassenarbeiten werden auf Computern geschrieben.

Über 80% der 12- bis 13-Jährigen haben ein Smartphone und über 90% der 14-19-Jährigen haben dies in der Schule dabei (Bitcom). Nach Beland & Murphy (2014) ist ein Handyverbot in der Schule sinnvoll, weil sie Lernzeit kosten, ablenken etc. Dies gilt insbesondere für lernschwache Schüler.

Der Dauerunterhalter Smartphone verhindert Langeweile als hochproduktiven Geisteszustand. Sobald Langeweile entsteht wird das Smartphone gezückt, um diese zu überbrücken, Aufmerksamkeitsrichtung nach außen. Oft halten Menschen das Handy nur in der Hand wie einen Schnuller im Mund. Auszeiten für das Gehirn sind aber Zeiten für Geistesblitze. Kreativität entsteht in Phasen des ungerichteten Denkens. Die besten Ideen kommen oft bei Routinetätigkeiten (Joggen, Duschen, Rasenmähen, Autofahren). Wie kann der Handy-Reflex ausgeschaltet werden?

Die gesamte Wissensproduktion und -verteilung ändert sich mindestens so dramatisch wie durch die Erfindung des Buchdrucks. Neues Wissen kommt nicht mehr vom Katheter sondern digital, in Echtzeit (Prinzip der „Serendipität"), kollaborativ (s. Wikipedia). Die alten medialen, akademischen, auch (neuro)biologischen Muster, die Schranken von wissenschaftlichen und wissenschaftstheoretischen Regimen gelten nichts mehr.

Die Onlinehochschule Coursera hat 15 Millionen Studierende, das sechsfache aller deutschen Hochschulen zusammen. Die Khan Academy bietet Nachhilfevideos, die eine halbe Milliarde Mal genutzt wurden. Digital werden Massenprodukte angeboten im Gegensatz zu exklusiven Angeboten für Privilegierte an Eliteinstitutionen mit den entsprechenden Netzwerken. Individualisierte Bildung, die sich den Kompetenzen des Lernenden anpasst, wird möglich, so dass die Nachteile des Einheitslernens nach einem festgefahrenen Lehrplan entfallen.

Nun verschaffen wenige Clicks den Zugang zum Wissen der Welt und Lehrer mutieren von Wissensvermittlern zu Lernbegleitern, wenn Schüler/ Studenten digitalisierte Lerneinheiten bekommen, die sie bei ihrem individuellen Niveau abholen. Die Personalisierung erfolgt automatisiert in der Form, dass am Tagesende jeder Lernende einen Onlinetest bewältigt. Der Computer errechnet, wer was und wie viel und nach welcher Methode nacharbeiten muss.

Das entscheidende Risiko der digitalen Bildung liegt in der Durchleuchtung des Lernenden, dessen Daten missbraucht werden können. Urheberrecht, Haftungsfragen, Anrechenbarkeit auf Lehrdeputate etc. stellen derzeit Probleme für digitale Lerneinrichtungen dar.

Und die Hauptgefährdung dürfte in der berühmt-berüchtigten digitalen Demenz liegen.

Nachdem wir uns den drei Basistrichtern Organisation, Situation und Person zugewandt haben betrachten wir das entscheidende verbindende Element zwischen ihnen, die Kommunikation

D Verbindung von Organisation, Situation und Person

14. Die Kommunikationsperspektive

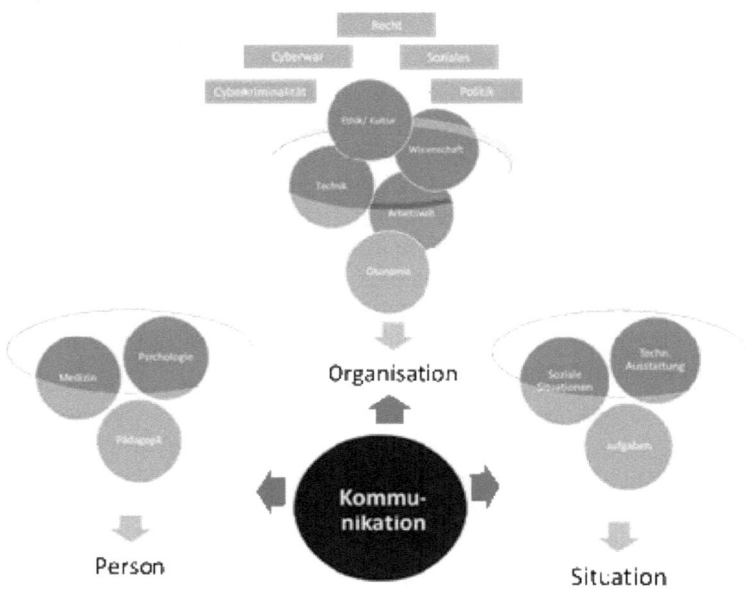

Abbildung 20: Gesamtstruktur: Kommunikation

Die Verbindung zur Ethik zeigt sich beispielsweise bei Timothy Garton Ash (2016), der zu klären versucht, was wir im Netz dürfen oder unterlassen sollten Es geht um den Wert der Redefreiheit. Einerseits müssten wir beispielsweise die Wahlfreiheit haben, angstfrei Mohammed-Karikaturen anzu-

114

klicken, andererseits können sich Muslims in ihrem Glauben verletzt fühlen. Garton Ash entwickelt 10 liberale Prinzipien der Redefreiheit, bezüglich des Umgangs mit Gewalt, mit Religion, mit Geheimhaltung und mit der Privatsphäre einen normativen Rahmen bieten sollen. Und ab wann schlägt Redefreiheit in Hetze um? Grenzen der Redefreiheit liegen nach Garton Ash in Gewalt, Einschüchterung und Belästigung. Aber in einer liberalen Gesellschaft müsse der Einzelne es auch aushalten, beleidigt zu werden, manchmal habe dies ja auch gute Gründe. Auf politischer Ebene ist die Aussage zentral, eine Demokratie brauche eine freie Presse, eine Diktatur die Zensur. Im Grunde soll die weltweite Kommunikation gebändigt werden, um die Meinungs- und Redefreiheit zu retten. Und durch diese Prinzipien sollen die Unterschiede zwischen einer liberalen Kommunikations-gemeinschaft und gewaltbereiten Fanatikern klarer werden. Die Redefreiheit wird auch eingeschränkt, wenn eine Suchmaschine systematisch Informationen vorenthält und gezielt selektiert, was ja bei der Personalisierung passiert. Theoretisch hätte man ja die Freiheit, diese Informationen zu suchen, faktisch aber kaum, weil man gar nicht von ihnen weiß. Und wie können wir unsere Informationssouveränität erhalten, d. h. soweit möglich garantieren, dass das Internet neutral bleibt und unsere Daten nicht fremde Hände geraten?

Viele haben die Erfahrung gemacht, dass ihr Partner/ Partnerin abends nach der Arbeit oder am Wochenende am Laptop verweilt, im Internet surft oder „daddelt" anstatt Face to Face zu kommunizieren. Es würde sich lohnen, zu forschen, wie viele Ehen dadurch scheitern. Und wenn immer mehr Menschen immer mehr Zeit mit Smartphone und Computer verbringen fragt sich natürlich, ob sie durch die damit der Familie, den Freunden fehlende Face to Face Kommunikation einsamer werden. Einerseits wird es durch die Dynaxität in der Arbeitswelt immer wahrscheinlicher, dass durch die damit verbundenen Distanzen ein tägliches Zusammenleben schwieriger wird. Beispielsweise wohnt zumindest ein Partner einer Zweierbeziehung die meiste Zeit in einer Stadt, die nicht seine Heimat ist in einer Wohnung, die er nicht als sein

Zuhause bezeichnen würde. Er fällt abends von der Hektik des Berufslebens in die Einsamkeit dieser „Notwohngelegenheit" ohne soziale Unterstützung, Geborgenheit und Wärme. Andererseits bietet aber die moderne IT zahlreiche Möglichkeiten, mit nahe stehenden Personen Kontakt aufzunehmen. Dann wird halt Screen to Screen kommuniziert. Dabei hört und sieht (Skype) man sich zwar, fühlt, riecht und schmeckt sich nicht. Kann abends allein die Screen to Screen Kommunikation die direkte mit Menschen aus Fleisch und Blut ersetzen? Virtuelle Kontakte können analoge nur bedingt ersetzen. Im persönlichen Gespräch imitieren wir einander, das fördert den Eindruck von Sympathie. Wir haben wechselseitige Resonanz, etwa im Ausdrucksverhalten bis hin zum Gleichschritt. Wir berühren einander. Bill Clinton gilt als Meister der persönlichen Face to Face Kommunikation, weil er dem Gegenüber den Eindruck vermittelt, dieser sei in diesem Augenblick der einzige für ihn wichtige Mensch auf Erden. Damit werden Wertschätzung, Anteilnahme und Anerkennung mit der Folge von Vertrauen als wesentliche Gesundmacher vermittelt. Zurückweisung, Misstrauen und der subjektive Eindruck von Einsamkeit und des nicht verstanden Werdens sind Krankmacher und wirken im Hirn wie Hautschnitte. Einsamkeit verändert das Emotionszentrum dergestalt, dass dieses schleppender arbeitet und z. B. ein lächelndes Gegenüber kaum noch Glücksmomente provoziert. Auch der präfrontale Kortex, der als „Controller" Impulse kontrollieren soll verliert an Wirkkraft. Präsentiert man einsamen Menschen beispielsweise Süßigkeiten, können sie sich schlechter beherrschen. Sie ernähren und konzentrieren sich schlechter und sind eher anfällig für Stress und Demenz mit der Folge von häufigerer Krankheit sowie schlechterer Wirkung von Medikamenten bei Infektionen. Darüber hinaus werden bei solchen Personen Gene in ihrem Genom angeschaltet, die die Immunabwehr schwächen. Passend dazu gilt Einsamkeit im Vergleich zum Übergewicht als besserer Indikator für die Lebensdauer. Zudem soll Einsamkeit die Lebenserwartung in etwa so reduzieren wie täglich 15 Zigaretten am Tag. Insofern sollten sinnvolle

Empfehlungen für ein gesünderes Leben über Ernährung, Bewegung etc. hinaus vor allem um solche für die Vermeidung von Einsamkeit angereichert werden.

Die Life Event Forschung lehrt uns, dass Einsamkeitsphasen normal sind. Allerdings sorgt die Digitalisierung schon im täglichen Leben für mehr Einsamkeit, wenn wir beispielsweise nicht mehr Menschen in der Bank, im Geschäft oder auf dem Amt treffen. Sind ausgerechnet die sozialen Medien in Wirklichkeit unsozial? Einerseits isoliert das Netz, andererseits wächst die Zahl der Kontakte (siehe etwa die „Freunde" in Facebook).

Das Computer-Programm von Facebook bewertet die Stärke der sozialen Beziehungen nicht nur über die Informationen selbst, z. B. A ist verheiratet mit B, sondern auch über die Anzahl der Kontakte und deren Art, ob beispielsweise persönliche Nachrichten übersandt werden oder Updates kommentiert werden. Es werden die Bekanntschaften über mehrere Ecken verfolgt, und man versucht, über einen Facebook Happiness Index die Stimmung in der Welt zu erfassen, indem die Status-Updates nach positiven und negativen Begriffen überprüft werden. Die Chance auf einen Weltfrieden wird geschätzt mittels Parametern zur Anzahl der Freundschaftsschließungen zwischen Indern und Pakistanern innerhalb von 24 Stunden. Oder es wurden aktuelle Songlisten mit Veränderungen im Beziehungsstatus verglichen, um herauszufinden, was die Menschen nach einer Trennung hören. So hat es Facebook geschafft, sich innerhalb von nur sechs Jahren von einem Poesiealbum zu einem weltweiten Betriebssystem zu entwickelt.

Mit der Möglichkeit von Partner.de oder Eliteship.de entwickeln sich auch neue Strategien der Partnerfindung und - bindung. Immer beliebter wird das „Benching", d. h. das Warmhalten von Partnern. Man hält die attraktive Frau oder den entsprechenden Mann Wochen oder Monate in einer Warteschleife, meldet sich öfter mit Posts und mit Smileys angereicherten Kurznachrichten, verabredet sich ab und zu, trifft aber letztlich keine Entscheidung, ob man nun wirklich zusammen bleiben oder gar eine Familie gründen will. Frühere Sprüche wie: „Verlobung heißt festhalten und weitersuchen" oder „drum prüfe, wer sich ewig bindet, ob sich nicht noch was bessres findet" gelten in moderner Form viel einfacher und variantenreicher durch die vermehrten Kommunikationskanäle. Man gaukelt Nähe vor, hält den Anderen aber gleichzeitig auf Abstand. Beim Ghosting ist der Andere hingegen irgendwann weg. Für den Bencher ist die Angelegenheit komfortabel. Er freut sich über Optionen, fühlt sich begehrt und hat zugleich alles unter Kontrolle. Man kann ihm noch nicht einmal was vorwerfen, weil er ja nichts versprochen hat, nicht kränkt oder abweist. Das einzige Risiko besteht darin, dass es dem Anderen irgendwann zu wenig wird. Dieser bzw. oft diese Frau, die unter dem biologischen Zeitdruck steht macht das Spiel eine Weile mit, weil die Hoffnung zuletzt stirbt und weil sie viel Energie und Gefühle investiert hat. Irgendwann gibt sie enttäuscht und gedemütigt auf. Männer glauben, sich das Benching mangels Zeitdruck eher leisten zu können.

Bei Facebook sind Lüge und Wahrheit kaum auseinanderzuhalten. Falschmeldungen, sogenannte Hoaxes, kursieren oft schon lange im Netz und werden immer wieder aufbereitet. Je öfter dies geschieht, umso „wahrer" muss es ja sein. Dies funktioniert, weil die prüfende Filterung von seriösen Journalisten auf der Basis etwa eines Pressekodexes fehlt. Generell funktionieren Gerüchte wie eine Infektion, sie sind interessant, weil sie in irgendeiner Weise erschrecken oder gar schockieren. Deshalb dienen sie auch gerne als Gesprächsstoff, mithilfe dessen man die eigene Meinung oder auch Vorurteile bestätigt. „Man" weiß ja Bescheid. Facebook und Andere machen solche Stammtischparolen öffentlich und verbreiten sie oft explosionsartig. Selbst wenn man sich über die Polizei wehrt, verschwindet das Übel noch lange nicht. Facebook gelingt es vielleicht, Fotos von Nackten zu eliminieren, aber kaum dies auch bei Gerüchten zu tun. Im Übrigen ist die Polizei bislang nicht für solche Phänomene geschult und so überlastet, dass sie sich auf „Wichtigeres" konzentriert. Ähnliches gilt auch für gehackte Bankkonten, deren Täter kaum enttarnt werden, schon weil sie unerkannt im Ausland sitzen. Selbst wenn Korrekturen über Faktenchecks gelingen, werden diese kaum wahrgenommen oder geglaubt. „Wo Rauch ist, da ist auch Feuer". Gut gemachte Gerüchte oder Fakes auf Facebook werden meist gern geglaubt. Wenn sie sich allerdings als falsch herausstellen, werden sie oft heimlich gelöscht, bleiben aber in den Köpfen der Rezipienten haften. Die Hass-Tiraden im Internet, gegen die man sich als Betroffener kaum wehren kann machen erschreckend deutlich, was das auch wirtschaftliche Ziel hoher Klick-Raten anrichtet. Medienopfer können nicht wie Straftäter resozialisiert werden. An ihnen bleibt meistens etwas haften. Ein qualitativ hochwertiger Journalismus schützt den Einzelnen wie im Übrigen auch die Demokratie wesentlich besser als dies im wilden Internet möglich ist. Kinder führen uns vor, wie Kommunikation via Smartphone läuft. Die Frage ist nur, ab welchem Alter sie damit verantwortlich umgehen können.

Das Netz vergisst nichts. Pörksen spricht von einer „Kybernetik der Erreichbarkeit, einer von Feedback-Schleifen und Signalblitzen getriebenen Erhitzung" (Spiegel, 2016, Nr. 38). Medien verlieren die Fähigkeit, Lüge und Wahrheit im öffentlichen Bewusstsein zu unterscheiden und gefährden so die Demokratie. Ein wesentliches Problem bei der Kommunikation mittels Social Media betrifft die Faktizität. Da sich immer mehr Menschen im Internet informieren, in dem wissenschaftliche Ergebnisse, Meinungen und Gerüchte „gleichberechtigt" neben einander stehen, so dass der normale Laien nicht mehr unterscheiden kann, was Tatsache ist und was nicht. Im Gegenteil, meist werden die Unwahrheiten am lautesten und häufigsten geäußert, um die höchste Aufmerksamkeit zu erzielen. Dem Rezipienten fehlt es zwangsläufig an Orientierung und an Qualitätskriterien, eine Aufgabe, die in Printmedien, in Funk und Fernsehen von Journalisten übernommen wird. Die Tatsache, dass im Internet Inhalte nicht mehr von Journalisten gefiltert werden, die nach ethischen Gesichtspunkten entscheiden, was dem Leser oder Zuschauer „zumutbar" ist, verstört viele Menschen.

Sie werden kaum damit fertig, dass sie sicher auf ihrer gemütlichen Couch sitzend mit ansehen wie beispielsweise in Nizza ein Lastwagen in eine Menschenmenge rast oder in Paris im Bataclan Menschen erschossen werden. Das Grauen kommt sofort ungefiltert ins Wohnzimmer, und man kann nichts tun, ist zum Zuschauen oder Ausschalten verdammt. Warum schauen wir uns Massaker, Amokläufe, Krieg und Terroranschläge an? Wer hat nicht die brennenden Zwillingstürme in New York und die fallenden Menschen gesehen, die sich in den Tod stürzten? Eine Reaktion auf solche Fragen bestand in der Forderung eines Chefredakteurs bei Facebook, um vernünftige redaktionelle Entscheidungen zu treffen, also eben diesen Filter zu installieren. Genau dagegen wehrt sich Mark Zuckerberg mit dem Argument, Facebook sei ein nur eine technische Plattform bzw. ein Vertriebskanal für Texte, Fotos oder Videos, aber eben kein Medienunternehmen. Aber irgendwann haben die Bilder Kontrolle über uns. Wir werden sie wie einen Ohrwurm nicht mehr los. Der Wahnsinn ist nicht mehr früher eingehegt durch die Nachrichten, die wir um 20.00 Uhr gesehen haben, die so präsentiert wurden, dass sie uns nicht allzu grausam überfallen haben.

Social Bots sind in besonderer Weise in der Werbung aktiv. Naiv ist, wer glaubt, die meisten Kommentare im Internet stammten wirklich von Menschen. Sowohl positive als auch negative Bewertungen von Produkten und Dienstleistungen oder auch politische Kommentare werden oft Social Bots übernommen. Derartige Accounts werden zum Teil sowohl automatisiert als auch von Menschen genutzt, ein Grund, weshalb sie schwierig als Social Bots identifizierbar sind. Aber selbst wenn wir es nicht mit Trollen oder Bots zu tun haben und selbst wenn Journalisten filtern heißt dies noch lange nicht, dass wir einigermaßen seriös informiert werden. Als Beispiel mag die Wahl des 45. Präsidenten der USA, Donald Trump, gelten. Dieser hat als Strategie-Berater bzw. Chef - Ideologen seinen Wahlkampfchef Stephen Bannon berufen, der die Washingtoner Regierung durch eine nationalistische Bewegung ersetzen und die Republikaner in eine ethnonationalistische Partei umfunktionieren will. Die

Verbreitung von Hass auf die Eliten, Antisemitismus und Rassismus erfolgt über die Breitbart News Network, eine rechte Nachrichtenseite. Hier wird dem Zorn der bislang wenig organisierten Rechten auf die liberale Gesellschaft, das Establishment, auf Juden, Schwule, den Islam, auf Feminismus etc. eine Plattform geboten. Die außerordentliche Wirkung dieser Website entsteht durch ihren weltweiten Einfluss in den Sozialen Medien. Allein binnen eines Monats im Jahr 2016 konsumierten über neun Millionen Nutzer auf Facebook und Twitter Breitbart Artikel. D. h. auf diese Weise wird Breitbart von mehr Menschen gelesen als seriöse Zeitungen mit dem erwähnten Journalismus-Filter wie die New York Times, die Washington Post und das Wall Street Journal zusammen Auflage haben. Entsteht hier eine Staats-Propaganda-Maschine der Regierung Trump? Berührt uns so etwas überhaupt in Europa? Seit 2014 gibt es ein Breitbart-Büro in London, Filialen in Berlin und Paris sind in Planung. Wer also auf einer Website Artikel publiziert, die über Soziale Medien vervielfältigt werden kann eine enorme Verbreitung erreichen. Im Übrigen kann man Follower kaufen. Der Handel mit gefälschten Nutzerprofilen hat ein Marktvolumen von jährlich ca. 40 bis 360 Millionen Dollar (http://bits.nytimes.com/2013/04/05/fake-twitter-followers-becomes-multimillion-dollar-business/).

Für die meisten Nutzer ist oft nicht zu erkennen, ob die Informationen im Internet wahr oder falsch sind. Sam Wineburg (2016) berichtet von den Ergebnissen einer Studie, nach der 80% der 12-13-jährigen Probanden nicht zwischen Werbung und Nachrichten unterscheiden konnten. Man arbeitet mit allen Tricks, um glaubwürdiger zu wirken, z. B. überzeugen Zahlen, Daten, Fakten in Tabellen oder Grafiken relativ unabhängig von ihrem Wahrheitsgehalt. Die Dynaxität der Informationen aus dem Internet überfordert uns Rezipienten und veranlasst uns, einfache Regeln zur Informationsbewertung anzuwenden z. B. die genannten Zahlen, Tabellen, aber auch Fotos oder die Menge derer, die etwas behaupten. Beispielsweise erreichen oft Fake-Nachrichten über Facebook mehr Menschen als seriöse

Botschaften durch die seriöse Presse. Wineburg meint „die Launen des digitalen Mobs" seien dafür verantwortlich ob viele Menschen erreicht würden oder nicht. Letzten Endes konstruieren sich viele Facebook-Nutzer ihre eigene Echokammer und verstricken uns, weil wir auch so gefüttert werden, immer weiter in unseren eigenen Vorurteilen bzw. schmoren in unserem eigenen Meinungssaft.

Die Implikationen der durch die Digitalisierung veränderten Kommunikation liegen auf der Hand. Unsere Informations-souveränität steht in Frage, und wir sind Cybermobbing und Shitstorms relativ hilflos ausgeliefert und können nur schwerlich Unliebsames löschen. Vielen droht Einsamkeit trotz mehr Kommunikation. Gelungene, direkt emotional positiv berührende Kommunikation, die antidepressiv wirkt wird weniger. Das Benching, sprich Warmhalten bei der digitalisierten Partnerfindung sorgt für Frustrationen. Es wird immer schwerer, Wahrheit und Lüge im Netz auseinander zu halten.

15. Was konkret tun zur Nutzung von IT und Vermeidung psychischer Gefährdung?

Empfehlungen zum Nutzen der Digitalisierung für die eigene Lebensqualität und Gesundheit und zur Vermeidung von deren Risiken mit der Folge psychischer Beeinträchtigungen lassen sich gemäß unserer Struktur Person/ Situation/ Organisation wie folgt zusammenfassen, wobei etliche Details sich aus dem oben Gesagten ergeben.

a) Bezogen auf den Faktor Person gilt:

- Behalte die Kontrolle über die digitalen Instru-mente, z. B. schalte im Sinne von Achtsamkeit Computer, Smartphone etc. aus, wenn Pausen angesagt sind.

- Lass dich nicht von ihnen unterbrechen (z. B. durch E-Mails), wenn du im Flow eines Arbeitsprozesses bist.

- Denk mit, wenn du dich der Dienste von Navi, Smartphone etc. bedienst und Entscheidungen mit ihrer Hilfe triffst.

- Lauf nicht permanent den neuesten Entwicklungen hinterher, sondern behalte bewährte Systeme, solange du damit anschlussfähig bist.

- Traue Informationen im Netz nicht ohne weiteres, sondern vergewissere dich über seriöse Medien und achte auf Vielfalt, um nicht in der Echokammer zu verharren.

- Dosiere den Konsum von Videos, Spielen etc. so, dass du auf keinen Fall süchtig wirst.

- Lerne und übe den Umgang mit Dynaxität, entnetze und entschleunige, wo und wann immer sinnvoll und möglich.

- Lerne Selbstmanagement in Richtung Achtsamkeit und Gelassenheit und lass dich möglichst wenig von der Digitalisierung treiben und kläre, was für dich gut genug ist.

- Lass dich dabei nicht davon anstecken, was alle anderen machen.

- Schaffe dir einen geschützten Raum mit möglichst viel sozialer Unterstützung.

- „Daddele" nicht in scheinbaren Totzeiten (z. B. in der U-Bahn), sie sind wichtig für die Kreativität.

- Beuge der Selbstausbeutung vor durch eine Belastung von „zwei Dritteln im Durchschnitt" in einer Balance aus Anforderungen, Ressourcen und Puffern (Kastner, 2004, 2010).

- Kläre, was für dich gewünschte Vielfalt (Diversität) aber unerwünschte Andersartigkeit (Disparität, s. o. das „immunologisch Andere") ist.

- Überlege dir dreimal, was du ins Netz stellst und welche sozialen Medien du überhaupt nutzen willst.

- Erhalte dir dabei deine informationelle Selbstbestimmung.

- Gehe grundsätzlich davon aus, dass alles, was Internet-Anbindung hat, gehackt werden kann.

- Nutze IKT soweit es deine Lebensqualität und Gesundheit fördert als Instrument

- Suche diesbezüglich nach seriösen Informationen, z. B. sollte ein Kind frühestens mit neun Jahren ein Smartphone bekommen mit Sperrungen unzuträglicher Inhalte.

- Nerve Ärzte nicht mit deinem Internet-Wissen.

- Misstraue allen Informationen (Fake-News), die nicht seriöse Filter durchlaufen haben.

- Kommuniziere mehr Face to Face als Screen to Screen.

- Sorge für permanente Weiterqualifikation und Training von IT-Kompetenz, Selbstmanagement und Kommunikation.

- Traue keiner kostenlosen App, du bezahlst für jeden Dienst, meist mit Daten.

- Achte auf deine Gesundmacher.

- Akzeptiere Hilfe, verlier nicht zu viel Zeit bei Selbst-Ausprobieren.

b) Bezogen auf die (Arbeits)Situation gilt:

- Gestalten in einer Weise, die den Kriterien der psychischen Gefährdungsanalyse gerecht wird, also beispielsweise Ganzheitlichkeit der Arbeitsaufgabe,

Sinnhaftigkeit, Abwechslung etc. und möglichst viele Gesundmacher fördert.

- Achten auf eine adäquate Balance zwischen Anforderungen/ Belastungen und Ressourcen sowie Puffern (vgl. Kastner, 2010).

- Laptop/ I-Pad wird Arbeitsplatz, statte dich so aus, dass es wie ein Schuh passt

- Die Teamvielfalt steigt, so dass auch hier gilt: „Was ist gewünschte Diversität, was unerwünschte bzw. schädliche Disparität?" (z. B. Islamist in einer Arbeitsgruppe).

c) Bezogen auf den Organisationsaspekt gilt:

- Schaffen analoger Parallelstrukturen, denn wenn kein Strom verfügbar ist bricht alles zusammen.

- Schaffen emotionalisierender Events von Gemeinschaften zur Vermeidung der Einzelkämpfer im Internet.

- Blended Communication, d. h. adäquate Balance zwischen Face to Face und Screen to Screen Kommunikation.

- Entnetzung und Entschleunigung wo immer möglich und sinnvoll.

- Organisations-, Personalentwicklung und Personalpflege auf die sich durch Digitalisierung verändernden Arbeitsprozesse präventiv einstellen, z. B. in der von Thiehoff in diesem Band vorgestellten regionalen Netzwerke zur Förderung von Gesundheit, Motivation und Qualifikation.

- Digital Natives binden sich nicht so wie frühere Kohorten an Unternehmen, deshalb müssen andere Wege der emotionalen Bindung (Gesundmacher) gesucht werden.

125

- Schnelle Anpassung entscheidet hinsichtlich des Überlebens in der digitalisierten Welt noch mehr als früher.

- Hierarchie ist out, heterarchische, flexible Strukturen, etwa in der Cloud oder beim Crowdworking bilden sich automatisch, sollten aber z. B. durch emotionalisierende Events unterfüttert werden.

- Disruption verlangt permanente auf die Digitalisierung ausgerichtete Organisations- und Personalentwicklung sowie Personalpflege, siehe das Beispiel in dem Beitrag von Rainer Thiehoff.

- Wir müssen parallele Entwicklungen sehen, beispielsweise macht die Genetik ähnlich schnelle Fortschritte wie die IT. In bei der Wechselwirkungen liegen etliche Chancen und Risiken, die oft ausgeblendet werden.

- Die Klärung von Werten wie Privatheit (Datenschutz), Freiheit, Sicherheit etc. muss durch die Gesellschaft, aber auch innerhalb der Unternehmen erfolgen.

- Überprüfung der Belohnungs- und Sanktionssysteme bei der Nutzung von IKT, z. B. „für wen lohnt sich anonymes Cybermobbing von Kollegen?"

- Unterstützung von Normfiltern, z. B. seriöse Massenmedien gegen Fake-News, „alternative Fakten", social bots etc.

- Soweit möglich Schutz vor der Diktatur - Anteilen von Google und Co.

- Unterstützung von allem, was gegen Cyberkrieg und – kriminalität hilft zur Förderung des Gesundmachers Sicherheit.

16. Literatur:

Anders, G. (1956). Die Antiquiertheit des Menschen. Band I: Über die Seele im Zeitalter der zweiten industriellen Revolution. München: C. H. Beck.

Antonovsky, A. (1989): Die salutogenetische Perspektive: Zu einer neuen Sicht von Gesundheit und Krankheit. Meducs, 2, 51–57.

Ash, T. G. (2016). Redefreiheit. Prinzipien für eine vernetzte Welt. München: Hanser Verlag.

Ashby, W. R. (1956). An introduction to Cybernetics. New York: Wiley.

Bartlett, J. (2015). The Dark Net: Unterwegs in den dunklen Kanälen der digitalen Unterwelt. Windmill Books (1754)

Beck, U. (1986). Risikogesellschaft. Berlin: Surkamp.

Beland & Murphy (2014). CEP Discussion Paper No 1350.May 2015. III Communication: Technology, Distraction & Student PerformanceCentre for Economic Performance. London School of Economics.

Eggers, D. (2014). Der Circle. Köln: Kiepenheuer&Witsch. 6. Auflage. (14. August 2014).

Ehrenberg, A. (2008). Das erschöpfte Selbst: Depression und Gesellschaft in der Gegenwart. Suhrkamp Verlag; Auflage: 7 (22. Juni 2008).

Elsberg, M. (2015). „Black out." W.a.B.; Auflage: 1. Auflage. (Januar 2015).

Focus Money. Nr. 27 vom 24. Juni 2015. Kommt jetzt das Bargeldverbot?

Gatlif, T., Hessel St., (2012). Empört Euch!, nach der gleichnamigen Streitschrift von Stéphane Hessel, Originalfassung mit deutschen Untertiteln. Berlin: absolut MEDIEN

Garton Ash, T. (2016). Redefreiheit. Prinzipien für eine vernetzte Welt, München, Hanser VerlagHan, B-C. (2013). Im Schwarm. Berlin: Matthes & Seitz.

Han, B-C. (2014, 9. Aufl.). Müdigkeitsgesellschaft. Berlin: Matthes & Seitz.

Kastner, M. & Kuhnert, P. (1999). Zur Diagnostik der Bewältigung von Arbeitslosigkeit. . In M. Kastner (Hrsg.), Gesundheit und Sicherheit in neuen Arbeits- und Organisationsformen. Herdecke: Maori, 243 – 258.

Kastner, M. (1994). Stressbewältigung. Leistung und Beanspruchung optimieren. Wiesbaden: Gabler.

Kastner, M. (1994). Synegoismus. Erzeugung von Win-Win-Situationen. Freiburg: Herder Verlag.

Kastner, M. (2004) Verschiedene Zugänge zur Work Life Balance. In M. Kastner (Hrsg.) Die Zukunft der Work Life Balance. Kröning: Asanger, S. 67 - 106.

Kastner, M. (2007). Vertrauens-FehlerlernInnovationsGesundheitsKultur zur Förderung von Kultursynergien und Meidung von Kulturkonflikten. In M. Kastner, E.M. Neumann-Held, Reick (Hrsg.) S.182-210. Lengerich. Pabst Science Publisher.

Kastner, M. (2010). Führung und Gesundheit im Kontext eines ganzheitlichen, integrativen, nachhaltigen und systemverträglichen Leistungs- und Gesundheitsmanagements. S. 82-134. In M. Kastner (Hrsg.), Leistungs- und Gesundheitsmanagement. Lengerich: Pabst Verlag

Kastner, M. (2010). Leistungs- und Gesundheitsmanagement. In M. Kastner (Hrsg.) Leistungs- und Gesundheitsmanagement. Lengerich: Pabst.

Kastner, M. (2014). Zukunft der Arbeit im Hinblick auf Demografie und Innovation. In M. Kastner, 2013, in B. Hinding & M. Kastner, Hrsg., Produzentenstolz durch

Wertschätzung. S. 13 – 18. Lengerich, Pabst Kastner, M. Falkenstein & ,B. Hinding (Hrsg.), Leistung, Gesundheit und Innovativität im demografischen Wandel (17 – 43). Lengerich: Pabst.

Kucklick, C. (2014). Die granulare Gesellschaft: Wie das Digitale unsere Wirklichkeit auflöst. Verlag: Ullstein Hardcover.

Lanier, J. (2014). Wem gehört die Zukunft? Du bist nicht der Kunde der Internetkonzerne. Du bist ihr Produkt. Aus dem Amerikanischen von Dagmar Mallett und Heike Schlatterer. Hoffman und Campe, Hamburg 2014.

Lembke, G. & Leipner, I (2015). Die Lüge der digitalen Bildung: Warum unsere Kinder das Lernen verlernen. Redline Verlag.

Levitin, D.-J.(2014). The Organized Mind: Thinking Straight in the Age of Information Overload. Dutton; Auflage: New. (19. August 2014).

Lohmann-Haislah, A. Stressreport Deutschland 2012. Psychische Anforderungen, Ressourcen und Befinden. 1. Auflage. Dortmund: Bundesanstalt für Arbeitsschutz und Arbeitsmedizin 2012.

McLuhan, M. (1978). Wohin steuert die Welt? Massenmedien und Gesellschaftsstruktur. Wien.

Münkler, H. (2016). Welt am Sonntag, 40, S. 56).

Schönburg, A. v. (2017). Weltgeschichte to go. Rowohlt Berlin. Auflage: 6 (22. April 2016).

Spitzer, M. (2012). Digitale Demenz: Wie wir uns und unsere Kinder um den Verstand bringen. Droemer HC.

Taleb, N. T. (2008). Der Schwarze Schwan: Die Macht höchst unwahrscheinlicher Ereignisse. Carl Hanser Verlag GmbH & Co. KG. (1. Oktober 2008).

The Boston Consulting Group; "Global Wealth 2015: Winning the Growth Game".

Welzer, H. (2016). Die höchste Stufe der Zensur: Das Leben in der Ich-Bubble. In H. Welzer (Hrsg.). „Die smarte Diktatur. Der Angriff auf unsere Freiheit". S. Fischer Verlag.

Wineborg, S. (2016). Die Zeit. Digitalisierung Schüler und Studenten können bei Informationen im Internet kaum zwischen wahr und falsch unterscheiden. Die Zeit. Nummer 51. Seite 78.

Ziegler, J. (2015). Ändere die Welt! Warum wir die kannibalische Weltordnung stürzen müssen. C. Bertelsmann Verlag.

Die höchste Stufe der Zensur: Das Leben in der Ich-Bubble

Harald Welzer

»Google wacht über uns wie ein Gott,

und wenn wir etwas suchen,

dann gibt er uns nur unsere Reime darauf.«

Katja Petrowskaja, Vielleicht Esther

Traditionelle Geheimdienste mussten ihre Daten eigens erheben, sie mussten aufwendig Wanzen installieren, Personal zum Abhören einsetzen, Spitzel bezahlen, Blockwarte ernennen usw. usf. Diese Datenerzeugungsmaschine kannte gleichwohl Grenzen: Wenn die Menschen es geschickt genug anstellten, konnten sie soziale Räume schaffen, zu denen die diktatorische Geheimpolizei keinen Zugang fand. Heute hingegen ist der Zugang immer schon offen. Denn die smarte Diktatur hat diesen Zugang exakt dort entdeckt, wo der Stoffwechsel moderner Gesellschaften stattfindet: im Konsum (Welzer 2016).

Der Internetindustrie ist es gelungen, die Leute für ihre eigene Entmächtigung auch noch bezahlen zu lassen. So arbeitet sie intensiv an der Erhöhung der kollektiven Dummheit. Das aber funktioniert unglaublich erfolgreich.

Der Mensch in der Hyperkonsumgesellschaft

Gesellschaften unseres Typs sind Hyperkonsumgesellschaften – ihre Bewohnerinnen und Bewohner sind unablässig damit beschäftigt, sich Produkte und Dienstleistungen zur Bewältigung ihres Alltags, zur Gestaltung ihrer Freizeit, zur Ermöglichung von Tauschgeschäften, zur Realisierung von Kommunikation zu kaufen.

Wenn die Konsumakte und die damit verbundenen Informationssuchen online stattfinden, fallen exakt jene Daten an, die sowohl wirtschaftlich wie geheimdienstlich zur Durchleuchtung und Überwachung verwendet werden. Das bedeutet nicht nur, dass der aufwendige Schnüffelapparat der früheren Geheimdienstarbeit ersatzlos gestrichen werden kann, es bedeutet vor allem, dass die Überwachung deswegen lebenspraktisch nicht auffällt, weil sie mit positiv empfundenen Handlungen einhergeht, die der Überwachte selbst initiiert und vollzieht. In diesem Augenblick fallen Stoffwechsel von Konsumgesellschaft und Überwachungsstaat zusammen!

Das ist historisch wirklich neu: Bislang hat es noch keine Bevölkerung gegeben, die für ihre Reise in die eigene Unfreiheit auch noch bezahlt hat. Ich habe mich lange gefragt, wieso die Überwachungsmaschine der smarten Diktatur so geschmiert und reibungslos läuft, obwohl es doch eine Menge Warnungen gegen die freundliche Übernahme der Demokratie durch die Daten- und Überwachungsindustrie gibt. Hier ist des Rätsels Lösung: Die jahrzehntelange erfolgreiche Dressur des Konsumenten führt in der Technologie beide Universen zusammen – und weil er gern die Angebote nutzt, der Kon-sument, liefert er auch gern seine Daten, die dann wiederum zur Verfeinerung seiner Dressur verwendet werden.

Das Selbst als Redundanzmaschine

Die höchste Stufe der Dressur heißt „Personalisierung". Ein aktuelles Beispiel dazu: Der Musikstreamdienst Spotify, der 75 Millionen Nutzer hat, erfasst, wie seinen Geschäftsbe-dingungen zu entnehmen ist, „Informationen, die Sie auf Ihrem Mobilgerät gespeichert haben. Dazu gehören Kontakte, Fotos und Mediadaten." Wozu erfasst Spotify das alles, wenn man doch nur das neueste Stück von Tocotronic hören möchte? Wenn man sich früher eine Schallplatte gekauft hat, wollte die Deutsche Grammophon doch auch nicht wissen, was man so machte, wenn man gerade nicht Musik hörte. Die Antwort: „Ziel ist es, den Kunden in möglichst vielen Alltagssituationen die jeweils passenden Musikvorschläge zu unterbreiten. So bietet der Musikdienst an, beim Joggen den Rhythmus der Musik an das Lauftempo anzupassen. Dafür braucht er Daten darüber, wie sich der Nutzer bewegt." (FAZ 2015). Na klar. Man stelle sich bloß vor, der Jogger würde seine Musik selbst aussuchen, und dann passt sie gar nicht!

Das nennt man Personalisierung. Eli Pariser hat dazu das Wesentliche in seinem Buch „Filter Bubble" geschrieben, in dem er nachzeichnet, wie Facebook, Google und viele andere die umfassende Datensammlung über Sie wiederum in maßgeschneiderte Informationsangebote für Sie übersetzen. Das Prinzip ist einfach und von Amazon bekannt: Jede Informationssuche und jeder Kaufakt ist zugleich eine kommerziell höchst interessante Information, die sofort gegen Sie verwendet werden kann. Daher werden Sie regelmäßig von Amazon mit Informationen zu Büchern versorgt, die entweder andere Kunden auch angesehen oder gekauft haben oder von denen Amazons Algorithmus berechnet hat, dass sie Sie interessieren müssten. Es kann auch passieren, dass jemand dafür bezahlt hat, ein Werk in Ihrer Vorliebenliste zu platzieren, das liegt in der Natur der Sache, denn wie immer in der smarten Welt geht es ausschließlich darum, Ihnen noch mehr zu verkaufen als Sie ohnehin schon haben. (Mitunter fällt das Angebot nicht so extrem smart aus; ich bekomme zum Beispiel regelmäßig meine eigenen Bücher empfohlen, wofür ich Amazon im Grunde dankbar bin, was aber aus naheliegenden Gründen nicht zu Kaufentscheidungen führt.)

Personalisierung ohne Ende: Der Algorithmus weiß alles

Die Grundidee zur Entwicklung eines solchen Algorithmus beruhte ursprünglich auf Jeff Bezos' zutreffender Beobachtung, dass eine Stärke des traditionellen Buchhandels darin bestand, dass die nette, belesene Buchhändlerin ihren Kunden auf Neuerscheinungen aufmerksam machen konnte,

die ihn wahrscheinlich interessierten. Diese Form der Kundenbindung versuchte Bezos algorithmisch zu übersetzen, und wie man an der Expansion von Amazon sehen kann, gelang das mit gigantischem Erfolg. Dieser Erfolg blieb freilich nicht auf Amazon beschränkt: Das zugrundeliegende Prinzip, aus protokollierten Verhaltensmustern Prognosen für künftiges Kauf- oder Buchungsverhalten abzuleiten, gilt seither überall im Netz – egal, ob Ihnen ungefragt Hotels, Reisen, Möbel, Mixgeräte, Ärzte, Medikamente, Partnerinnen oder Partner empfohlen werden. Immer orientiert sich das Angebot an einer

Information, die der Anbieter über Sie hat (Zit. Roberto Simanowski, 2014)

Die „Frankfurter Allgemeine Zeitung" berichtet am 4. August 2015 von einer Studie des französischen Sicherheitsunternehmens Eurecom, das testweise 2000 Gratisapps aus 25 verschiedenen Kategorien im Google Play Store geladen hat und dann den Netzwerkverkehr der Apps analysiert hat. Das Ergebnis: Die Programme steuerten „heimlich insgesamt 25 0000 verschiedene Webadressen an und gaben Daten weiter. Der Spitzenreiter ist Music Volume EQ, eine Equalizer-App zur akustischen Klangeinstellung, die sich im Hintergrund mit 2000 Servern verbindet." Die Fachzeitschrift „c't" hat demselben Artikel zufolge die Programme der 50 beliebtesten Gratisapps in Deutschland analysiert und festgestellt, dass lediglich zwei davon keine Informationen an Werbenetzwerke sendeten. Soviel nur dazu, wie personalisierte Werbung über Sie kommt.

Dass die Angebote zuweilen ein bisschen dämlich anmuten, weil man ja zum Beispiel kaum dazu neigen wird, noch 47 Wochen lang Kaffeemaschinen zu kaufen, nachdem man einmal eine im Netz gesucht hat, sollte nicht vom Wesentlichen ablenken. Es geht das Gerücht, dass solche Plumpheiten absichtlich programmiert werden, um den zutreffenden Eindruck zu vermeiden, dass diese Programme mittlerweile wirklich sehr smart geworden sind.

Denn die Personalisierung der Angebote macht ja keineswegs Halt bei Dingen, die Sie buchen oder kaufen sollen. Sie bekommen ja schon, so schreibt Pariser, eine Antwort auf eine Google-Suchanfrage, die auf Sie ganz speziell zugeschnitten ist.»Im Frühjahr 2010, als die untergegangene Deepwater-Horizon-Bohrplattform Rohöl in den Golf von Mexiko strömen ließ, bat ich zwei Freundinnen, nach dem Begriff ›BP‹ zu suchen. Die beiden sind recht ähnlich – gebildete, politisch nach links tendierende Frauen, die im Nordosten der USA leben. Aber sie bekamen unterschiedliche Ergebnisse zu sehen. Eine Freundin bekam Investmentinformationen zu BP, die andere aktuelle Meldungen zur Katastrophe. Bei der einen

135

Freundin standen auf der ersten Seite der Suchergebnisse Links zu der Ölpest, bei der anderen gab es nichts dergleichen, nur eine Werbeanzeige von BP (Pariser 2012).

Solche Steuerung von Information findet auch hierzulande sehr vielfältig statt, am eklatantesten dort, wo es um Nachrichten geht. Seit Menschen bevorzugt Internetportale zum Abruf von Nachrichten verwenden, bekommen sie mehr und mehr genau jene Nachrichten geliefert, von denen die Anbieter wissen, dass sie interessant für die Nutzer sind. Menschen, die sich vor allem für Sport interessieren, bekommen Sportnachrichten angeboten, und zwar in äußerster Informationstiefe: Der Algorithmus weiß ja, für welche

Fußballmannschaft Sie besonders brennen, also versorgt er Sie überproportional mit Nachrichten dazu und behandelt andere Clubs eher stiefmütterlich. Dasselbe gilt etwa für Nachrichten aus der Politik, die nach Ihren Präferenzen gefiltert werden: Interessieren Sie sich beispielsweise für die Energiewende, sind für den Erhalt der Biodiversität und gegen die „Initiative Soziale Marktwirtschaft", so offeriert Ihnen der Anbieter jede Menge entsprechende Informationen; sind Sie hingegen erkennbar gegen solche Orientierungen, wird Ihnen ein anderes Sortiment geliefert. Kurz: Wenn Horst Seehofer googelt, bekommt er andere Nachrichten als Cem Özdemir, was in beiden Fällen zu einer unguten Befestigung des jeweils vorhandenen Weltbildes führen wird.

Aus der Kognitionspsychologie ist lange bekannt, dass wir unsere Welt nach Präferenzen ordnen, was bedeutet, dass uns das Bekannte in der Regel besser gefällt als das Unbekannte, weshalb wir das auch eher überblättern oder übersehen. Per Facebook wird der Opportunismus des Netzes aber noch perfektioniert: Denn wenn ein Anbieter von irgendwas nicht nur weiß, was Sie am liebsten essen, trinken, sehen oder hören, sondern das mit dem Wissen darüber verbinden kann, was Ihre sogenannten Freundinnen und Freunde am liebsten essen, trinken, sehen oder hören, kann er ein nochmals gezielteres Angebot verfertigen. Denn gerade

Communities definieren sich ja über gemeinsame Interessen, Shopping-Vorlieben, Klatschbedürfnisse, Verfügung über vermeintliches Hintergrund- und Spezialwissen. Wenn ich also Nachrichten und Konsumangebote serviert bekomme, von denen ich weiß, dass ihr Besitz in meiner Community auf Anerkennung stoßen wird, werde ich sie anderen sicher vorziehen. Es sei denn, meine Rolle innerhalb der Community sei die des unangepassten Individualisten, dann liefert mir der Algorithmus ganz geschmeidig die darauf zugeschnittenen Anti-Angebote (er schneidet mir gewissermaßen die Nonkonformistenuniform).

Ein neues Universum manipulativer Möglichkeiten

All dies ist hinsichtlich künftiger Optimierungen noch ein weites Feld: Personalisierungsfilter, so Pariser, werden „bald auch die Empfehlungen anderer sortieren können. Sie mögen, was Ihr Freund Sam zum Fußball postet, aber Sie können seine Ergüsse zur letzten CSI-Folge nicht ausstehen? Ein Filter, der beobachtet und behält, mit welchen Inhalten Sie sich beschäftigen, wird irgendwann das eine vom anderen trennen können – und sogar die begrenzte Einmischung von Freunden und einzelnen Experten unterdrücken. Der Google Reader, ein weiteres Google-Produkt, das Nutzern hilft, Blogposts zu ordnen, hat eine neue ‚Sort by Magic'-Funktion, die genau das tut."

In der Tat: Wenn man sich anschaut, was alles als Information für Sie zu Entmündigungszwecken gegen Sie verwendet werden kann, wird man blass. Sie verfügen beim Lesen von E-Books über Funktionen wie das Markieren von Textstellen, das Hinterlassen von Anmerkungen, das Kniffen von Eselsohren. Wenn Sie sie benutzen, füttern Sie die Datenabsaugemechaniken mit noch genaueren Details zu Ihren Lesepräferenzen, ebenso wie Ihre Auswahl von Filmen bei Netflix nicht nur wichtige Informationen für deren maßgeschneidertes Angebot für Sie liefert, sondern für die Erfolgswahrscheinlichkeit künftiger Filmproduktionen überhaupt.

Auch politisch betrachtet tut sich mit der Personalisierungstechnologie ein ganz neues Universum manipulativer Möglichkeiten auf: Wenn es stimmt, dass 90 Prozent aller politischen Blogs zu ähnlich argumentierenden Websites verlinken, worauf Roberto Simanowski hinweist, ergibt sich nicht nur ein Redundanzsystem ganz eigener Art, sondern eine Fülle von Möglichkeiten politischer Manipulation. Einfach gesagt: Wenn ich die politischen Präferenzen von Bürgerinnen und Bürgern personalisiert kenne, ergeben sich ganz neue Möglichkeiten des Einmassierens von Botschaften in die Hirne: Für Nichtwähler nehme ich tunlichst eine andere Strategie der Ansprache als für true believers einer bestimmten Partei, für Abtrünnige und Wechselwähler wiederum eine andere.

Das Wahlkampfteam von Barack Obama war bekanntlich das erste, das die Internetmedien systematisch für die Wähleransprache und -gewinnung eingesetzt hat, mit großem Erfolg. Damals wusste man aber noch wesentlich weniger über die individuellen Wählerinnen und Wähler als heute. Wenn sich, wie heute, jeder dritte Amerikaner über Facebook informiert, dann können unglaublich effektive Strategien nicht nur der Wahlbeteiligung, sondern auch der Entscheidung für oder gegen einen Kandidaten entwickelt werden. „Die Verhaltensforscher Robert Epstein und Ronald E. Robertson vom American Institute for Behavioral Research and Technology konfrontierten Probanden mit vorab verzerrten Suchmaschinenergebnissen über die australischen Parlamentswahlen. Diese wurden als Objekt gewählt, weil die Forscher annehmen konnten, dass die Versuchsteilnehmer das politische System Australiens kaum kannten und ein relativ unvoreingenommenes Bild der Kandidaten hatten. Epstein und Robertson wollten herausfinden, ob die Information einen Einfluss auf die Präferenzbildung ausübt. Der ersten Gruppe wurden Suchergebnisse angezeigt, die die damalige Amtsinhaberin Julia Gillard favorisierten; der zweiten wohlwollende Ergebnisse über den Herausforderer Tony Abbott, der Kontrollgruppe neutrale Inhalte. Ergebnis: Diejenigen, die parteipolitisch gefärbte Inhalte sahen, hatten später eine deutlich positivere Einstellung gegenüber dem Kandidaten als die neutrale Gruppe. Auch die Wahlpräferenz änderte sich zugunsten des Kandidaten. Das zeigt: Suchmaschineneinträge können Wählerpräferenzen steuern (FAZ 2015).

Das ist alles andere als trivial, wenn man bedenkt, dass bei der Wahl von George W. Bush im Jahr 2000 ganze 537 Stimmen den Ausschlag gaben, was verhängnisvoll für die ganze Welt war und bis heute ist. Der personalisierte Einsatz von Informationen eröffnet heute Möglichkeiten des Gewinns ganz anderer Stimmenzahlen, wobei man allerdings mildernd anmerken kann, dass solche Strategien sich womöglich neutralisieren, wenn sie von allen Seiten angewendet werden. Das allerdings hängt von den im Wahlkampf verfügbaren Mitteln ab, die gerade hinsichtlich solcher neuen strategischen Möglichkeiten neue und kleine Parteien systematisch benachteiligen. Die Apologeten der smarten Netzwelt würden aber ohnehin (wie in Dave Eggers Roman „Der Circle") argumentieren, dass ihre statistische Übersicht über die Präferenzen der Menschen gegenüber altmodischen demokratischen Zeiten der verlässlichere Indikator für besseres Regieren als Wahlen wäre. Und daher gleich für ihre Abschaffung sein.

Totale Redundanz: Der soziale Raum, der ich nur noch selber bin

Aber ein anderer, grundlegenderer Aspekt sollte angesichts des Phänomens der allumfassenden Personalisierung im Auge behalten werden. Das ist der Aspekt der Redundanz. Denn Personalisierung bedeutet zunächst ja nichts anderes als Redundanz. Die Basis für die personalisierten Angebote, die Sie bekommen, sind Sie ja selbst – abgelesen und berechnet nach Ihrem Sozialverhalten, Ihrem Informations-suchverhalten, Ihrem Konsumverhalten. Sie sind die Laborratte, die die Daten liefert, mit deren Hilfe Sie manipuliert werden. Nein, sagen wir besser: gesteuert werden, denn Manipulation klingt so antiquiert nach Verführung und Überzeugung, also nach Old-School-Werbung. Worum es in

Wahrheit geht, ist etwas anderes: nämlich die Konstruktion eines anderen sozialen Raumes, in den Sie so platziert werden, wie es für die am besten ist, die Ihnen etwas verkaufen wollen, ein Produkt oder eine Überzeugung. Oder eine Überzeugung als Produkt.

Eine neue Redundanzmaschine wird zum Beispiel die Modeindustrie. Denn heute wird in dieser sich als ungemein kreativ verstehenden Branche weniger auf die genialische Handschrift von individuellen Modedesignerinnen gesetzt als auf Algorithmen, die kommende Trends aus den Suchanfragen im Netz herauszulesen versuchen. Calvin Klein zum Beispiel arbeitet mit Google zusammen, um die Metadaten in die Planung für die nächste Kollektion einfließen zu lassen. Modeketten, die Billigmode vertreiben, machen es schon längst so, andere bedienen sich bei Anbietern wie „Social Media Analytics", die Hinweise auf Trends aus allem herausfriemeln, was im Netz so kommuniziert wird (FAZ 2014). Es ist ein bisschen deprimierend, sich eine Zukunft vorzustellen, in der alles, was angeboten wird, aus den Lebensäußerungen jener konstruiert wird, denen man das Zeug anschließend wieder andrehen möchte. Wie soll in eine solche Welt jemals etwas Neues kommen? Im Grunde wird hier eine konsumistische Spiegelhölle gebaut, in der alle Insassen nur mit der minimal veränderten Ware versorgt werden, deren ästhetische Passgenauigkeit sie selbst vorherbestimmt haben. Ein perfektes Pawlowsches Universum, das nur den Nachteil hat, dass es das Unerwartete und Überraschende systematisch ausschließt.

Wirklich Neues gibt es also in Zukunft nicht mehr, nur noch und ausschließlich „Trend". Auf jeden Fall wird Ihr sozialer Raum – das ist der Raum, der Ihnen das Machen von Erfahrungen positiver wie negativer Art ermöglicht – durch die Personalisierung radikal verändert.

Die totale Konditionierung

Sie erinnern sich an die klassischen Konditionierungs-experimente, in denen ein Versuchstier zusammen mit einer

Belohnung ein bestimmtes Signal zu hören oder zu fühlen bekommt und damit zum Reagieren auf dieses Signal trainiert wird? Und in dem jede Wiederholung eine Verstärkung der Konditionierung bedeutet? Dabei hatten wir uns doch viel darauf zugutegehalten, dass unser persönlicher Raum, das Bewusstsein, die Gedanken, die Tagträume, die Gefühle, die man hegt, nicht Ergebnisse einer externen Beeinflussung sind, sondern unserer eigenen Inspiration und Gestaltung unterliegen. Nein: Sie befinden sich in einer endlosen Konditionierungsschleife, in der jeder Klick die Aufforderung für die nächste Verstärkung ist. „Die Personalisierung", schreibt Pariser, „schafft eine Umgebung, die ausschließlich aus dem naheliegenden Unbekannten besteht – Sportmeldungen oder politische Schlagzeilen, die unsere Schemata nicht weiter erschüttern, sich aber wie neue Informationen anfühlen. Die personalisierte Umgebung kann Fragen beantworten, aber sie kann keine Fragen oder Probleme aufwerfen, die außerhalb unseres Blickfelds liegen."

Genau mit dieser Bereitstellung des „naheliegenden Unbekannten" und eben nicht des fernliegenden erweist sich die Personalisierung als Schwester der Innovation, jener ebenso redundanten Werbemarke der smarten Diktatur. Im Unterschied zum „Fortschritt" hat ja „Innovation" keinen Inhalt – es dient nicht zu etwas, sondern hat seine Qualität allein darin, dass es gegenüber etwas anderem „neu" ist.

So sind, um ein Beispiel zu nehmen, die Schultafeln in meiner Uni sicher extrem innovativ. Sie funktionieren nämlich elektrisch, was dazu führt, dass man für ein simples Hoch- oder Runterschieben einer der Tafeln aus sechs Tasten auswählen muss und mit absoluter Sicherheit die falsche nimmt. Davon abgesehen, dass diese Innovation keinerlei Bedienungsfortschritt darstellt, macht sie eine ganze Batterie von Elektromotoren, Riemen, Rädchen usw. erforderlich, und natürlich braucht sie Energie. Solche Innovation ist symptomatisch für eine Kultur, in deren Überfluss man verlernt hat, nach Zwecken zu fragen. Eine solche Tafel ist kein Fortschritt, sondern Quatsch, der Ressourcen beansprucht und das Leben schlechter macht. Von dieser Qualität sind die meisten Innovationen, die uns heute heimsuchen, genau deswegen, weil sie keine Referenz auf etwas außerhalb ihrer selbst haben. Sie sind so leer wie das personalisierte Selbst. Hergestellt nur, um ein Geschäft zu machen, nicht, um einen Nutzen oder gar einen Sinn zu stiften.

Das Ende des Unvorhersehbaren

Das Leben, wie wir es kannten, weist zwar ebenfalls einige Redundanz auf, aber was wir erzählen, wenn wir etwas über uns erzählen, ist etwas völlig anderes: Glatte Geschichten, in denen alles so läuft, wie es gedacht war, sind total uninteressant – spannend wird es dagegen immer dann, wenn etwas Unerwartetes geschieht, eine Komplikation, ein Zufall, etwas, das dazwischenkommt. Die Geschehnisse, die Menschen erleben, sind keine durchgeplanten Abläufe nach dem Schema: Problem – Lösung – nächstes Problem – nächste Lösung, sondern sie sind, mit einer Formulierung des Philosophen Odo Marquard „Handlungs-Widerfahrnis-Gemische". Diese Gemische „sind nicht ausschließlich naturgesetzliche Abläufe und nicht ausschließlich geplante Handlungen, weil sie zu Geschichten erst dann werden, wenn ihnen etwas dazwischenkommt. [...] Einen Lebenslauf ohne Kontingenzen gibt es nicht: wir sind stets mehr unsere Zufälle als unsere Leistungen. Wenn Kolumbus Indien amerikalos erreicht hätte, wenn Rotkäppchen die Großmutter wolflos besucht hätte, wenn Odysseus ohne Zwischenfälle schnell nach Hause gekommen wäre, wären das eigentlich keine Geschichten gewesen: vorher gäbe es – als Voraussage oder als Planung – die Prognose, hinterher nur die Feststellung: es hat geklappt (Marquard, 2007).

Lustig: In der Problemlösungswelt von Google & Co. wäre das alles nie passiert. Kolumbus hätte sich mit GPS nicht verfahren, Rotkäppchen hätte mit der Gesichtserkennungsapp sofort gemerkt, dass der Wolf nicht die Oma ist, und Odysseus wäre pünktlich wieder zu Hause gewesen von seiner Dienstreise nach Troja: „Hallo Schatz", hätte Penelope (die

Freier hinterm Vorhang verbergend) gesagt, „wie war dein Tag?"

Die Sängerin Annett Louisan hat einen wunderbaren Refrain geschrieben: „Komm mir nicht mit deiner Lösung, die wär der Tod für mein Problem", und Pablo Picasso hat gesagt: „Computer sind nutzlos. Sie können uns nur Antworten geben (Zit. Pariser, 2012)." Und unvergessen auch die Antwort des Supercomputers in „Per Anhalter durch die Galaxis" auf die Frage „nach dem Leben, dem Universum und dem ganzen Rest": 42. Er hatte 7,5 Mio. Jahre dafür gerechnet, war aber, als die Menschen diese Antwort unbefriedigend fanden, der Auffassung, dass die Frage eben auch nicht hinreichend präzise gestellt war.

Redundante Sinnfreiheit wird desto akzeptabler, je glatter und widerspruchsfreier ein Leben verläuft. Wenn ich immer nur die immer gleichen Dinge bekomme und dieselben Kommunikationen habe, in denen ich dieselben Präferenzen teile, widerfährt mir nichts – im Sinn einer Erfahrung des anderen, Fremden, Ungewöhnlichen. Dabei sind es gerade solche Erfahrungen, die Neues in die Welt bringen.

Wie und wo wirklich Neues entsteht

Das Neue in der Erfahrung entsteht immer dann, wenn unterschiedliche Wirklichkeitszonen in Berührung kommen, verschiedene Erfahrungen zusammengebracht werden können.

Henry Fords erster genialer Einfall war, dass das Auto, sollte es wirklich erfolgreich sein, vom Luxus- zum Massenprodukt werden müsse. Dazu musste es aber so billig werden, dass die Arbeiter, die es produzierten, es auch selbst kaufen konnten. Dafür aber war, zweiter genialer Einfall, eine Massenproduktion notwendig, die gegenüber der Einzelfertigung erhebliche Rationalisierungsvorteile versprach. Die Fließbänder für die Fabrik, in der Ford dann das legendäre Modell T fertigen ließ, schaute er sich bei den Chicagoer Schlachthöfen ab. Hier kamen soziale, wirtschaftliche, produktionstechnische und automobiltechnische Elemente aus völlig getrennten Erfahrungswelten zusammen und bildeten eine Fortschrittsmatrix, und zwar eine, die die ganze industrielle Welt bis heute prägt.

Henry Ford verwendete nicht das „naheliegende Unbekannte", sondern das fernliegende. Weitere Beispiele: Die Eisenbahn ist eine eigentlich unwahrscheinliche Kombination von Dampfmaschine, Kutsche und Schiene. Eric Kandel entschlüsselte die Funktionsweise des Gedächtnisses nicht am Menschen, der ihn eigentlich interessierte, sondern an der Meeresschnecke aplysia californica (weil die das übersichtlichere Nervensystem hat). Norbert Elias, der große Soziologe, hatte ursprünglich Medizin studiert, Jean Piaget, der Begründer der Entwicklungspsychologie, an Weichtieren geforscht (Kandel, 2006). Das Schöpferische liegt im Zusammenbringen des Fernliegenden, nicht des Naheliegenden. Es beruht auf Kombinatorik und Assoziation, nicht auf Addition. Genau hier liegt übrigens der konstitutive Unterschied zwischen einem menschlichen Gehirn und einem Algorithmus.

Keine einzige der „Innovationen", die heute in den „start ups" mit Hilfe von „venture capital" entwickelt werden, wird im Rückblick als fortschrittlich bewertet werden. Jede Wette. Der letzte Technologiesprung, der in dem Sinn als fortschrittlich zu bezeichnen ist, dass er getrennte Bezugssysteme zusammengebracht hat, war Tim Berners-Lees Idee, die in der IT schon gebräuchlichen Transferprotokolle (TCP) und Benennungssysteme von Domains (DNS) mit Hypertext zu kombinieren: „I just had to take the hypertext idea and connect it to the TCP and DNS ideas and – ta-da! – the World Wide Web." (Berners-Lee, 2012). Das war vor einem Vierteljahrhundert.

Meine kleine Welt

Aber zurück zur personalisierten Laborratte von heute. Personalisierung bedeutet De-Sozialisierung, also das Wegschneiden von sozialen Zusammenhängen. Erkenntnis entsteht jedoch gerade durch Reibung und Differenz, nicht durch Übereinstimmung.

In Form der Personalisierung wird individuelles Leben erfahrungslos – einfach, weil die Person systematisch daran gehindert wird, eigene Erfahrungen zu machen. Alles, was ihr begegnet und ihr unbekannt ist, wird sie, sobald es entsprechend konditioniert ist, mit Unbehagen betrachten und im Zweifelsfall als ungenügend ansehen, weil es ihr nicht liefert, was sie gewohnt ist.

Neulich beobachtete ich einen etwa sechsjährigen Jungen im ICE, der verzweifelt versuchte, dem installierten Bildschirm, der ja nicht mehr als die gerade gefahrene Geschwindigkeit oder den nächsten Bahnhof anzeigen kann (so ist die Deutsche Bahn), durch Wischen mehr zu entlocken. Er konnte es gar nicht fassen, dass er so viel wischen konnte, wie er wollte, und das den Bildschirm völlig gleichgültig ließ. Der Junge fand das sehr schlecht. In ähnlicher Weise werden Dinge und Menschen, die Erwartungen nicht erfüllen, schlicht als defizitär angesehen werden. Das passt nahtlos zu der binären Logik des „gefällt mir/gefällt mir nicht", das ja gleichfalls keinerlei Raum zwischen verschiedenen Möglichkeiten der Betrachtung offenlässt. Dass etwas ambivalent, doppelsinnig, widersprüchlich, unfertig, offen sein kann und gerade darin seine Qualität hat, ist in der Welt der personalisierten Ichs undenkbar.

Dabei sind es gerade die Zwischenräume – das, was nicht ausgesprochen wird, was „zwischen den Zeilen" steht, was nicht ganz erschlossen wird –, die einen eigenen Zugang zur Welt erlauben. Aber die Redundanzmaschinen der Personalisierungsalgorithmen schaffen diese Zwischenräume ab. Welche Welt-, welche Selbsterfahrung resultiert daraus?

Ein Kind, das heute in der deutschen Mittelschicht groß wird, wächst ohnehin in einem ziemlich hermetischen Sozialuniversum auf. Es gibt in modernen Gesellschaften keine Straßenkindheiten mehr, die immer Differenzerfahrungen in Sachen Alter, Geschlecht, Herkunft, Sprache usw. bedeuteten.

In unserer Wohnsiedlung beispielsweise spielten die Kinder von Chefärzten mit denen von Krankenschwestern und Heizern zusammen, und übrigens spielten sie unbeaufsichtigt und je nach Jahreszeit anders. Eltern waren noch keine Drohnen, die jeden Schritt des Kindes beaufsichtigen und steuerten, und sie wurden allenfalls mal beigezogen, wenn es eine folgenreiche Prügelei gegeben hatte, bei der noch geklärt werden musste, wer Täter und wer Opfer war und wer sich demgemäß zu entschuldigen oder wer etwas zu ersetzen hatte. Das war es.

Immer schön eindimensional

Personalisierung fängt heute bereits bei der kindgerechten Ausstattung an, verläuft über die altersgemäßen Sport- und Musikunterrichte, und hört bei den mit Bedacht ausgewählten Medienangeboten noch nicht auf. Schon der kleine Benedikt und die kleine Laetitia sind heute bereits in den Fängen von Apple und Google. Bevor sie selbst denken können, wischen sie schon souverän

über die Displays von iPad und iPhone und lassen sich ihre Informationen von der interaktiven Barbie und dem interaktiven Dino geben, die auch deswegen praktisch sind, weil sie a) die Erziehungsberechtigten von der zeitintensiven Betreuungsarbeit entlasten und b), da sie ja interaktiv sind, alles aufzeichnen, was Laetitia so fragt, weshalb Papa und Mama sich das abends schön anhören und besorgte Schlüsse daraus ziehen können.

Sozial sind Benedikt und Laetitia in ihrem Universum schon ziemlich reduziert, und als Erwachsene werden sie es noch mehr sein, sorgen doch die smarten Netzangebote auf totalitäre Art und Weise dafür, dass sie auf keinen Fall Erfahrungen machen, mit denen sie nicht gerechnet haben. Denn das zirkuläre Angebot an Waren, Freizeitmöglichkeiten, Informationen und politischen Deutungen, mit denen sie rund um die Uhr versorgt werden, verhindert ja zuverlässig, dass ihnen irgendwas ins Bewusstsein kommen kann, was sie nicht kennen und von dem sie nicht wissen, was sie davon zu halten haben.

Was bedeutet: Die Erfahrungswelt, die sich unter dem Vorzeichen der Personalisierung ausbreitet, ist eindimensional, in sie tritt nach Möglichkeit nichts, was ungewohnt und neu sein könnte, das es zu deuten und mit dem umzugehen es zu lernen hätte. Das, was Ernst Bloch die „Beule der Erkenntnis" nennt, die man sich holt, wenn man mit etwas Unbekanntem zusammenstößt, kommt hier nicht vor.

Norbert Elias hat in seinen Überlegungen zur „Gesellschaft der Individuen" dargelegt, weshalb Menschen eine unverwechselbare Individualität entwickeln, obwohl doch jede Erfahrung, die sie machen, unausweichlich schon gesellschaftlich geprägt ist: Weil das Ensemble, das Gesamt dieser

Erfahrungen, so niemand anderer hat. Die Mannigfaltigkeit der Menschen, Situationen und Dinge, mit denen ein Mensch Erfahrungen machen kann, sind das eigentlich Individualisierende. Deshalb sind moderne Menschen, die in einer wesentlich komplexeren Welt leben als etwa Mitglieder von archaischen Stammesgesellschaften, in diesem Sinn viel mehr Individuum. Umgekehrt gilt es auch erst in der Moderne als wünschenswert, ein Individuum zu sein, ein Mensch mit Eigenschaften, der zu eigenen Deutungen und Entscheidungen in der Lage ist.

Das Leben in der Ich-Bubble aber ist nicht individualisierend, sondern typisierend. Es bildet Individualität nach dem Modell der Auswahl ab, so wie man sich im Supermarkt oder, viel besser noch, bei Amazon einen ganz individuellen Warenkorb zusammenstellen kann. Personalisierte Individualität – das ist eine genaue Mimikry der Warenwelt. Ein solches Subjekt schöpft nur noch aus dem vorhandenen Angebot und dem jederzeit Verfügbaren. Es kann nichts anderes wollen, weil das andere nicht im Angebot ist. Und es kommt auch nicht wieder rein.

Literatur:

Berners-Lee, T. (2012). World Finally Realizes Web Belongs to No One, http://internethalloffame.org, 6.6.2012.

Frankfurter Allgemeine Sonntagszeitung, 23.8.2014, S. 19.

Frankfurter Allgemeine Zeitung, 6.8.2015, S. 13.

Frankfurter Allgemeine Zeitung (FAZ), 22.8.2015, S. 19.

Kandel, E. (2006). Auf der Suche nach dem Gedächtnis. Die Entstehung einer neuen Wissenschaft des Geistes, München.

Marquard, O.(2007). Skepsis in der Moderne. Philosophische Studien, Stuttgart, S. 63.

Pariser, E. (2012). Filter Bubble. Wie wir im Internet entmündigt werden. S. 10/S. 74/ Zit. S. 99

Simanowski, R. (2014). Data Love. S. 138/S.80. Berlin: Matthes & Seitz.

Welzer H. (2016). „Die smarte Diktatur. Der Angriff auf unsere Freiheit". S. Fischer Verlag

Zurawski, N. (2014). Geheimdienste und Konsum der Überwachung., S. 14 – 19. In: Politik und Zeitgeschichte. 18-19/2014

Psychosoziale Folgen der Digitalisierung

Wolfgang Schneider

Die Globalisierung und Digitalisierung der (Arbeits-) Welt ist mit einem hohen Ausmaß an Komplexität, Schnelligkeit und der tendenziellen Aufhebung von „Zeit und Ort" verbunden. Automatisierung, Robotik oder das Internet nimmt uns potenziell viel Arbeit aber auch alltägliche Aktivitäten ab, wenn wir z.B. an selbstfahrende Autos oder „Smart homes" denken. Wissen ist allgegenwärtig und rasch mit wenig Mühe z.B. durch Google oder Wikipedia zu erlangen. Diese Entwicklung stellt sowohl für die Organisation der Arbeit als auch für die Anpassungsfähigkeit des Einzelnen hohe Anforderungen dar. Den Individuen wird ein sehr hohes Maß an selbstgesteuertem Handeln, Kreativität, kommunikativen Kompetenzen und Fähigkeiten zur Selbstorganisation abverlangt. Von Bedeutung ist in diesem Zusammenhang eine tendenzielle Neuorientierung an Werten und Leistungsausgleich; letzteres insbesondere im Arbeitsprozess.

Der Fokus wird in diesem Artikel auf die Auswirkungen der Digitalisierung in der Arbeitswelt gelegt, wobei natürlich auch die Privatheit des Individuums über die Veränderungen in den Arbeitsabläufen, den Inhalten und den Organisationsformen der Arbeit sowie durch den alltäglichen Gebrauch von digitalen Medien in erheblichem Ausmaß betroffen ist und somit auch reflektiert werden muss.

Digitalisierung ist der Thema Nummer 1 neben der aktuellen Flüchtlingsdebatte. Sie umfasst alle Sphären unseres Lebens und unserer Alltage. Wir sprechen von der Industrie 4.0, dem Internet der Dinge, kommunizieren und interagieren digital. Knüpfen Beziehungen, verrichten unsere Arbeit digitalisiert, unsere Alltage werden mehr oder weniger durch digitale Medien strukturiert.

Und selbstverständlich wird das Thema der Digitalisierung der Arbeitswelt sowohl von der Politik wie den Gewerkschaften und der Wirtschaft nachhaltig aufgegriffen und diskutiert. Die Gewerkschaft ver.di hat in 2014 und 2015 je eine Digitalisierungskonferenz durchgeführt, auf denen die Gefahren aber auch die konstruktiven Möglichkeiten der digitalisierten Welt diskutiert worden sind. „Wir brauchen ein positives Bild, wie wir uns eine digital geprägte Welt vorstellen" formulierte der ver.di-Vorsitzende Bsirske in seiner

Eröffnungsrede auf der Konferenz von 2015. Es sind seitens der Bundesregierung eine Reihe von Forschungsprogrammen zum Thema „Arbeit in der digitalisierten Welt" aufgelegt worden (z. B. ein Förderungsschwerpunkt des Bundesministeriums für Bildung und Forschung 2015). Weiterhin sind eine Vielzahl von empirischen Studien zu den Themen der Digitalisierung und ihren unterschiedlichen Einflüssen auf das Arbeitsleben aber auch unserer Alltage von Forschungsinstituten durchgeführt worden. Insbesondere sind auch die Einflüsse auf Kinder- und Jugendliche untersucht worden (Shellstudie, Baden Württemberger Studie).

Relevante Veränderungen durch die Digitalisierung

Aus der Digitalisierung resultieren kürzeste Veränderungszyklen auf den unterschiedlichsten gesellschaftlichen Ebenen. Die **Arbeitswelt** wird inhaltlich, im Prozess wie in der Organisation und Zusammenarbeit gravierend verändert. Durch die Hereinnahme intelligenter Tools, Automatisierung und Robotik, sowie die zunehmende Vernetzung von Technologie verändern sich traditionelle Berufsbilder gravierend. Durch das Internet ist das Potenzial an Märkten, an Wissenstransfer und -produktivität enorm angestiegen. Welche Veränderungen sich daraus für die Arbeitswelt bzw. die Arbeitnehmer ergeben, soll weiter unten diskutiert werden.

Das **Internet** bietet durch seine Anonymität, die Möglichkeit neue Identitätsentwürfe zu entwickeln und nach außen darzustellen. Dies gilt für den Einzelnen wie für Firmen oder Organisationen. Auf diesem Weg lässt sich der soziale Status oder auch die Performance von Individuen wie von Organisationen nach Außen positiv verändern. Dies bedeutet, dass wir unsere öffentliche Erscheinung und Bedeutung über dieses Forum mehr oder weniger steuern können; das dadurch potenziell zu einem relevanten psychosozialen Entwicklungsfeld wird; dies indem es z. B. „gefühlte" Anerkennung vermittelt aber auch viel Raum lässt, für das Ausagieren von Aggressionen. In diesem Zusammenhang ist an Cybermobbing (Braungardt et al, 2013) oder neuerdings auf die fremdenfeindlichen Einträge in den sozialen Medien zu verweisen. Dies bedeutet, dass verhaltenswirksame Schranken (Normen und Werte) gesenkt werden. *Das Internet enthemmt tendenziell.*

Zu fragen ist auch wie sich die **Kommunikation und Interaktion** durch das Internet verändert und welche Folgen dies für die Individuen mit sich bringt.

Big Data: Mit dem Internet - z. B. soziale Medien oder Google - wird das erst einmal „ungerichtete Sammeln" von Unmengen von verschiedensten Daten möglich, die über Algorithmen unterschiedlichste Muster über Interessen, Eigenschaften, Gewohnheiten und Handlungsintentionen von Individuen erfassen und voraussagen können. Han (2014, S. 80) diskutiert den „Dataismus" kritisch und verweist darauf, dass dieser zu einem digitalen Totalitarismus führen würde, aus dem letztlich „Knechtschaft" resultieren würde. Das Besondere dabei sei jedoch, dass die globalisierte neoliberale Welt systematisch bei den Individuen Emotionen erwecken und schüren würde, die letztlich dazu führen, dass der Einzelne - oftmals unbewusst - sich entlang dieser Einflussnahme in die gesellschaftlichen Prozesse und neoliberalen Intentionen integriert.

Auch Markowetz (2015) betont, dass über den massiven Gebrauch von Smartphones im beruflichen wie insbesondere auch im privaten Leben wir alle mehr und mehr Gefahr laufen, in einen digitalen Burn-Out zu rutschen, der auch durch neurobiologische Faktoren motiviert sei. So würde unsere Aktivität am Smartphone durch das Belohnungssystem der Dopaminausschüttung gesteuert sein und wir würden deshalb das hohe zeitliche Ausmaß entwickeln, dass er in einer Studie über den Gebrauch von Smartphones (gemessen mit einer speziellen App) heraus gearbeitet hat. Die Analyse von 60000 Smartphone Nutzern, deren Handyaktivitäten mit einer speziellen App gemessen wurden, ergab, dass diese im Durchschnitt das Handy am Tag 88 Mal einschalteten; 35 mal, um auf die Uhr zu schauen oder nachzusehen, ob eine Mail eingegangen ist und 53 mal, um ins Internet zu gehen oder eine Mail zu schreiben bzw. zu spielen. Markowetz beschreibt auf der Basis dieser Daten, wie sich unser soziales Leben aber auch unsere Aktivitäten durch ständige Unterbrechungen der Aufmerksamkeit verändert.

Das Problem des Datenschutzes, der gleichzeitig Schutz der Intimität bedeutet, ist in diesem Zusammenhang natürlich von gravierender Bedeutung. Zu fragen bleibt hier, inwieweit eine angemessene Sensibilität für derartige Gefahren für die psychosoziale Integrität und das Verhalten vorhanden ist. Hier finden sich in verschiedenen Gesellschaften und politischen Kulturen scheinbar gravierende Unterschiede so sind die Datenschutzbestimmungen in den USA deutlich lockerer als in Deutschland.

Veränderungen in der Arbeitswelt durch die Digitalisierung

Nach Picot und Neuhäuser (2013) lassen sich durch die Digitalisierung der Arbeitswelt insbesondere drei Effekte zusammenfassen.

1. Durch den Einsatz intelligenter Tools und Technologien lassen sich bestehende Arbeitsprozesse schneller und effektiver organisieren oder diese werden durch die neuen digitalen Technologien anders gestaltet (**Durchdringungseffekt**). Diese Entwicklung soll in die Smart-Factory münden, wobei es nicht mehr um die Mensch-Maschine-Interaktion geht, sondern die Computer/Roboter selbst nahezu autonom die Prozesse umsetzen und steuern.
2. Durch die Digitalisierung eröffnen sich Möglichkeiten zur Flexibilisierung der Arbeit in Bezug auf die Zeit, den Ort aber auch die Inhalte. Dies gilt sowohl für den Einzelnen wie auch die Organisationen. Daraus könnten sich neue flexiblere Arbeitsformen ergeben, die tendenziell zu einer Entgrenzung der Arbeit führen (**Flexibilisierungseffekt**).
3. Es würden sich neue oder veränderte Berufsbilder entwickeln. So sei zu erwarten, dass in Berufen mit

mittlerem Qualifikationsniveau, die wachsende Automatisierung und Rationalisierung zum Wegfall von Berufen führen würde. Hingegen würden die beruflichen Tätigkeiten im oberen und unteren Qualifikationsniveau, die weniger automatisiert seien und stärker erfahrungsgeleitet, an Bedeutung zunehmen bzw. es würden neue berufliche Qualifikationsprofile entstehen (**Polarisierungseffekt**).

Auch Zimmermann (2015) beschreibt die zu erwartende Entwicklung in Bezug auf die zukünftigen Berufsbilder und formuliert, das diese Entwicklung auch Berufe wie Richter, Piloten und Ärzte betreffen könnte, wenn viele genuine Aufgaben dieser Berufe weitestgehend automatisiert ablaufen oder vollzogen werden könnten.

Boes et al (2014) diskutieren, dass insbesondere Informatisierungsprozesse zu einer Veränderung der Arbeit führen würden. Aus den neuen Formen der Kommunikation und den damit verbundenen Möglichkeiten der Vernetzung von Wissen würden neue Arbeitsformen und flexiblere Organisationsformen resultieren. IT-gestützte Prozesse würden einen schnelleren „Flow" von Informationen auch über Schnittstellen ermöglichen. Andererseits würden diese Kommunikationsplattformen auch neue Öffentlichkeiten organisationsintern und -extern darstellen, in denen sich „Mitarbeiter als Community vernetzen und ihr Wissen teilen" könnten (S.5). Das Internet wird von den Autoren als ein verwendungsoffener „Informationsraum" verstanden, der sowohl die Facette eines „sozialen Handlungsraumes" als auch eines „Raumes der Produktion" umfassen würde. In der weiteren Analyse weisen die Autoren darauf hin, dass Unternehmen zunehmend darauf hin arbeiten, die „Subjektpotenziale" ihrer Mitarbeiter zu nutzen, um neue Qualitäten in den Arbeitsprozessen zu erreichen (Subjektivierung der Arbeit). Dies sei jedoch eine Entwicklung, die für höher qualifizierte Experten auch bereits in der Vergangenheit zugetroffen hätte. Z. B. seien Ingenieure und Informatiker bereits in den 70-er Jahren nach dem Leitbild des individuellen Experten eingesetzt worden; d.h. diesen wurde ein hohes Ausmaß an Freiheitsgraden und Autonomiespielräume gewährt. Neu sei allerdings, dass in den letzten Jahren zunehmend die systematische Nutzung der Subjektleistung. Unternehmen würden auf der Grundlage des Informationsraumes Internet die „Kopfarbeit" kollektivieren. Dadurch seien sie nicht mehr von der Leistung einzelner Mitarbeiter oder Teams abhängig. Die Praxis bestehe z.b. in der Form des „lean- developments" oder der Umsetzung von Projekten über Cloud Working; verbunden seien diese Tendenzen mit Standardisierung und Prozessorientierung, wie sie sich z.b. in den Bereichen der IT-Services oder der Finanzdienstleistungen finden würden. Diese Entwicklung bezeichnen Boes et al als „Industrialisierung neuen Typs", die nun auch die Kopfarbeit bzw. die Wissenschaften adressieren würde. (S.7) Die Autoren argumentieren weiter, dass diese Arbeitsorganisation den Einzelnen unter einen permanenten Bewährungsdruck setzen würde, der letztlich eine relevante Ursache für das gehäuften Auftreten von „Burn-Out-Prozessen" sei, die aus dieser Sicht weniger eine Folge individueller Bereitschaft zur Selbstausbeutung sei, als Ausdruck des Zwanges zur permanenten Bewährung.

Ergänzend seien wichtige psychosoziale Variablen, die für die fordistische Industrie bedeutsam waren – wie z.B. Sicherheit, Loyalität und Vertrauen - aus dieser Organisationslogik heraus gefallen. Eine Anerkennungskultur habe unter der Bedingung der permanenten Bewährung kaum noch Raum. Allerdings lässt sich auf der anderen Seite doch feststellen, dass viele Firmen und Organisationen zunehmend insbesondere auch die Themen der Führung sowie der emotionalen Einbindung von Mitarbeitern beachten und entsprechende Weiterbildungsmaßnahmen oder auch organisatorische Ziele fokussieren.

Gerade auch von den Gewerkschaften wird die Sorge vorgetragen, dass durch die Digitalisierung zukünftig eine große Zahl an Arbeitsplätzen verloren gehen würden, da viele

Tätigkeiten und Aufgaben automatisiert werden würden und von Computern gesteuert werden könnten.

Psychosoziale Themen:

Durchdringungseffekt: Die neuen Technologien erfordern von den mit ihnen arbeitenden Mitarbeitern entsprechende Kompetenzen auf der Ebene der Steuerung von computerisierten Anlagen sowie im Umgang mit den neuen Technologien. Es besteht sicherlich oftmals ein hohes Ausmaß an Aufgabenvielfalt verbunden mit der Zunahme von Multitasking. Verbunden mit dieser Entwicklung sind die folgenden Faktoren bedeutsam:

- **Intensivierung und Verdichtung** von Arbeit
- Unterbrechung von Aktivitäten und **Phasen der Aufmerksamkeit**
- **Zuwendung zu einer Aufgabe wird oft unterbrochen**
- Notwendige **Ruhephasen** werden unterbrochen
- **Permanente Kontrolle der Arbeitstätigkeit und ihrer Effekte durch die Digitalisierung**
- Für die Gruppe von Facharbeitern oder der einfachen Arbeiter **verändert sich** durch die zunehmende Automatisierung und **Robotik die sinnliche Beziehung zum Arbeitsgegenstand.** Das Material wird nicht mehr direkt gefühlt oder gespürt.

Alle diese Faktoren weisen die Tendenz auf, Mitarbeiter kognitiv und emotional zu überfordern. Daraus kann die Arbeitseffektivität aber auch die Möglichkeit zur Stressreduktion eingeengt werden. Wir wissen aus der Stressforschung, dass für die Bewältigung von Stressoren Phasen der Erholung bzw. Entspannung unbedingt angezeigt sind (Mc. Ewen, 2007).

Um diesen Anforderungen gerecht zu werden, ist eine besondere Qualifizierung/ Weiterbildung der Mitarbeiter gefordert. Die Frage, welche Art von Qualifikationen in der digitalisierten Arbeitswelt gefordert sind, ist in einer repräsentativen Studie des Institutes der Deutschen Wirtschaft (2014) bei der Betriebe mit einer unterschiedlichen Zahl von Beschäftigten (1-49, 50 -249 und mehr als 250 Beschäftigte) aus den Bereichen der Maschinen-Elektronik Industrie, sonstige Industrie, gesellschaftsnahe Dienstleistungen und unternehmensnahe Dienstleistungen eingeschlossen wurden, untersucht worden. Weiterhin wurde der Digitalisierungsgrad der Unternehmen in „Mittel, Hoch, sehr hoch und frontier" differenziert. (**Institut der Deutschen Wirtschaft Köln, 2014**):

Als besonders **relevante Kompetenzen** wurden genannt:

- Planungs- und Organisationsfähigkeit,

- Kommunikations- und Kooperationsfähigkeit,

- Betriebliches/ berufliches Erfahrungswissen,

- Technisches Fachwissen,

- Kaufmännisches Fachwissen,

- IT-Fachwissen wie Online skills würden enorm gefordert werden, handwerkliches Geschick werde zunehmend weniger gefordert.

Gefragt wurde im Weiteren, wie bedeutsam die jeweiligen Kompetenzen in den nächsten fünf bis zehn Jahren für die Betriebe sein würden. Digitalisierte Unternehmen sahen dabei die folgenden **Personalentwicklungsmaßnahmen** als besonders wichtig an: job rotation, lernförderliche Arbeitsumgebung, Wissenstransfersysteme, Coaching und Mentoring, individuelle Karriereplanung, systematische Potenzialanalyse.

Die Unternehmen mit dem höchsten Digitalisierungsgrad sahen die folgenden **Weiterbildungsmaßnahmen** als zentral an: Gesundheitsvorsorge und -förderung, Kommunikation und Persönlichkeit, berufliches Fachwissen. Die digitalisierte Arbeitswelt benötige nicht nur IT-Fachkenntnisse und Kompetenzen im Umgang mit dem Internet sondern vor allem auch berufliches Erfahrungswissen sowie die Fähigkeit mit Partnern zu kommunizieren und zu kooperieren. In der Studie zeigten Betriebe und Unternehmen mit einem hohen Digitalisierungsgrad ein größeres Problembewusstsein und hielten auch mehr einschlägige Weiterbildungsangebote vor als Unternehmen mit einem geringeren Digitalisierungsgrad.

Zu berücksichtigen sei insbesondere der unterschiedliche Erfahrungshintergrund der verschiedenen Altersgruppen mit der Informations- und Kommunikationstechnologie. Für die unterschiedlichen Digital Divides (z. B. bedingt durch Altersunterschiede, Vorbildung) seien in ausgewählten Branchen angemessene Weiterbildungen zur Förderung organisationaler und individueller Kompetenzen für einen erfolgreichen Umgang mit der digitalisierten Arbeitswelt zu implementieren. Z.B. zur Vorbeugung der Belastungen durch Kommunikation und Interaktion in und außerhalb von virtuellen Räumen.

Flexibilisierung:

In diesem Zusammenhang ist von Interesse, inwieweit diese tatsächlich durch die weitgehende Unabhängigkeit vom Ort und der Zeit an dem die Arbeitsaufgaben verrichtet werden, zu einer Verbesserung des Verhältnisses von Privatem und Beruflichem führt. Die Verrichtung der Arbeit tatsächlich mehr Raum für die Umsetzung persönlicher Interessen oder die Integration von familiären Anforderungen ermöglicht (z.B. Kinderbetreuung, Hausarbeiten, Freizeitgestaltung etc.).

Picot und Neuhäuser (2013) sprechen relativ optimistisch davon, dass es durch die Digitalisierung und der damit verbundenen Flexibilisierung zu einer neuen Form der Integration von Arbeit und Privatheit kommen könnte. Arbeit nicht mehr dem (Privat-) Leben, wie im Work-Lifekonzept impliziert, gegenüberstehen würde, sondern Arbeit nicht mehr ein das Leben strukturierendes Element sein müsse, sondern zu einer „frei gestaltbaren Option" werden könnte (S.10). So könnte Arbeit nicht nur als finanziell motiviert angesehen werden, sondern vor allem die Teilhabe am wirtschaftlichen und gesellschaftlichen Leben mit persönlichen Gestaltungs- und Entwicklungsmöglichkeiten bedeuten.

Es besteht jedoch auch die Gefahr, dass eher ein rasanter Druck entsteht - emotional, kognitiv und faktisch auf der Verhaltensebene - sich immer und überall mit den Arbeitsaufgaben zu befassen und über etwaige Probleme zu grübeln. Dies berichten mir Patienten oder auch Coachees, die gar nicht unter den hier diskutierten Bedingungen arbeiten. Crowdsourcing und Freelancertum, bringt bedeutsame Veränderungen der Arbeitsinhalte und -prozesse mit sich. Diese tangieren prinzipiell **wichtige positive psychosoziale Bestimmungselemente von Arbeit** (siehe z.b. Ulich, 2006). Dazu gehören vor allem: die Zerstückelung von arbeitsbezogenen Gesamtaufgaben; dadurch geht der Sinngehalt und die Ganzheitlichkeit der Aufgabenerfüllung verloren, ebenso der teambezogene Austausch sowie die Identifikation mit der Organisation wie mit der Aufgabe. In derartigen Prozessen werden die arbeitsbezogene Interaktion und Kommunikation oftmals über virtuelle Medien vollzogen. Auch diese Entwicklung tangiert **relevante Gratifikationen von Arbeitsprozessen**, wie die soziale Anerkennung, zufriedenstellende Interaktionen und Berücksichtigung individueller Bedürfnisse (Wunsch nach Gratifikationen und befriedigende Face to Face Beziehungen). Darüber hinaus besteht die Gefahr, dass das Arbeiten an Smartphones, Tabletts an allen möglichen Orten eine Vielzahl an **ergonomisch brisanten Nebeneffekten** mit sich bringt (physikalische wie z. B. eine unergonomische Haltung, ungenügendes Licht etc.) Aber auch die etwaigen Kontaktaufnahmen (z.B. mit Mitreisenden) fallen meist weg und es besteht eine starke Tendenz zum autistischen in die „Arbeit Versunken-Sein". Es kennt wohl nahezu jeder die Situation im Zugabteil oder in der Wartezone des Flughafens, dass Mitreisende versunken an ihren Tabletts arbeiten oder mit ihren Smartphones lautstark telefonieren. So erfahren wir – ungewollt - viel über Auftragsgestaltungen oder Problemen beim Umsetzen von irgendwelchen Projekten. Häufig können wir jedoch ungewollte tiefe Einblicke in persönliche, familiäre oder auch partnerschaftliche Konstellationen oder Konflikte von uns Unbekannten nehmen. Auch ein Effekt der Smartphone Telefonie, die eine gewisse

Sensibilität für persönliche Schutzräume (Intimität) auf Seiten der Akteure zu verlieren lassen scheint. Wir werden also auch hier öffentlicher und nicht nur im Internet! Dazu kommt auch wieder, dass wir potenzielle Erholungsphasen (einfach mal in die „Luft" gucken, wenn wir warten) nicht mehr oder weniger nutzen.

So resultiert durch die hier besprochene Flexibilisierung eben nicht nur die verbesserte Balance zwischen Arbeit und Privatleben, sondern es besteht die Gefahr, dass sich die Arbeit mehr und mehr in die private Sphäre ausweitet und damit einen zentralen Raum zur Entspannung, zum Erholen und zum Genießen einengt. Abhängig von den jeweiligen Berufen oder beruflichen Positionen sind mehr und mehr Menschen nach „Feierabend" mit der Bearbeitung von E-Mails befasst; welche Folgen dies für diese hat, unterscheidet sich sicherlich gravierend. So wird abhängig von individuellen Motiven, Zielen und Belastbarkeit dies u.U. als positiv gewertet, weil das eingebunden sein in die organisations-interne Kommunikation außerhalb der Arbeitszeit als Ausdruck der eigenen Bedeutung in der Firma erlebt wird und prognostisch günstig für das eigene Karrierestreben gewertet wird. Für andere wird dies als Stress empfunden werden und die Möglichkeit sich zu entspannen als dadurch stark tangiert erlebt werden. Selbstverständlich werden sich das Erleben und die Bewertung von derartigen Arbeitsbedingungen auch intraindividuell über die Zeit unterscheiden.

Eine Reihe von Firmen ist jedoch dazu übergegangen, die Einbeziehung von Mitarbeitern in die E-Mail-Korrespondenz außerhalb der regulären Arbeitszeiten systematisch zu stoppen. Aber dies gilt oftmals in der Regel nicht für Führungskräfte. Zudem ist es bei globalisierten Firmen, die permanent auf den Austausch über Kontinente hinweg angewiesen sind, gar nicht möglich, Projektbesprechungen in virtuellen Chaträumen auf die jeweils üblichen nationalen Arbeitszeiten zu legen.

Insofern ist von besonderem Interesse, welche Folgen die Kommunikation oder die weitestgehend Reduzierung des beruflichen Austausches auf der Ebene der E-Mail-Kommunikation für die darin involvierten Individuen mit sich bringt: Wichtige Kommunikations- und Interaktionsmöglichkeiten werden tendenziell eingeengt, man trifft sich nicht mehr persönlich: Online-banking, -Einkauf, Videokonferenzen, Chatrooms, Skypen.

Virtuelle Beziehungen vermitteln weniger Emotionen, Vertrauen und persönliche Nähe. Der Beziehungsaspekt wird eher durch analoge Kommunikation (Mimik, Gestik, szenisches Erleben) gefördert. Demgegenüber bedient digitale Kommunikation (z. B. E-Mails) eher logische und systematische Informationen (rational). So steht zu befürchten, dass durch diese Art des Austausches in Organisationen, Prozesse der Teambildung und Kooperation eingeengt werden. Dazu ist zu berücksichtigen, dass Gedächtnisinhalte besser gespeichert werden, wenn sie durch emotionalen Input gestützt sind.

Was wäre notwendig, damit der Einzelne nicht Gefahr läuft, Schaden zu nehmen? Der Einzelne braucht für sich genügend Kompetenz, selbstverantwortlich mit den neuen Arbeitsvoraussetzungen umzugehen; gleichzeitig wäre es wichtig, dass die Organisation ihm den entsprechenden Freiraum einräumt, selbstverantwortlich für sich und seine Befindlichkeit zu sorgen. In diesem Zusammenhang ist die Frage von Bedeutung, inwieweit überhaupt genügend Sensibilität und auch Bereitschaft auf der Ebene der Organisation vorliegt, dieses Thema zu erfassen und in ihren Rahmenbedingungen für die Prozessabläufe zu berücksichtigen.

Letztlich sind mit der Digitalisierung der Arbeitswelt **Veränderungen der Organisationskultur und insbesondere auch der Art der Führung von Bedeutung.** Unter den beschriebenen Bedingungen, bei denen es zum Beispiel keine festen Anwesenheitszeiten und Arbeitsplätze gibt, haben Faktoren wie Kontrolle der Anwesenheit oder der Aufgabenumsetzung in bestimmten festen Rhythmen keinen besonderen Stellenwert mehr. Führung wird insbesondere die Funktion haben, die Ergebnisse oder Prozesse zu begleiten und den Mitarbeiter zu motivieren und ihm Unterstützung zu geben, wo dieser sie benötigt. Virtuelle Teams müssen strukturiert und auf Distanz gesteuert bzw. motiviert werden. Erforderlich sind also insbesondere kommunikative und interaktionelle Kompetenzen, die Fähigkeit, die Ressourcen und Stärken des einzelnen Mitarbeiters und der Teams zu erkennen und zu fördern und unter den hier diskutierten Bedingungen von virtueller Kommunikation und Interaktion eine emotionale Bindung und Identifikation der Mitarbeiter an die Organisation herzustellen. Selbstverständlich sind ein hohes Ausmaß an Kompetenz in der Kommunikation mittels digitaler Medien erforderlich; wie auch die Fähigkeit zu entscheiden, ob bestimmte Aufgaben oder Projekte präsenz- oder virtuell und selbstgesteuert umgesetzt werden müssen. Letzteres erfordert die Fähigkeit, die Prozessabläufe bewerten zu können aber insbesondere auch die Kompetenz, das Potenzial der einzelnen Mitarbeiter in Bezug auf die erforderlichen Schritte und Organisation der Arbeit beurteilen zu können.

Gefordert ist also ein Führungsprofil, dass sich weniger an einer hierarchischen oder autoritären Führungskultur orientiert. Im Idealfall zeigt der Vorgesetzte ein „demokratisches" Führungsverhalten, zeigt Vertrauen in die Kompetenzen der Mitarbeiter – egal ob zur Organisation direkt zugehörig oder temporär in ein Projekt eingebunden – und erzielt so eine gute Akzeptanz bei diesen und fördert so die Umsetzung von Aufgaben und Projekten. Aber auch für die Führungskraft gelten natürlich die Erwägungen, die wir in den vorherigen Abschnitten als „Risiken" der digitalisierten Arbeitswelt formuliert haben.

Letztlich sind mit der Globalisierung und Digitalisierung Fragen des Gesundheitsmanagements und des Arbeitsschutzes von Interesse. Der Deutsche Gewerkschaftsbund (DGB) erhebt eine Reihe von differenzierten Forderungen in Bezug auf gesundheitsförderliche Maßnahmen in der digitalisierten Arbeitswelt, die auf einer allgemeinen Ebene die Implementierung von angemessenen und gesundheitsförderlichen

und präventiv wirkenden Arbeitsgestaltungsmaßnahmen umfassen. Im Weiteren werden diese Forderungen spezifiziert für
digital arbeitende Teams und es werden dann Forderungen
aufgestellt, die mobilen Arbeitsplätze und -instrumente von
Mitarbeitern soweit als möglich nach den Kriterien des
Arbeitsschutzes zu gestalten. Diesbezüglich muss jedoch der
Einwand angeführt werden, dass der traditionelle Arbeitsschutz doch stationäre Arbeitsabläufe fokussiert und mit dem
raschen Wechsel von Arbeitsort, -aufgabe und -instrumenten
erst einmal wenig vertraut sein wird.

Es ist zu erwarten, dass ein angemessener und tragender
Ansatz des Gesundheitsmanagements wie auch der
Arbeitssicherheitsmaßnahmen unter den Bedingungen der
Globalisierung und Digitalisierung nicht leicht zu entwickeln
und umzusetzen sein wird. Inhaltlich, weil die damit zu-
sammenhängenden Fragen und Probleme aufgrund ihrer
Vielfalt oftmals nicht vollständig erfasst sein werden und zum
anderen kommen natürlich aufgrund der Internationalität der
Arbeitsprozesse unterschiedliche soziokulturelle Normen und
Werte in Bezug auf den Arbeits- wie Gesundheitsschutz oder
rechtliche Aspekte der unterschiedlichen Länder zum Tragen.

Dazu kommt, dass durch die beschriebenen Entwicklungen
tendenziell eine Vereinzelung der Freelancer oder der
Crowdworker entsteht, die einen gemeinsamen Widerstand
gegen dysfunktionale organisationale – aber auch
gesellschaftliche - Anforderungen und Prozesse erschwert.
Ein solidarischer gemeinsamer Ansatz zur Lösung wird
gegebenenfalls aufgrund des u.U. vorliegenden kompetitiven
Verhältnisses der Individuen untereinander aber auch der
Unvertrautheit oder der Unkenntnis in Bezug auf die
Bedürfnisse des Anderen wie in Bezug auf die Ungleichheit
der jeweiligen soziokulturellen Rahmenbedingungen, deren
Werte und Normen erschwert. Höttges (2016) – in dem
bereits oben zitierten Zeitinterview - nimmt hingegen eine
ausgesprochen optimistische Haltung zu dieser Thematik ein.
Er formuliert, dass seiner Erfahrung nach die Crowdworker
oder Freelancer sehr offen und kooperativ über relevante

Fragestellungen und Projekte miteinander reden würden; geradezu neugierig seien. Erst auf der Ebene der Problemlösung würden sich konkurrierende Seiten zeigen. Dies im Sinne, wer der „Schnellste" bei der Lösung der Probleme bzw. bei der Projektumsetzung sei. Allerdings muss einschränkend formuliert werden, dass er hier die Interaktion von „Freelancern" in Berliner Cafés beschreibt, die an ihren Computern und im Internet arbeiten. Es sind sicherlich berechtige Zweifel anzumelden, ob sich die gleiche oder ähnliche Solidarität zwischen Croudmitarbeitern aus unterschiedlichen Ländern oder gar Kontinenten finden lässt.

Resümee und Ausblick – wo führt dies hin?

Wir haben nun „gelernt", dass die Digitalisierung der Arbeitswelt und des Lebens grundsätzlich geeignet sei, vieles zu erleichtern. Wir produzieren schneller und mehr und dies mit weniger körperlicher Arbeit. Zu bedenken bleibt jedoch, dass die Wertschöpfung in der neueren ökonomischen Entwicklung zunehmend immer weniger von der Produktion von Gütern abhängt, sondern das Geld auf den Finanzmärkten relativ unabhängig von der Produktion von Waren oder Gütern verdient wird.

Im Idealfall wird das Leben durch die Digitalisierung leichter wird uns vielfach suggeriert. Wir können weniger und sinnvoller Arbeiten; unsere persönlichen Belange und Bedürfnisse besser umsetzen und vieles Positives mehr. Digitalisierung würde unser Leben bereichern über das Mehr an Autonomie in Bezug auf unsere Lebensgestaltung. Als **positive Folgen für den Einzelnen** werden also formuliert: Ein höheres Ausmaß an autonomer Selbstgestaltung und -bestimmung im Arbeitsprozess. Zudem würden sich durch die Digitalisierung der Arbeitswelt größere berufliche Entwicklungs- und Veränderungsmöglichkeiten eröffnen. Der tradierte Weg, nach der Ausbildung sein gesamtes Arbeitsleben in seinem Beruf zu arbeiten werde obsolet. Generell würde eine qualitativ andere Möglichkeit eröffnet, Arbeit in das eigene Leben zu integrieren. Zumal dieses durch die Digitalisierung noch viel leichter wird. Im Smarthome sagt uns unser Kühlschrank, dass wir Milch einkaufen sollten, da diese verbraucht ist. Wir haben selbst beim Autofahren die Gelegenheit zu lesen, einen Film zu schauen oder zu schlafen. Und sind dabei noch sicherer als wenn wir selbst fahren würden. Die familiäre wie partnerschaftliche Situation wird erfüllter, da wir mehr Muße hätten und uns so besser miteinander verständigen und aufeinander beziehen können.

Gefordert ist sowohl im beruflichen wie im privaten Kreativität und Kommunikationsfähigkeit. Gleichzeitig jedoch auch die Kompetenz, sich gegenüber der Anforderung der digitalen Medien „allzeit bereit zu sein", abzugrenzen. Und dies gilt sowohl für die Arbeit als auch für das Privatleben. Dies bedeutet, dass der Einzelne eine gute Fähigkeit aufweisen muss, sich zu strukturieren und zu motivieren. Achtsam sein zu können, um Überforderung oder ein zu hohes Tempo bzw. oberflächliche Kontakte und Aktivitäten im Netz (z.B. soziale Medien oder Computerspiele) adäquat zu steuern. Plakativ gesprochen, braucht die digitalisierte Welt und dies gilt eben auch für die Arbeitswelt hoch kompetente Individuen in Bezug auf ihre Fähigkeit zur Beziehungsgestaltung, Motivationslage und Selbstregulierung. Einen wichtigen Aspekt stellt die emotionale Stabilität des Einzelnen dar. Denn ohne Zweifel verführen die digitalen Medien dazu, dass wir uns immer stärker konsumorientiert verhalten; dazu werden wir allzu oft mit individuell zugeschnittener Werbung konfrontiert, wenn wir uns im Netz bewegen.

Themen wie soziale Verantwortung, sich solidarisch gegenüber den Anderen zu verhalten, haben in einer Zeit, in der alt hergebrachte Werte und Normen zunehmend an Bedeutung und Steuerungssicherheit verlieren, einen hohen Stellenwert.

Die möglichen negativen Folgen der Digitalisierung der (Arbeits-)Welt sind ebenfalls vielfältig. Diese habe ich bereits oben angesprochen. Dazu gehören die Entgrenzung der Arbeit, tendenziell die Reduzierung von wichtigen positiven sozialen Erfahrungen im Arbeitsprozess (Anerkennung und zufriedenstellender sozialer Austausch). Stress und

Überforderung durch Multitasking und ungenügenden positiven psychosozialen Erfahrungen im Arbeitsprozess. Ängste vor Überforderung durch die technischen Anforderungen. Ängste den Arbeitsplatz zu verlieren, weil man den Anforderungen nicht gerecht wird und weil durch die Digitalisierung zu viele Arbeitsplätze wegfallen. Familiäre Probleme und Konflikte in der Familie, weil die Freizeit immer wieder durch berufliche Anforderungen (z.B. E-Mails nach Feierabend) unterbrochen wird. Diese Gesichtspunkte angereichert um die Bewertung, dass Alles viel zu schnell, zu komplex und zu unüberschaubar sei, führen dazu, dass seit mehr als 10 – 15 Jahren der Begriff des Burn-Outs mehr und mehr in Mode gekommen ist. Wir brennen au infolge des Zuviels an beruflichen Anforderungen, so impliziert dieser Begriff die Burn-Out-Entwicklung.

Ursprünglich wurde der Burn-Out-Begriff (Freudenberger 1974) als eine spezifische Problemkonstellation von in sozialen Berufen tätigen Menschen verwendet. Diese seien mit hohem beruflichen Ethos und Motivation an ihre Tätigkeit im Umgang mit Menschen herangegangen. Das Ziel bestand darin, benachteiligte Menschen in sozialen Brennpunkten zu unterstützen und zu fördern. Die Dynamik umfasst somit ein hohes initiales Engagement bei der sozialen Tätigkeit, die sehr positiv besetzt wird. Es kommt dann zu Enttäuschungen, die letztlich zu einer Distanzierung von der Tätigkeit, Demotivierung und Entwertung (sarkastische Haltung gegenüber der sozialen Gruppe, für die man sich engagieren möchte) führen. Daraus würden tiefe Gefühle der Erschöpfung resultieren, die mit unterschiedlichen psychischen Symptomen (Ängste, Depressionen und psychosomatische Beschwerden) verbunden seien. In den letzten zwanzig Jahren hat das Konzept eine enorme Erweiterung erfahren. Es waren dann in der öffentlichen Meinung vor allem Manager, die aufgrund ihres hohen Engagements ein Burn-Out entwickeln würden und später – etwa ab der Jahrtausendwende oder danach, betraf diese Problematik potenziell nahezu jedwede Berufsgruppe. Auch Arbeitslose, die wohl eher unter ihrer fehlenden Einbindung in die Gesellschaft leiden, sich ausgegrenzt und nicht gebraucht fühlen, entwickelten dann durchaus Probleme und Beschwerden, die der Burn-Out-Symptomatik ähneln. Erfindungsreich, wie die Wissenschaften der Psychiatrie oder Psychotherapie sind, wurde dann dafür der Begriff des „Bore-Outs" (Ausgebrannt aufgrund Langerweile und Unterforderung) kreiert (Rothlin und Werder, 2007).

Ich möchte jetzt insbesondere einen Aspekt am Konstrukt des „Burn-Outs" herausgreifen. Bedeutsam ist an diesem Konzept, dass es die Ursachen der Probleme, die Individuen entwickeln, in der Arbeitswelt verankert. Es ist die Arbeit, die „krank" macht. Damit ist der Einzelne von Schuld entlastet! Nicht er ist es, der versagt hat, sondern es sind die widrigen Bedingungen in der Arbeitswelt, die diese Entwicklung verursacht haben. Diese Sichtweise (die Ursachen der Probleme werden nach Außen attribuiert) entlastet das Individuum. So werden eigene persönliche Faktoren, wie z.B. unrealistische Ziele und Motive, begrenzte Kompetenzen und Ressourcen zur Erreichung dieser Ziele ausgeklammert. Dabei wissen wir aus der Stressforschung, dass Stress als Resultat einer Wechselwirkung zwischen äußerem Reiz und Individuum zu verstehen ist. Dies bedeutet, dass für ein Verständnis der misslichen Konstellation, auch der Anteil des Individuums bzw. seiner Lebensgeschichte im Gesamt ihrer Einflüsse auf seine Persönlichkeit, emotionalen, kognitiven und verhaltensbezogenen Kompetenzen, Einstellungen und Zielen zu berücksichtigen ist. Und dazu spielt das unmittelbare soziale Umfeld (z. B. die Familie, Freunde) eine bedeutsame Rolle. Kann sie stressreduzierend wirken, weil sie emotional trägt oder ist sie ein weiterer psychosozialer Belastungsfaktor, weil sie konflikthaft ist und Entspannung sowie innere Distanzierung von den problematischen beruflichen Konstellationen erschwert oder verhindert.

Die Diskussion darüber, was die Digitalisierung für die Gesellschaft wie für die Individuen bedeutet und welche Folgen daraus resultieren, wird breit und sehr akzentuiert geführt. Zum Teil zeigt diese Debatte fast hysterische Züge und zum

anderen findet sich ein hohes Ausmaß an Naivität insbesondere bei den Protagonisten der Digitalisierung.
Letztere (z. B. Marc Zuckerberg von Facebook, 2015; Höttges, 2016) zeichnen Lebens- und Weltentwürfe der digitalisierten Zukunft auf, nach denen fast alle Menschheitsprobleme durch die Digitalisierung gelöst werden können. Immer weniger Arbeit wird für den Einzelnen notwendig; im Haushalt hilft ein lernender Computer (Höttges-Interview), der gerade in Japan entwickelt wird und uns als Butler zukünftig alle möglichen Aktivitäten und Aufgaben abnehmen wird. Mehr Gesundheit durch die digitalisierte Medizin, die über das Sammeln von gesundheitsbezogenen Daten, die untereinander verknüpft werden, mehr über die Ursachen und Risiken von Erkrankungen herausarbeiten lassen würden und so eine differenziertere Diagnostik und individualisierte Therapie ermöglichen würde. Unser soziales Leben werde durch das Internet angereichert, wir könnten teilhaben an den unterschiedlichsten sozialen Kontexten und Aktivitäten von Freunden, Bekannten und Verwandten (z.B. Bilder aus den Clouds oder Tagebücher). Dies Alles biete die Grundlage dafür, dass wir uns besser verwirklichen und kreativ sein könnten.

Sehr kritische bis ablehnende Haltungen finden sich bei anderen Autoren, die zum Teil doch ausgesprochen dramatisierend sind. Wir können von der digitalen Demenz (Spitzer, 2012) lesen, dem digitalen Burnout (Markowetz, 2015) – wobei ich dem letzteren Autor nicht die überzogene Wertung wie den anderen hier angesprochenen Autoren unterstellen würde - und aktuell auch von der „Psychopolitik" (Han 2015): Und alle diese Autoren sagen uns, wie gefährlich die Welt der Digitalisierung für uns als Individuen wie für die Gesellschaft ist. Dabei nehmen die verschiedenen Autoren Bezug auf unterschiedliche – philosophische, neurobiologische oder psychologische - Theorien und empirische Grundlagen. Für Spitzer führt der frühe starke Gebrauch von digitalen Medien bei Kindern und Jugendlichen dazu, dass ihre neurobiologische Hirnentwicklung geschädigt wird und deren kognitiven aber auch emotionalen Kompetenzen verkümmern. Mit Bezug auf den empirisch belegten Zusammenhang zwischen der ursprünglichen intellektuellen Kapazität und der Wahrscheinlichkeit des Auftretens von späteren demenziellen Prozessen warnt Spitzer nachhaltig davor, Kinder zu früh mit Computern interagieren/ spielen zu lassen. Er hält so auch wenig davon, Kindern Medienkompetenz vermitteln zu wollen, wie es vielfach von Lehrern oder Medienpädagogen gefordert wird.

Anders sehen es die Autoren der Jugendstudie Baden – Württemberg, die ein Mehr an Medienkompetenzvermittlung auf der Grundlage der erhobenen Daten als notwendig ansehen. In der Studie von 2015 hat sich gezeigt, dass 86,2% der befragten Jugendlichen sich in sozialen Netzwerken bewegen. Dazu gehören z.B. Facebook, Instagram, Twitter oder WhatsApp. 60,8% sind dabei mehrmals täglich in diesen Foren unterwegs; 30% bis zu einer Std.; 40% =2-3 Std.; 30% =4-6 Std. Dabei zeigen Mädchen mehr derartige Aktivitäten als Jungen. Letztere verbringen dem gegenüber mehr Zeit mit Computerspielen (105min) als Mädchen (48min).

Nach der aktuellen Shellstudie (2015) haben 99% der befragten Jugendlichen und Heranwachsenden einen Zugang zum Internet. Sie sind im Durchschnitt ca. 18,4 Std. pro Woche Online gegenüber 10 Stunden im Jahr 2010. Allerdings würden sie gegenüber Datenmissbrauch eher reflektierter sein als bei der Befragung 2010.

Immer wieder wird auch vor den Gefahren der Internet- oder Computersucht gewarnt. Für die exzessive Nutzung von Computerspielen – unabhängig davon auf welcher Plattform (z. B. Konsole, Internet oder Smartphone) diese vollzogen wird - ist im DSM-V (Diagnostic and Statistical Manual of Mental Disorders, 2013) die Diagnose „Internet Gaming Disorder" aufgenommen worden, da diese Störung zu ähnlichen Symptomen führen würde, wie sie sich bei den stoffge-bundenen Süchten finden lassen würden. In einer vom Bundesministerium für Gesundheit seit Ende 2010 geförderten repräsentativen Studie „Prävalenz der Internetabhängigkeit

(PINTA)" der Universität Lübeck und der Universität Greifswald wird die Häufigkeit der Internetabhängigkeit in Deutschland mit etwa 1 Prozent der 14- bis 64-jährigen in Deutschland beziffert. 4,6 % der 14- bis 64-Jährigen werden als problematische Internetnutzer angesehen. In der Regel seien Jugendliche und junge Erwachsene häufiger betroffen. In der Altersgruppe der 14- bis 24-Jährigen ist die Verbreitung am größten. 2,4 Prozent werden als abhängig und 13,6 Prozent als problematische Internetnutzer klassifiziert (siehe Bericht der Drogenbeauftragten der Bundesrepublik, 2015).

Ethische und politische Perspektiven

Wir haben gesehen, dass durchaus sehr unterschiedliche Wertungen bezüglich des Nutzens aber auch der Gefahren der Digitalisierung vorgenommen werden. Pessimistische Bewertungen resultieren primär aus einer Haltung, die das Individuum wie die Wirtschaft und die Gesellschaften als passive „Opfer" der technologischen Entwicklung ansehen. Der Einfluss der Technologien wird als derart gravierend angesehen, dass diese kaum gesellschaftliche und individuelle Spielräume zur Steuerung dieser Mechanismen zulassen würden. Ohne diese Tendenz vollständig zu negieren, soll doch eingeräumt werden, dass beide, die Gesellschaft wie die einzelnen Individuen, es durchaus in einem gewissen Ausmaß in der Hand haben, die weitere Entwicklung konstruktiv zu beeinflussen. Dafür ist eine Sensibilisierung für die mit der Digitalisierung verbundenen Probleme notwendig sowie die Implementierung von ethischen und kulturellen Normen/Standards, die auf die Anwendung und Nutzung der Digitalisierung in den unterschiedlichsten privaten oder beruflichen Kontexten Einfluss zu nehmen, in der Lage sind. Dies ist jedoch vor allem auch einmal ein politisches Problem. Bereits oben ist darauf hingewiesen worden, dass sowohl die Politik als auch die Gewerkschaften sich intensiv mit dieser Thematik befassen.

Höttges, Vorstandsvorsitzender der Telecom hat in einem kürzlich veröffentlichten Zeitinterview gerade auch politische und ethische Fragen die mit der umfassenden Globalisierung verbunden sind, durchaus kritisch reflektiert. Die Dynamik für die Wirtschaft stellt er dabei jedoch als relativ unbeweglich dar. Die tradierte Wirtschaft könne eigentlich gar nicht anders, als sich den Entwicklungen der Protagonisten der Digitalisierung (wie z.B. Google, Tessler oder Amazon) anzupassen, da diese so schnell und dominant seien. Hier kommt eine Haltung zum Tragen, die das Potenzial der großen Player (z. B. Automobilindustrie, selbstfahrende Autos) eine geeignete Antwort auf diese Entwicklungen zu finden und diese auch nach ethischen Maßstäben in ihre Produktionsziele und -prozesse zu integrieren, m.E. unterschätzt. Und auch gerade die Frage, in welchem Ausmaß die Mitarbeiter oder die Menschen überhaupt durch die Digitalisierung „geknechtet" werden, d.h. nur noch passive Opfer werden, die über verschlungene Wege der emotionalen Manipulation, wie von Han 2015, beschrieben, sollte nicht vorschnell zu pessimistisch bewertet werden. Wir können seit vielen Jahren eine deutliche Tendenz in vielen Unternehmen und Organisationen sehen, gerade auch emotionale Aspekte bei der Mitarbeiterführung sowie den kommunikativen und interaktionellen Prozessen in den Organisationen zu gewichten und entsprechend in ihren Weiterbildungen wie in ihrer Führungskultur zu verankern. Jetzt daraus lediglich abzuleiten, dass es sich hier nur um manipulative Intentionen handelt, vereinfacht diese Entwicklung m.E. in unzulässiger Weise. Diese stellt auch ein Resultat der gewachsenen Sensibilität für psychosoziale Faktoren sowohl in der Arbeitswelt als auch im Privatleben dar, auch wenn dies primär für die Staaten der westlichen Welt gelten wird.

Auch wenn ich kritische Sichtweisen über die Entwicklungsbedingungen der postmodernen neoliberalen Gesellschaftstendenzen zumindest Teile, sollten wir doch in Bezug auf die psychosozialen Ressourcen und Wertestandards der Individuen nicht zu pessimistisch sein. Wir finden aktuell eine deutliche Bereitschaft auf unterschiedlichen Ebenen unsere Gesellschaft in einer sehr negativen Weise zu bewerten. Hier möchte ich wieder zum Beginn des Artikels zurückkehren. Alles sei zu komplex, zu schnell und zu widersprüchlich. A. Ehrenberg (2008), ein französischer Soziologe hat vom „erschöpften Selbst" gesprochen, dass in einer Gesellschaft, die scheinbar für den Einzelnen Alles möglich werden lässt, sich bei der Erreichung von hohen Zielen (finanziell oder Erfolg, Anerkennung etc.) verausgabt und letztlich psychisch in der Form der Depression dekompensiert. Diese Sichtweise wird von einer Vielzahl von kritischen Autoren (siehe z. B. Keupp et al., 2006) geteilt und hat mittlerweile auf einer realen Ebene ihren Widerhall in der Form der drastischen Zunahme von Krankschreibungen wegen psychischer oder psychosomatischer Erkrankungen geführt (siehe z. B. Schneider, 2013). Aber m.E. sagen die Zahlen über diese AU-zeiten wie auch über die drastischen Rentenzugänge bei den Renten wegen Erwerbsminderung erst einmal nicht aus, dass diese Probleme tatsächlich häufiger geworden sind, sondern vor allem, dass die Individuen wie die Gesellschaft, für die Themen der psychischen Befindlichkeit sowie etwaiger kritischer Abweich-ungen empfindsamer geworden sind und diese dann zu schnell als pathologisch bewertet. Neben den Ärzten, die in diese Prozesse eingebunden sind, nehmen wichtige gesellschaftliche Institutionen – wie die Politik, die Gewerk-schaften aber insbesondere auch die Medien dabei eine prominente Rolle ein. Wenn wir unsere Lebenssituation allzu oft und an allzu vielen Orten als so brisant und gefährlich gewertet sehen, ist es nicht erstaunlich, dass die Individuen eine größere Bereitschaft zeigen, sich und ihre Lebensbe-dingungen als kritisch – als pathologisch – wahrzunehmen. Dies insbesondere unter Bedingungen, in denen die An-sprüche an das eigene Wohlergehen doch ausgesprochen hoch sind; unsere Gesellschaft formuliert hohe Ansprüche an Gesundheit, die von der Weltgesundheitsorganisation als vollständiges psychisches, soziales und körperliches Wohl-befinden definiert wird (WHO, 1948).

Ich plädiere dafür, dass wir unsere Gesellschaft und dominierende Entwicklungen wie z.B. die Digitalisierung nicht unnötig schlecht reden sollten, auch wenn es genügend Themen gibt, die Sorge bereiten können. Dazu zählen z.B. die

psychosoziale Verelendigung oder Exklusion von Langzeit-
arbeitslosen, Armut, die emotionale Vernachlässigung von
Kindern aus sozial prekären Lebensverhältnissen, über-
forderte Eltern mit psychischen Problemen etc. Wir wissen
heute, dass in unserer Gesellschaft Menschen ohne Arbeit
deutlich mehr psychische Probleme aber auch körperliche
Erkrankungen sowie eine höhere Sterblichkeit aufweisen als
Menschen mit Erwerbstätigkeit. Das Ursachengefüge dabei ist
ein Vielfältiges. Insofern ist natürlich die Frage von großer
Bedeutung, ob durch die Digitalisierung Arbeitsplätze verloren
gehen. Und was aus den Menschen wird, wenn wir weniger
Arbeit haben oder weniger arbeiten müssen. Höttge hat in
dem bereits mehrfach angesprochenen Interview gesagt, dass
die Menschen dann mehr Zeit hätten und der Gedanke eines
bedingungslosen Grundeinkommens ihnen dann existenzielle
Ressourcen zum Leben zur Verfügung stellen könnte. Im
weiteren Verlauf dieses Interviews ging es dann um die Frage,
inwieweit diese Menschen ohne Arbeit in der Lage wären, ein
gutes und kreatives Leben mit Selbsterfüllung führen zu
können.

Hier kann man an die zentrale Frage, was die Digitalisierung
mit den Menschen macht anknüpfen. Wir sind nicht
grundsätzlich und hilflos derartigen Entwicklungen ausgeliefert. Entscheidend wird sein, wie wir und unsere
Gesellschaft sich zukünftig entwickeln. Soweit wir aufgrund
unserer Biografie, d. h. in der Familie, der Schule, der
Ausbildung und den beruflichen wie in den privaten Kontexten
eine relativ gute psychosoziale Basis in Bezug auf die
Kompetenzen aufweisen, die Menschen benötigen, um mit
sich selbst wie mit dem sozialen Umfeld/ der Gesellschaft
konstruktiv umgehen zu können, sollten wir auch in der Lage
sein, mit der digitalisierten Welt adaptiv umzugehen. D.h., wir
benötigen die Fähigkeit, uns in unseren Bedürfnissen,
Intentionen, Impulsen – aggressiven wie freundlich-zuge-
wandten – selbst zu regulieren und den Austausch bzw. die
Interaktion mit anderen sozial verantwortlich zu gestalten. In
der Sprache der Psychologie benötigen wir Menschen mit
einer gut strukturierten Persönlichkeit, die als Voraussetzung

für diese Kompetenzen anzusehen ist. Und die Persönlichkeit entwickelt sich relativ früh in ihren Grundzügen, über die Beziehungserfahrungen in den ersten Lebensjahren. Während dieser Entwicklungsphase bekommen Menschen einen „Rucksack" gepackt, mit dem sie in ihr Leben gehen; dieser enthält Ressourcen aber auch Hemmnisse auf den unterschiedlichsten psychosozialen Ebenen, z.B. Gefühle, Kognitionen, Verhalten. Und auf dem weiteren Lebensweg werden sie mit neuen Eindrücken, Herausforderungen oder Erfahrungen konfrontiert, die sie zu bewältigen und zu integrieren haben. Dies gelingt in vielen Fällen. Aber es kann natürlich auch zu passageren psychosozialen Dekompensationen kommen, wenn die Erfahrungen die Bewältigungsmöglichkeiten des Einzelnen überfordern. Ein Extremfall ist die Posttraumatische Belastungsstörung. Jedoch geht es in der Regel um viel diskretere Herausforderungen oder Überforderungen, die dann zu einer psychischen Erkrankung führen können.

Aus all dem ist zu folgern, dass wir und unsere Gesellschaft grundsätzlich das Heft in der Hand haben, was uns und unsere Zukunft angeht. Die Voraussetzung dafür ist, dass wir handelnde und selbstbewusste Akteure unseres Lebens in unserer Gesellschaft sind, diese auch nach unseren Bedürfnissen und Notwendigkeiten gestalten. D.h. dafür politisch auf der großen und der kleinen – alltäglichen - Ebene Sorge tragen, uns engagieren und dafür sorgen, dass unsere Lebens- wie Arbeitsverhältnisse unseren Wachstums- und Entwicklungsanforderungen entgegenkommen. Vielleicht mag dies naiv klingen aber ich frage mich, was an der heutigen Zeit mit ihren Entwicklungstendenzen so qualitativ anders sein soll, als das, was die frühe Industrialisierung für die dörfliche Gemeinschaft im ausgehenden Mittelalter bedeutet hat.

Abschließend soll nur noch einmal darauf hingewiesen werden, dass jede nachhaltige qualitative Veränderung im Prozess der Industrialisierung, also verbunden mit der Einführung neuer Technologien, jeweils massive Ängste und Irritationen ausgelöst haben. Dies gilt für die Entwicklung des

Telefons im 18. und 19. Jahrhundert und insbesondere für die Einführung der Eisenbahn im ausgehenden 19. Jahrhundert, als diese weitere Strecken auch im Personenverkehr überwunden hat. Bereits damals war die einhellige gesellschaftliche Wertung, dass diese den Menschen komplett überfordern würde und es wurde der Krankheitsbegriff der Neurasthenie geprägt, der die Erschöpfung und die Unfähigkeit sich in dieser Welt zu behaupten, bezeichnet hat. Das rasante Tempo, mit dem die Eisenbahn Entfernungen zurücklegen würde, sei zu hoch, als dass dieses die Menschen psychisch bewältigen würden. Eine andere Interpretation zum Zustandekommen dieses „Krankheitsbildes" bestand darin, dass die Erfahrung einer Fahrt mit der Eisenbahn sowie das damit verbundene „Ruckeln" der Züge, eine unnatürliche sexuelle Erregung forcieren würde, die zu den hier genannten psychischen Problemen führen würde. Diese haben sich im Übrigen mit dem Beginn des 1. Weltkrieges nachhaltig gelegt. Dafür gab es ein neues psychiatrisches Krankheitsbild – die Kriegszitterer – die Freud (Jz) dazu motiviert haben, zu fordern, dass die reine Psychoanalyse durch kürzere und effektivere Maßnahmen, die Psychotherapie, ersetzt werden sollte.

So erscheint es mir nicht als unsensibel oder unreflektiert zu fragen, ob wir nicht mit den hier diskutierten Entwicklungen zu ängstlich oder alarmiert umgehen. Wichtiger ist mir die Frage, warum unsere Gesellschaft diese ausgeprägte Neigung aufweist, Alles zu dramatisieren.

Literatur:

American Psychiatric Association Diagnostic and Statistical Manual of Mental Disorders DSM-V. (2013). Fifth Edition. Arlington, VA, American Psychiatric Association.

Boes, A., Kämpf, T. Langes, B. Lühr, T. (2014). Informatisierung und neue Entwicklungstendenzen von Arbeit. Arbeits- und Industriesoziologische Studien, 7, 1, 5-23.

Bundesministerium für Bildung und Forschung: Arbeit in der digitalisierten Welt" im Rahmen des FuE-Programms "Zukunft der Arbeit" als Teil des Dachprogramms "Innovationen für die Produktion, Dienstleistung und Arbeit von morgen". 11. Februar 2015

Die Drogenbeauftragte der Bundesregierung: Computerspiel und Internetsucht. www.drogenbeauftragte.de/drogen...-/computerspiel-und-internetsucht.html, 18.6.2015

Ehrenberg, A. (2008). Das erschöpfte Selbst. Depression und Gesellschaft in der Gegenwart. Frankfurt am Main: Suhrkamp.

Freudenberger, H. (1974). Staff burn-out. J.Soc.Issue. 30:159-165.

Han, B.-C. (2015). Psychopolitik Neoliberalismus und die neuen Machttechniken. Frankfurt am Main: Fischer.

Herausforderungen und Potenziale der digitalen Arbeitswelt. Vortrag auf der Tagung des IZA und der Ludwig-Erhard-Stiftung am 4. Februar 2015 in Berlin, http://www.ludwig-erhard-stiftung.de/termin/berliner-ludwig-erhard-symposion/ zugegriffen am 17.1.2016

Höttges, T. (2016). "Der Unterschied zwischen Mensch und Computer wird in Kürze aufgehoben sein": Die Zeit, 01/2016.

Institut der Deutschen Wirtschaft Köln. (2015). Ein Drittel der Unternehmen ist auf Digitalisierung ausgerichtet. www.iwkoeln.de/studien/iw-studien.

Jugendstudie Baden Württemberg: www.jugendstiftung.de/index.php?id=128, zugegriffen am 27. Oktober 2015.

Keupp,H. , Ahbe, T., Gmür W. u.a. (2006). Identitätskonstruktionen. Das Patchwork der Identitäten in der Spätmoderne. Reinbek: Rowohlt.

Markowetz, A. (2015). Digitaler Burn-Out. München: Dromer.

Mc Ewen, B.S. (2007). Physiology and Neurobiology of Stress and Adaption: Central role of the Brain. Physiological Reviews, 87, 873-904.

Picot A., Neuhäuser R. (2016). Arbeit in der digitalen Welt. Zusammenfassung der Ergebnisse der AG1-Projektgruppe anlässlich des IT-Gipfel-Prozesses 2013. Münchner Kreis, Übernationale Vereinigung der Kommunikationsforschung. https://www.bmwi.de/.../arbeit-in-der-digitalen-welt,property=pdf,bereic., *Zugriff 17.1.16.*

Rothlin, P., Werder, P. (2007). Bore-Out – Warum Unterforderung im Job krank macht. Heidelberg: Redline Wirschaft.

Schneider, W. (2013). Medikalisierung sozialer Prozess. Psychotherapeut, 58, 219-236.

Shellstudie (2015). z.B. www.shell.de/ jugendstudie.

Spitzer, M. (2012). Digitale Demenz. München: Droemer.

Ulich, E. (2005). Arbeitspsychologie. Stuttgart: Schaeffer Poeschel. 6. Auflage.

Verdi: Alles digital? Arbeit 4.0, 10.-11. Juni 2015.

Verdi: Arbeitswelt, Selbstbestimmung und Demokratie im digitalen Zeitalter; 10. und 11. September 2014.

Weltgesundheitsorganisation (WHO): Constitution oft the World Health Organisation 1948. www.who.int/governance/.../who_constitution_en.p; *zugegriffen am 17.1.2016.*

www.spiegel.de › Netzwelt ›web>Mark Zuckerberg; 1.7.2015, zugegriffen am 2.11.2015.

Zimmermann, K. F. (2015). Soziale Marktwirtschaft in Zeiten der digitalen Revolution". Berlin.

Digitalisierung - Fluch oder Segen für unsere Lebenswelt?

Tim Hagemann

Die Begriffe Digitalisierung und Arbeit 4.0 sind in aller Munde. Kein Tag, an dem nicht die Chancen und Risiken fortschreitender Automatisierung, Digitalisierung und technischer Assistenzsysteme diskutiert werden. In der Süddeutschen Zeitung sind in den letzten 12 Monaten über 1.100 Artikel allein unter dem Stichwort „Digitalisierung" erschienen[1]. Schon vor Schirrmachers Bestseller (Payback, 2011) standen dabei mahnende Stimmen hoch im Kurs. Nach Atomkraft, saurem Regen, Privatsendern, Klimawandel wird nun die Bedrohung des Abendlandes in der Digitalisierung gesehen. Die Entwicklung scheint so enorm, dass viele von einer Revolution, also einer gesellschaftlichen Umwälzung sprechen, die ähnliche Veränderungen mit sich bringen wird, wie Dampfmaschine, Elektrifizierung, Automobil oder die elektronische Datenverarbeitung.

Ob die aktuelle Umwälzung positiv genutzt und einhergehende Risiken beherrscht werden können, hängt davon ab, ob der „inhaltsleeren" Beschleunigung von Rechenprozessen, ein sinnvoller Einsatz entgegengestellt werden kann. Und ob die Gesellschaft bereit ist, möglichen Risiken durch gesetzliche Regelungen und gesellschaftliche Normen zu begegnen. In ausdifferenzierten Gesellschaften mit langwierigen Entscheidungsprozessen ist dies eine Herausforderung.

Eine digitalisierte Welt, in der Daten und Informationen weltweit ausgetauscht werden, verführt Konzerne dazu, Steuervermeidungsstrategien anwenden und in scheinbar rechtfreien Räumen zu agieren. Andrerseits zeigen die Offshore-Leaks, dass die Digitalisierung ein Steuerparadies mittels einer handlichen 2,6 Terabyte Speicherplatte ausheben und Millionen Steuersünder vor Gericht bringen kann. In den westlichen Ländern ist dadurch die „Steuermoral" nachdrücklich gestiegen, da „sichere Räume" zur Steuerhinterziehung nicht mehr existieren – der Digitalisierung sei Dank.

Die digitale Welt kann konspirierende und unheimliche Plattformen bieten. Die Waffe des in München amoklaufenden

---

[1] Stichwortsuche am 12.10.2016

Schülers wurde im sogenannten „Darknet" erworben. Aber es gibt auch dort für niemandem Anonymität - der Händler konnte durch seinen digitalen Fingerabdruck sofort dingfest gemacht werden. Hätte der Schüler die „Theaterwaffe" in der nahen Tschechei legal und bar erworben, wäre dies kaum nachzuverfolgen gewesen. Menschen mit krimineller Energie nutzen neue Technologien. Aber für mafiöse Netzwerke braucht es kein Internet. Nach dem das Drogennetz „Silk Road" aufgedeckt und die Beteiligten verhaftet wurden, ist der Nimbus der Anonymität und Sicherheit des sogenannten Darknets weg. Ein Blick in die Daten zeigt, dass Straftaten in Europa, trotz Darknet und Cybercrime, deutlich zurückgehen – entgegen aller medialen Hysterie.

Aber „Peer-to-Peer-Overlay-Netzwerke" können Menschen in Diktaturen helfen, staatliche Zensuren zu unterlaufen oder uns helfen, der Datensammlerwut von Firmen und Staaten zu entkommen. Die abgeschüttelte soziale Kontrolle einer Dorf- oder Hausgemeinschaft wird heute durch ein heimliches Sammeln menschlicher Spuren abgelöst. Die Enthüllungen von Edward Snowden werfen ein beängstigendes Licht auf dieses Phänomen. Die Gesellschaft muss hier zwischen Sicherheit und Freiheit sowie zwischen unbegrenzter Kommunikation und Privatsphäre abwägen. Das man sich jeglichen digitalen Fingerabdrücken entziehen kann, zeigte der NSU und aktuell die dritte Generation der RAF. Letztere begeht regelmäßig Raubüberfälle unmaskiert. Obwohl Namen, Aussehen und DNA bekannt sind, gibt es keine Ermittlungserfolge. Ohne die heutige Technik, aber durch ein Spitzelsystem, scheinen vergangene totalitäre Regime, effizienter in Ihrer totalen Überwachung gewesen zu sein.

Leider neigen Auguren dazu, die Entwicklung versimpelnd linear und im Unbehagen zur eigenen Lebenserfahrung und Sozialisation zu beschreiben. Carl Benz schrieb über seine ersten Überlandfahrten, dass sich „draußen in den Dörfern eine Debatte vernichtender Kritik" über seine Erfindung ergab[2]. Heute sind die Menschen auf dem Lande beseelt vom Automobil. Die Einführung der Hausnummerierung wurde als „gefährliche staatliche Kontrolle" bekämpft – bis dahin konnte die Obrigkeit nicht ausmachen, wo jemand wohnt. Heute möchte niemand trotz leidiger Meldepflicht, vieler Verkehrstoter und Landschaftszerstörungen auf eine Adresse oder Mobilität verzichten. Beides kann einem das Leben retten, wenn man zu Hause einen Herzanfall erleidet und wenige Minuten später die Ambulanz vor der eigenen Haustür steht. Die gesellschaftlichen Reaktionen auf technische Fortschritte sind komplex und divergierend. Die Erfindung der Videokassette ließ die Besucherzahlen von Kinos nicht versiegen, sondern rasant steigen. Trotz aller „Verführungen" durch das Internet ist die Generation der Digital Natives auffällig bodenständig, wert- und familienorientiert.

Der Bestseller-Roman „The Circle" mag nette Belletristik sein. Aber die lemminghafte Naivität der dortigen Protagonisten trifft nicht die Realität. Im Silikon-Valley sind nicht nur verblendete Visionen einer digitalen Welt, sondern viele Bedenken zu hören. Vor kurzem haben sich dort die größten Konzerne zusammengetan, um gemeinsame ethische Richt- und Grenzlinien für die Entwicklung künstlicher Intelligenz verbindlich festzulegen. Privatsphäre und Freiheit ist für jeden Amerikaner unentbehrliches Lebenselixier – eine europäische Meldepflicht inklusive der staatlichen Kontrolle undenkbar.

Die Wechselwirkungen zwischen technischen Möglichkeiten und gesellschaftlichen Veränderungen sind schwer vorauszusehen. Was sich aber zeigt, ist das enorme Adaptionsvermögen und inzwischen wohl Integrations-vermögen des Menschen. Was heute eine fremde Utopie darstellt, kann morgen alltäglich sein. Was gestern für die Auguren ein Schreckensszenario war, sind heute tolerierte Nebeneffekte gesellschaftlicher Errungenschaften. Diejenigen, die heute vor den vermeintlichen Gefahren des Smartphones,

---

[2] Carl Benz, Lebensfahrt eines deutschen Erfinders

Darknet oder Facebook warnen, nutzen wie selbstverständlich Kühlschrank, Auto und ihren PC.

Es gibt stets eine „Trägheit" oder Verzögerung mit denen technische Entwicklungen gesellschaftliche Akzeptanz finden. Erinnert sei an das Jahr 2000 in dem die sogenannte dotcom-Blase platzte. Nach anfänglicher Euphorie über die technischen Möglichkeiten betrachtete man das Ganze als einen übertriebenen Hype. Niemand glaubte letztendlich, dass Reisen oder Bücher *online* gekauft werden. Aus heutiger Sicht hat man die Möglichkeiten der ökonomischen Nutzung des Internets damals unterschätzt. Noch 2010 galt das autonome Fahren als ferne Fiktion. In naher Zukunft wird „menschgesteuertes Fahren" der Vergangenheit angehören, und dies nicht, weil niemand mehr selbst fahren möchte, sondern weil keine Versicherung unfallträchtige Selbst-fahrende zu bezahlbaren Konditionen versichern wird - eine selbstfahrende Maschine wird dem Menschen in komplexen Verkehrsgeschehen hoffnungslos überlegen sein. Und die Dynamik dieser Entwicklung wird zunehmen – mehr noch: Vieles spricht dafür, dass die Möglichkeiten, die die Digitalisierung bietet, sich erst entfalten. Digitale Technologien und Roboter werden unseren Alltag prägen. Sie vernetzen zunehmend Menschen, Geräte und Gegenstände miteinander und schaffen neue Formen der Interaktion und der Kommunikation. Solche Systeme werden in atemberaubendem Tempo autonomer und können unabhängig von menschlicher Steuerung agieren und reagieren.

Erst Ende der 1950ger Jahren begann Jack Kilby erstmals Transistoren, Widerstände und Kondensatoren zu einem Bauteil namens Computerchip zusammenzufügen. Fortan war es Ziel, die Anzahl an Transistoren pro Flächeneinheit zu erhöhen (Integrationsdichte). Die parallele Ausführung binärer Operationen wurde somit in unglaublicher Geschwindigkeit möglich. Ohne diesen Vorgang ist die digitale Revolution nicht zu verstehen. Im Jahr 1965 veröffentlichte der Intel-Mitbegründer Gordon Moore in der Zeitschrift *Elektronics* einen Artikel, der in die Geschichte einging. In dem Artikel mit dem lapidaren Titel: „Craming more components into integrated circuits" stellte Moore die (damals) gewagte Hypothese auf, dass es ca. alle ein bis zwei Jahre gelingen sollte, doppelt so viele Bauteile in einen Chip zu „stopfen". Er sollte recht behalten und dies nicht nur für die von ihm vorausgesagte Zeitspanne von 15 Jahren. Um sich die Dynamik einer exponentiellen Entwicklung vor Augen zu halten, ist die Legende bezüglich der Erfindung des Schachbrettes und ihrer Belohnung dafür erhellend. Der Erfinder lobte sich vom damaligen Herrscher ein Reiskorn aus, welches allerdings mit jedem Feld des Schachbrettes verdoppelt werden sollte. Der Herrscher war anfangs tief beindruckt und erfreut von der Bescheidenheit des Erfinders und sagte ihm diese Belohnung sofort zu. Etwa angekommen bei der Hälfte des Brettes, dem 32. Feld, dürfte dem Herrscher langsam das Lachen ver- und der Reis ausgegangen sein. Nach 64 Feldern ist man bei der unglaublichen Zahl von 18,4 Trillionen Reiskörnern. Es gibt schöne Rechenbespiele zu dieser Menge. Sie würde beispielsweise ausreichen, um eine Milliarde Menschen 3.000 Jahre mit dem ausreichenden Kalorienbedarf zu versorgen und mit dem nächsten Feld wären dies schon 6.000 Jahre[3]. Dies zeigt, wir haben kein Gefühl für exponentielle Entwicklungen. Seit 1965 hat sich etwa alle 18 Monate die Rechenleistung verdoppelt. Moore erntete Kopfschütteln als er für 1975 die unglaubliche Zahl von 65 Tausend Komponenten auf einem Chip voraussagte. Die heutigen Chips sind bei deutlich über 1 Mrd. Das „32. Feld auf dem Schachbrett" ist übersprungen.

Seitdem wirken Computer als Tempomaschinen mit einem Beschleunigungsschub von besonderer Intensität und Breitenwirkung. Allerdings ist die Digitalisierung im Gegensatz zu analogen Prozessen, erst einmal eine wesenslose Schnelligkeit. Es geht um die Beschleunigung an sich,

---

[3] http://martin-thoma.com/der-kaiser-von-china-und-der-reis

immer schnellere Prozessoren und weniger die Beschleunigung für etwas (Herrmann, 2009).

Wie schon zur industriellen Revolution, als die Erfindung der Dampfmaschine, bis dahin geltende natürliche Beschränkungen außer Kraft setzte, scheinen auf einmal die technischen Möglichkeiten größer zu sein als die menschliche Vorstellung. Waren noch vor kurzem eine fehlerfreie Spracherkennung oder gar eine Echtzeitübersetzung von Sprachen in weiter Ferne, sind diese Entwicklungen nun absehbar. Die viel zitierten „intelligenten" Kühlschränke werden nicht nur Vorräte erkennen und diese selbstständig ordern, sie werden dies auch aufgrund von durchschnittlichen Verbrauchswerten und in Abstimmung mit den Terminkalendern der Familienmitglieder. Die im Badezimmerboden integrierte Waage und die automatische Analyse des Urins geben zudem Ernährungshinweise oder warnen vor Wechselwirkungen mit einer aktuellen Medikation. Auch hier werden wirtschaftliche und ökologische Gründe treibend wirken. Die Verringerung des Lebensmittelberges, des Stromverbrauchs oder kostspieliger verhaltensbedingter Zivilisationserkrankungen sind schlagkräftige Argumente. Autonome Systeme zum Management von Verbrauchsmaterialien werden z. B. in Krankenhäusern helfen, die knappen finanziellen Ressourcen optimal einzusetzen. Zudem können dort Routineprozesse wie Temperaturmessungen und andere Elemente der Pflegedokumentation durch Sensoren, bildgebende Verfahren usw. automatisiert werden. Dies kann helfen, den demographischen Wandel industrialisierter Gesellschaften zu bewältigen und Autonomie bis ins hohe Alter für viele Menschen zu erhalten.

Die Entscheidung zum „Smarthome" wird jedem selbst überlassen sein. Aber vermutlich wird die anfängliche Skepsis bezüglich des Datenschutzes und einer Überwachung, in einer technikaffinen Gesellschaft zu Gunsten der möglichen Vorteile und einer sozialen Anpassung weichen. Und es braucht nicht viel Phantasie, um sich vorzustellen, ein auf Technik und Statistik beruhendes biomedizinisches Gesundheitssystem durch eine allumfassende technische Assistenz zu ergänzen. Schneller als jeder Mensch ist ein weltweitvernetztes Anamnesetool in der Lage, sich aktualisiertes Wissen zu Krankheitssymptomen und Therapien anzueignen. Fachärzte/innen müssten im Monat hunderte Stunden lesen, um die für ihr Fachgebiet relevanten Veröffentlichungen zu lesen. Inzwischen gibt es Software (vgl. Text Mining), die wissenschaftliche Artikel auswerten und aufbereiten kann. Und durch Echtzeit-Rückmeldungen – also eine automatisierte Erfassung aller Symptome und deren Verläufe eingespeist in eine Datenbank – würde sich das System stetig optimieren. Schnell werden Ärzte/innen in Erklärungsnot kommen, wenn sie gegen den Rat - einer für Patienten/innen und Kranken-kassen transparenten computergestützten Analyse - Medikamente oder Operationen empfehlen. Die signifikante Abnahme von fehlerhaften oder unnötigen Verschreibungen und Behandlungen wird alle Bedenken - dem Logarithmus der Maschine Vorrang über die menschliche Expertise zu geben - bei Seite schieben. Diese und ähnliche Fragen werden zurzeit auf Kongressen diskutiert[4].

Eine Verhaltensbeeinflussung durch digitale Technologien mag in manchen Fällen durchaus erwünscht sein, um z.B. selbstgesteckte Ziele bezogen auf ein gesundheitsförderliches Verhalten zu erreichen. Apps und die dazugehörigen Geräte können aber durch Unternehmen wie Versicherungen eingesetzt werden, um mangelndes Gesundheitsverhalten - was immer dies sein mag - zu sanktionieren. Die Bonus-regelungen der Krankenkassen gehen in diese Richtung. Damit wird aus dem privaten Hilfsmittel des Einzelnen ein soziales und finanzielles Druckmittel. Zudem eröffnen digitale Technologien die Möglichkeit, personenbezogene Daten zu sammeln, auszuwerten und zu nutzen. Solche Datenanalysen können für Werbezwecke ebenso genutzt werden, wie zur Überwachung von Mitarbeitenden und für die Beeinflussung der politischen Meinungsbildung – totalitäre Staaten wie China und Russland, aber auch Konzerne wie Facebook und Google

---

[4] http://www.stiftung-muench.org/wp-content/uploads/2015/11/Kongress1.pdf

zeigen aktuell in erschreckender Form wie subtil und effektiv dies funktionieren kann.

Der allgegenwärtige Einsatz vernetzter und digitalisierter Technik bringt vielfältige Herausforderungen für die Gesellschaft mit sich. Denkbar ist, dass autonome Systeme Menschen im Alter mehr Autonomie – auch ohne finanzielle Ressourcen – erhalten und zu einer sozialen Gerechtigkeit in einer Gesellschaft mit demographischer Schieflage beitragen. In vielen Bereichen verspricht der technische Fortschritt, überwältigende Lösungen anzubieten. Durch körpernahe Hilfsmittel oder Implantate können vielerlei sensorische Fähigkeiten verbessert werden. Technische Hilfsmittel zur Kommunikation, Orientierung oder Bewegung können für viele Menschen Teilhabe ermöglichen. Universale Übersetzungsapps auf unseren Smartphones werden Sprachbarrieren auflösen. Menschen in Regionen mit geringer Infrastruktur können über das Internet Informationen und Wissen beziehen oder Vorlesungen an einer fernen Eliteuniversität besuchen. Mit Hilfe von Drohnen können Güter in abgelegenen Gegenden bestellt und ausgeliefert werden und medizinische Untersuchungen *online* stattfinden. Schon jetzt zeigt sich, dass die Einführung des Mobiltelefons und der damit einhergehende Zugang zum Internet sich für viele Farmer und Fischer in entlegenen Regionen gewinnbringend auswirkt. Sie vermeiden Zwischenhändler und können besser ihre Produkte vermarkten. Viele gewachsene Ungleichheiten bezüglich der zur Verfügung stehenden Ressourcen könnten reduziert werden, wenn die zukünftige Schlüsselressource „Wissen, Daten und Informationen" allen Menschen in ähnlicher Form zur Verfügung steht. Und in der Tat haben Menschen in Regionen Indiens und Chinas dieses nutzen können. Dort ist die Armut in den letzten 20 Jahren dramatisch zurückgegangen. Waren vor 30 Jahren in China noch 60% unterhalb der Armutsgrenze sind dies heute gerade noch 4%.[5]

Auswirkungen auf die Gesundheit des Menschen

---

[5] http://www.faz.net/aktuell/wirtschaft/arm-und-reich/wo-die-armut-in-der-welt-verschwunden-ist-14449204.html

Automatisierungen, Vernetzungen, sich selbst steuernde Arbeitswerkzeuge und der leichte Zugriff auf Informationen und Dateien vereinfachen die Arbeit und ermöglichen flexible Arbeitszeiten und –orte. Angebote zur mobilen Arbeit werden gerne in Anspruch genommen und erleichtern die Vereinbarkeit von Familie und Beruf. Viele körperliche Belastungen lassen sich durch assistierende Maschinen vermeiden. Indes sind viele Arbeitsprozesse durch Maschinen und digitale Steuerung so optimiert und aufeinander abgestimmt, dass das menschliche Leistungsvermögen limitierend wirkt. Daten und Informationen werden in rasender Geschwindigkeit verarbeitet. Man rechnet schon in Attosekunden, also eine Milliardstel von Milliardstel Sekunde - der Mensch kann hingegen in einer Spanne von 30 Millisekunden Ereignisse diskret wahrnehmen. In einer globalen „Echtzeit" beeinflusst eine Äußerung der US-Notenbankpräsidentin augenblicklich den deutschen Aktienmarkt. Analoges wird in 1/0 kodiert und überall verfüg- und kopierbar. 3-D Drucker ersetzen den Transport. Weder Zeit noch räumliche Distanz geben den Mitarbeitenden Puffer. Berufliche Terminanfragen kommen in Echtzeit im fernen Urlaubsdomizil an. Das fehlende Bauteil wird sofort gedruckt. Hatte bis Ende des 19. Jahrhundert jeder größere Ort hierzulande seine eigene Zeitzone ausgerichtet am jeweiligen Sonnenstand, nimmt die heutige Weltzeit keine Rücksicht auf die menschliche Chronobiologie. Ein evolutionärer Ausdruck der Anpassung des Menschen an den 24h-Zyklus und die damit verbundenen Lebensbedingungen weichen zugunsten eines globalisierten vernetzten Zeitkonzeptes, in der die Sonne niemals untergeht. Termine rund um die Uhr mit stetiger Erfordernis zu inneren Justierung sind die Folge.

„Die Prozesse zunehmender ökonomischer und politischer Verflechtung drängen auf eine Angleichung unterschiedlicher Lebensweisen. Das lineare Zeitkonzept entspricht unserer modernen Zeitauffassung, die an der physikalisch-mathematischen Zeitvorstellung ausgerichtet ist und die vormals zyklische Bewegungen zu einer Linie

ausstreckt. Durch diese globalen Zeit- und Raumverhältnisse finden wir uns auf der Hochgeschwindigkeitsstrecke einer Nonstop-Gesellschaft wieder" (Herrmann, 2009).

Erfahrungen und vorhandenes Wissen werden rasch obsolet und niemand weiß, welche Herausforderungen die nahe Zukunft bringt. Die Gegenwart ist nur noch ein flüchtiger Augenblick, denn die Welt verändert sich unaufhörlich. Will man sein Überleben gewährleisten, darf man niemals ruhen. Vielfältige Überforderungen, von der basalen Datenverarbeitung (Bytes pro Sekunde) bis zu den Anforderungen eines lebensbegleitenden Lernens, liegen nahe.

Aber die Digitalisierung lässt sich nicht auf eine Automatisierung von Arbeitsprozessen reduzieren, sondern sie geht mit einer fließenden alles ineinandergreifen Arbeitswelt, kurzum mit einer anderen Arbeitsphilosophie einher. Prozesse stehen im Mittelpunkt und werden so organisiert, dass sie ohne Fehler und Verzögerungen ausgeführt werden können. Im Bereich der Montage und Produktion hat eine Reorganisation nach den Grundsätzen eines *lean production* stattgefunden. Diesem Arbeitsprinzip folgend wird jegliche Ineffizienz und Verschwendung durch die Verkettung der Arbeitsplätze mit einer just-in-time Vorgabe eliminiert. Fehler und Verzögerungen werden in kontinuierlichen Verbesserungsprozessen (Kaizen) mehr und mehr beseitigt. Arbeitswissenschaftlich ist es umstritten, welche Auswirkungen dies auf die Mitarbeitenden hat. Während einerseits betont wird, dass der Kaizen Gedanke Mitarbeitende mit ihren Fähigkeiten stärker in den Vordergrund rückt (vgl. Vidal, 2007), stellen andere den erhöhten Zeitdruck und den Abbau zeitlicher Puffer durch die maschinelle Taktung in den Vordergrund (Babson, 1995; Anderson-Connoly et al., 2002). Roboter arbeiten präzise und schnell - dieser Taktung ist der Mitarbeitende ausgeliefert. Moderne Produktionssysteme sind effizient – so konnte die Produktionszeit eines Autos von über 100 auf unter 15 Stunden reduziert werden. Aber dieses fragile System lässt keine Fehler zu. Steht ein Band still, kommen alle nachgelagerten Arbeitsschritte ebenfalls zum Stillstand. Dies erhöht den Druck auf die Mitarbeitenden. Eine fortschreitende Digitalisierung mit einer angestrebten Massenfertigung mit Losgröße 1 wird diesen Druck forcieren. Die Frage ist, ob die Ressourcen ausreichen, die veränderten physischen, kognitiven, emotionalen Anforderungen zu bewältigen?" Auffallend ist, dass sich in den einschlägigen Datenbanken vergleichsweise wenige Veröffentlichungen zum Thema Digitalisierung, *lean production* und Gesundheit finden. Die ersten systematischen Studien sind in den USA und Kanada durchgeführt worden als die Autohersteller ihre Produktionen automatisierten und die Arbeitsplätze verketteten. Diese Studien zeigten, dass die gesundheitlichen Auswirkungen auf die Mitarbeitenden differenziert zu bewerten sind. Zwar sind deutliche Senkungen in den Belastungen durch vermindertes Heben, Tragen und Halten von schweren Lasten zu beobachten, aber es entstehen neue Risiken. Sogenannte *cumulative trauma disorders* häufen sich (Brenner, Fairris & Ruser, 2003). Diese Syndrome sind Folge repetitiver Tätigkeiten wie sie in der Montage, aber auch durch die Bedienung von Maus und Tastatur entstehen und betreffen vor allem Sehnen und Nerven. Darunter zählen Nervenschädigungen wie das Carpal Tunnel Syndrome oder Sehnenentzündungen wie die DeQuervain's Disease. Möglichkeiten der Verhaltensprävention sind spezifische Entspannungsübungen zur Entlastung der entsprechenden gefährdeten Sehnen, Nervenbahnen oder Muskelpartien.

Hinsichtlich des psychischen Druckes berichten erste Studien eher über eine Zunahme der subjektiv empfundenen Beanspruchungen (Mehri, 2006; Anderson-Connoly et al, 2002). Nach einer Umstellung der Produktionslinien auf *lean production* gaben in vielen untersuchten Betrieben die Mitarbeitenden an, dass die Arbeitsbelastungen gestiegen seien. Mitarbeitende empfanden, dass der Zeitdruck deutlich zugenommen hätte und sie einer stärkeren Überwachung hinsichtlich ihrer Leistung unterliegen. Aktuellen Daten lassen befürchten, dass dieser Trend anhält, da die AU-bedingten Fehltage aufgrund psychischer Erkrankungen deutlich zunehmen. Insbesondere Mitarbeitende mit klassischen Ausbildungsberufen (Industrieschlosser etc.) fügen sich in diese hochautomatisierten Arbeitswelten schwer ein. Heutige Ausbildungen (Mechatroniker etc.) mögen besser darauf vorbereiten, aber stetige, intensive Weiterbildungen werden wohl unabdingbar. Aktuelle Studien lassen vermuten, dass nicht lean production per se zu erhöhten psychischen Beanspruchungen führt, denn bei einer mitarbeiterorientierten und partizipativen Umsetzung (Empowerment) kann sich das Wohlbefinden und die Gesundheit der Mitarbeitenden auch verbessern (Sim, Curatola & Banerjee, 2015).

In allen Arbeitsfeldern rücken spezifische Belastungen wie Arbeitsunterbrechungen, Multitasking und Zeitdruck aufgrund erhöhter Arbeitsdichte in den Vordergrund. Im Zusammenhang mit dem beklagten Zeitdruck haben verschiedene Autoren auf das Paradoxe hingewiesen (vgl. Kluge, 1985; Herrmann, 2009; Rosa, 2013). Trotz einer enormen Vereinfachung von vielen Kommunikations- und Arbeitsabläufen bleibt immer weniger Zeit für diese. Einen Brief per eMail anstatt per Schreibmaschine, Couvert und Post zu versenden, spart enorme Zeit. Aber Menschen nutzen Effizienzsteigerung nicht für Muße, sondern füllen diese mit mehr Aufgaben. Dieses Phänomen zieht sich durch die Entwicklung der Zivilisation. Trotz enormer Vereinfachungen und Zeiteinsparungen bei Arbeiten im Haushalt, beim Reisen oder in der Datenverarbeitung klagen alle über einen Mangel an Zeit. Denn es wird mehr gewaschen, häufiger verreist und es werden mehr Daten verarbeitet. Dies erklärt, wieso, trotz Automatisierung und technischer Assistenz, die Anzahl der Arbeitsplätze in Deutschland nicht abgenommen haben. Zwar konnten viele Arbeitsschritte automatisiert werden, aber viele Arbeitsabläufe sind so aufwendig und komplex gestaltet, dass es mehr Mitarbeitende braucht, diese zu planen, zu überwachen, zu warten und zu optimieren. Das Siemenswerk in Amberg ist hierfür ein Beispiel - es hat einen zukunftsweisenden Automatisierungsgrad, trotzdem haben sich dort die Anzahl der Mitarbeitenden nicht reduziert.

Menschliche Tätigkeiten durch Maschinen auszuführen, wird nicht nur Arbeitsplätze verändern und viele bedrohen, sondern wirft auch ethische Fragen auf. Es besteht die Gefahr, dass eine verstärkte Technisierung zu neuen Abhängigkeiten, zu mehr Überwachung, Datenmissbrauch und dem Verlust vieler (menschlicher) Kompetenzen führt. Je autonomer Maschinen handeln, desto dringlicher stellen sich zudem die Fragen nach der ethischen Grundlage von Maschinen getroffenen Entscheidungen. Und wer trägt die Verantwortung für die Ausführungen? Wer bestimmt den Takt der Prozesse oder wie Reber (2013) pointiert formuliert: „Was ist der Unterschied zwischen Mensch und Maschine? Der Mensch kann etwas, was die Maschine nicht kann. Er kann den Lauf der Dinge von sich aus unterbrechen. Die Fähigkeit, Funktionsabläufe zu unterbrechen, das „Räderwerk" anzuhalten, zu den Abläufen im wahrsten Sinne des Wortes Stellung zu beziehen, diese Fähigkeit nennt man Freiheit" (Reber, 2013, S. 56)."

Literatur

Anderson-Connoly, R. , Grunberg, L, Greenberg, E., S. & Moore, S. (2002). Is Lean Mean? Workplace Transformation and Employee Well-being. Work Employment & Society, 16, S. 389-413.

Babson, S. (1995) (Hrsg.), Lean work: Empowerment and exploitation in the global auto industry. Detroit, MI: Wayne State University Press.

Herrmann, A. (2009). Grundlagen einer integrativen Zeittheorie. Verlag Westfälisches Dampfboot. Münster.

http://www.sueddeutsche.de/digital/silicon-valley-warum-fuenf-tech-giganten-gemeinsam-kuenstliche-intelligenz-erforschen-1.3184678.

http://appsso.eurostat.ec.europa.eu/nui/show.do?dataset=crim_gen&lang=en.

Kluge 1985: Der Angriff der Gegenwart auf die übrige Zeit. Das Drehbuch zum Film. Marburg.

Mark D. Brenner, M., D., Fairris, D. & Ruser, J. (2003). "Flexible" Work Practices and Occupational Safety and Health: Exploring the Relationship Between Cumulative Trauma Disorders and Workplace Transformation. Industrial Relations, 43, S. 242-266.

Mehri, D. (2006). The Darker Side of Lean: An Insider's Perspective on the Realities of the Toyota Production System. Acadamy of Management Perspectives, S. 21-42.

Reber, J. (2013). Christlich-spirituelle Unternehmenskultur. Kohlhammer Verlag. Stuttgart.

Rosa, H. (2013). Beschleunigung und Entfremdung - Entwurf einer kritischen Theorie spätmoderner Zeitlichkeit. Suhrkamp Verlag Berlin.

Sim, K., L, Curatola, A., P. & Banerjee, A. (2015). Lean Production Systems and Worker Satisfaction: A Field Study. Advances in Business Research, 6, S. 79-100.

Vidal, M. (2007). Lean production, worker empowerment, and job satisfaction: A qualitative analysis and critique. Critical Sociology, 33, 247-278.

Räumliche, zeitliche und psychische Entgrenzung durch flexible Arbeitsformen

Burkhard Schmidt

1. Motivation

Globalisierung, demographischer Wandel und Digitalisierung verändern unsere Arbeitswelt in einer Weise, die Chancen, aber auch Risiken für unsere Gesundheit und Arbeitsqualität und in der Folge für die Produktivität insgesamt bergen. So wie der Nettobeschäftigungseffekt der Digitalisierung (neue Arbeitsplätze abzüglich verlorener Arbeitsplätze) über alle Branchen in Deutschland auf positive 8% beziffert (DIHK, 2015). Aber es zeichnen sich deutliche Gewinner und Verlierer ab. Während die Kommunikations- und die Dienstleistungsbranche boomen werden (mit Nettozuwächsen bis zu 16%) steht der Finanzwirtschaft ein Umbruch bevor mit potentiellen von Verlusten von 21% der Nettobeschäftigung (DIHK, 2015). Diese Veränderung und steigenden Marktanforderungen erforderte eine Veränderung von zentralen, stabilen Arbeitsverhältnissen zu dezentraleren und flexibleren Arbeits- und Organisationsformen. Im gleichen Zuge hat aber auch eine zunehmende Entgrenzung von Privat-und Berufsleben stattgefunden (Kastner, Falkenstein & Hinding, 2014).

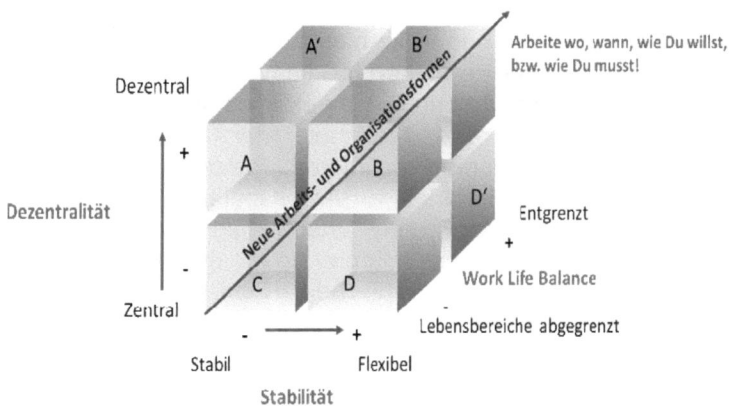

Hinsichtlich: Ort, Zeit, Tätigkeit, Organisationsform, Person

Abbildung 21: Neue Arbeits-, Organisations- und Lebensformen (Kastner et al., 2014)

So zieht die zunehmende Verbreitung und Komplexität von Informations- und Kommunikationsformen (IKT) eine Vielzahl potentieller Konsequenzen für die Arbeitswelt nach sich. Eine wesentliche Veränderung zeigt sich in der räumlichen und zeitlichen Flexibilisierung der Arbeitswelt, welche es zunehmend mehr Arbeitnehmerinnen und Arbeitnehmern erlaubt, an frei gewählten Orten und zu frei gewählten Zeiten zu arbeiten (Badura et al., 2012). Viele verbinden damit die Motive, Produktivität zu erhöhen und die Vereinbarkeit von Privat- und Berufsleben zu verbessern (Tietze & Nadin, 2011). Gerade auch durch den „war for talents" und Fachkräfte- mangel können Unternehmen so attraktiv um High potentials werben. Demnach kann zeitliche und räumliche Flexi- bilisierung eine Chance für Beschäftigteals auch für Arbeit- geber darstellen und wird gerade deshalb oft in beidseitigem Interesse praktiziert (Pangert & Schüpbach, 2013).

Mit diesen Chancen müssen Arbeitgeber und Beschäftigte jedoch verantwortungsvoll umgehen, denn solche Arbeitsweisen erfordern ein hohes Maß an individueller Selbstkontrolle, Disziplin und Kommunikationsfähigkeit (Paridon & Hupke, 2009). Welche Folgen hat es, wenn wir unser mobiles Büro immer bei uns haben und theoretisch sehr leicht jederzeit arbeiten könnten? Die Merkmale der daraus folgenden ständigen Erreichbarkeit definieren Pangert & Schüpbach (2013) als die Verfügbarkeit für Arbeitsbelange außerhalb der regulären Arbeitszeit und unabhängig vom regulären Arbeitsort, insbesondere durch neue IKT-Medien. Diese Möglichkeit kann zu psychischen (Fehl-)Beanspruchungen führen, wenn man keine klaren Grenzen zwischen Privat- und Berufsleben ziehen (kann) und die notwendige Erholung von der Arbeit nicht ausreichend stattfindet (Ashforth, Kreiner & Fugate, 2000; Sonnentag & Fritz, 2014). Entscheidende moderierende Faktoren stellen in diesem Zusammenhang vor allem das objektive Ausmaß der Erreichbarkeit, dessen Regulierung (z.B. Rufbereitschaft als Beispiel für regulierte, vereinbarte Erreichbarkeit) und die erforderliche Reaktionszeit dar (Pangert & Schüpbach, 2013). So stellen sich potentielle Probleme ständiger Erreichbarkeit sicherlich weniger ein, wenn ausreichend Zeitpuffer vorhanden ist um auf Emails, Anfragen etc., zu reagieren und man nicht während des Restaurantbesuchs mit der Gattin nervös eine schnelle, oft undurchdachte Email schreiben muss.

Die Auswirkungen von der zunehmenden zeitlichen und räumlichen Flexibilisierung lassen sich nicht eindimensional und gleichermaßen auf alle Beschäftigten übertragen sondern hängen weiterhin von weiteren Einflussfaktoren ab (Kastner, 2014). Wie schon gesagt kann angenommen werden, dass sowohl positive wie auch negative Effekte nur unter bestimmten Bedingungen auftreten. Wahrscheinlich existieren Zusammenhänge zwischen Flexibilisierung und Gesundheit/Leistung, die durch Merkmale der Person (z.B. Selbstmanagement), der Situation (z. B. Arbeitsdruck, Befugnis, Verantwortung) und der Organisation (z.B. Vertrauens- und Fairnesskultur, Belohnungs-/Sanktionsmöglichkeiten, Regulierung) moderiert werden (Kastner, 2014). In empirischen Studien hat sich bereits gezeigt, dass die persönliche Vorliebe für oder gegen eine stärkere Durchmischung von Privat- und Berufsleben und entsprechende Strategien, beides auch im privaten Haushalt voneinander abzugrenzen, von zentraler Bedeutung ist (Fonner & Stache, 2012; Park, Fritz & Jex, 2011). Neben der persönlichen Situation und Persönlichkeitsmerkmalen spielen aber auch das direkte Arbeitsumfeld und die Arbeitsorganisation eine wesentliche Rolle. Klassische Führungskonzepte beruhen auf Präsenzkulturen. Bei Vorgesetzten sind demnach Bedenken hinsichtlich ihrer Kontroll- und Kommunikationsmöglichkeiten weit verbreitet und gelten damit als Hemmnisse (Greer & Payne, 2014; Nicklin, Cerasoli & Dydyn, 2016), auch hinsichtlich der interessierten Selbstgefährdung ihrer Mitarbeiter. Darüber hinaus spielt der Grad an Autonomie über berufliche Tätigkeiten eine zentrale Rolle (Glavin, Schieman & Reid, 2011). Für die Auswirkungen von zeitlicher und räumlicher Entgrenzung sind also nicht nur das Arbeitsumfeld, die Arbeitsorganisation und die Beziehungen zu Vorgesetzten und Kollegen sondern auch Persönlichkeit und familiärer Hintergrund von Bedeutung.

In welchem Zusammenhang diese Faktoren miteinander und letztendlich mit den erwarteten Auswirkungen von räumlicher und zeitlicher Entgrenzung stehen, ist bisher jedoch nicht hinreichend erforscht. Auf der einen Seite wird die gewonnene Freiheit durch IKT-Nutzung außerhalb der Arbeit durchaus mit mehr Zufriedenheit verbunden (Diaz, Chiaburu, Zimmerman & Boswell, 2012). Im Gegenzug steigt aber auch das Spannungsfeld zwischen Familie und Arbeit (der sog. „work family conflict") und psychische Belastung (Arlinghaus & Nachreiner, 2013; Diaz et al., 2012; Fenner & Renn, 2010; Glavin et al., 2011; Park et al., 2011). Erste eigene Untersuchungen zeigen, dass es Mitarbeitergruppen gibt, die sich durch die berufsbedingte IKT-Nutzung wenig beansprucht fühlen, aber auch Gruppen, die deutlich erhöhte Risiken für Burnout (durch psychische Erschöpfung) zeigen (Schmidt et al., 2014). Darüber hinaus lassen sich Gruppen identifizieren, deren Work Life Balance (WLB) positiv mit entgrenzter Arbeit zusammenhängt und andere, deren WLB darunter leidet.

Dabei ist bisher ungeklärt, ob die Digitalisierung Ursache oder lediglich Symptom von höherer Beanspruchung ist und welche anderen Faktoren eine Rolle spielen. Für viele Unternehmen stellt sich deshalb die Frage, wie zeitliche und räumliche Flexibilisierung ausgestaltet sein sollte und welche persönlichen, situativen und organisationalen Faktoren zu berücksichtigen sind um gesunde und leistungsfähige Mitarbeiter und Führungskräfte zu bewahren. Im Folgenden soll die wissenschaftliche Evidenz zu Chancen und Risiken dieser neuen Realität zusammengetragen und resümiert werden.

2. Zahlen, Daten Fakten

Nähern wir uns dem Thema zunächst mit verfügbaren statistischen Informationen.

Daten des IFD Allensbach zeigen, dass 23,9 Mio. Deutsche ab 14 Jahren (34,5% bei einer Grundgesamtheit von 69,24 Mio.) es als wichtig empfinden ständig erreichbar zu sein (IFD Allensbach, 2016). Weiterhin gaben deutschlandweit rund 58 Prozent abhängig Beschäftigter (n=540) an, sich durch ihre Erreichbarkeit für ihren Arbeitgeber oder ihre Firma außerhalb der regulären Arbeitszeit nicht gestresst zu fühlen (Infratest, 2015). In der gleichen repräsentativen Umfrage erklärten 36% der Befragten, dass sie immer außerhalb der regulären Arbeitszeit für ihren Arbeitgeber per Mail oder Telefon erreichbar sind, 22 % der Befragten lehnten dies ab. Auf die Frage welche Faktoren im Job als besonders belastend empfunden werden (Mehrfachnennungen möglich) schätzen 23% ständige Erreichbarkeit als Belastung ein (n=1000 Beschäftige, (Techniker Krankenkasse, 2013). Im Vergleich schätzten bspw. 65% der Befragten die Menge der Arbeit als größtes Problem ein. Wiederum bei der Frage nach Hauptursachen für Stress im Job wurde die Informationsüberflutung und ständige Erreichbarkeit als zweites genannt (33 %) (Techniker Krankenkasse, 2013). Weitere repräsentative Daten zur Erreichbarkeit für Kollegen/ Vorgesetzte außerhalb der Arbeitszeit zeigen, dass 9,4 % der Personen, die ein hohes oder sehr hohes Maß an Erreichbarkeit außerhalb der Arbeitszeit boten, in den zurückliegenden 12 Monaten mindestens einmal wegen psychischer Beschwerden krankgeschrieben worden sind (Kordt, 2013). Demgegenüber stehen 6,2% mit gleicher Symptomatik, die kaum oder gar nicht erreichbar sind. In der gleichen Befragung wurde auch die Häufigkeit der Telefonkontakte außerhalb der Arbeitszeit erfasst. Es zeigte sich, dass 84,6% der Befragten fast nie oder nur gelegentlich betroffen waren, demgegenüber stehen 8,8% die mehrmals in der Woche bzw. fast täglich (2%) kontaktiert werden (Kordt, 2013).

Tabelle 2: Belastung durch email außerhalb der Arbeitszeit (Kordt, 2013, 85)

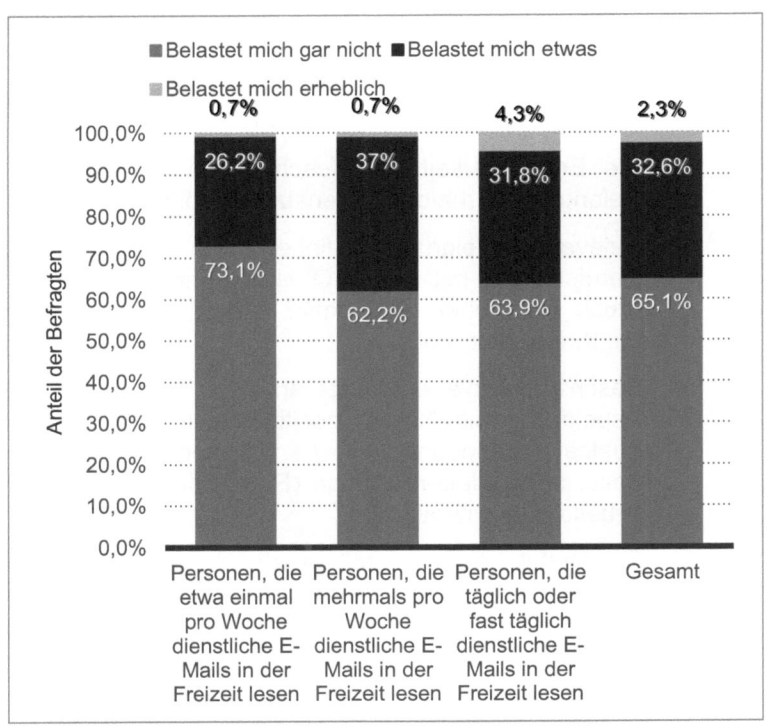

In diesem Kontext zeigt Tabelle 1 in Bezug auf dienstliche Emails außerhalb der Arbeitszeit einen deutlichen Anstieg der subjektiven Belastung, wenn dies täglich der Fall ist. Dennoch ist der Prozentsatz mit 4,3 % relativ gering. Eine umfassende Studie des BMAS subsummiert folgende Erkenntnisse zu mobilem und entgrenztem Arbeiten (Arnold, Steffes & Wolter, 2015):

- In Deutschland herrscht noch immer eine starke Anwesenheitskultur.

- Heimarbeit gilt allgemein als unregelmäßige Ausnahme in deutschen Betrieben

- Oft fehlen die technischen oder strukturellen Voraussetzungen für Homeoffice.

- Homeoffice wird verstärkt Führungskräften und im Dienstleistungssektor angeboten

- Die Erreichbarkeit der Beschäftigten für dienstliche Belange außerhalb der Dienstzeit erhöht sich.

- Relevante Zielgruppen finden sich vor allem in Berufsbildern mit hoher Qualifizierung, hohem Zeitdruck und hoher Autonomie, außerdem bei Frauen, die Kinder betreuen.

- Beschäftige, die entgrenzt arbeiten, bewerten diese Aspekte grundsätzlich positiv hinsichtlich Arbeitsqualität, -zufriedenheit sowie wahrgenommener Fairness, aber erleben häufiger Rollenkonflikte zwischen Arbeits- und Privatleben.

- Ein Drittel der Angestellten, die nie von zu Hause arbeiten würde dies gerne tun und bewerten Zufriedenheit und Verbundenheit mit dem Betrieb schlechter.

Betrachtet man all diese Informationen zeichnet sich, wie erwartet, ein heterogenes Bild, dass deutlich zeigt, dass es noch viele zu schließende Wissenslücken sowie Gestaltungspielräume gibt. In einem nächsten Schritt betrachten wir die potentiellen Risiken psychischer Entgrenzung differenzierter.

3. Psychischer Entgrenzung

Aus Sicht der Psychologie muss die Frage gestellt werden, inwieweit die oben genannten Situationen Auswirkungen auf die menschliche Psyche im Arbeits- und Privatleben nimmt, deren Folgen man als psychische Entgrenzung bezeichnen könnte. Hierbei stehen die Interaktionen zwischen individuellen Merkmalen (Person) und Ihrer erlebten Arbeitssituation sowie den begleitenden organisationalen Faktoren im Vordergrund. Die bereits beschriebene neue Flexibilität wird in Verbindung gebracht mit mehr Konflikten zwischen Arbeit und Familie (Derks, Bakker, Peters & van Wingerden, 2016; Diaz et al., 2012), weniger „abschalten" von der Arbeit (Derks, ten Brummelhuis, Zecic & Bakker, 2012; Derks, van Duin, Tims & Bakker, 2015) und schlechterer subjektiver Gesundheit (Arlinghaus & Nachreiner, 2013). Wir konnten in einer eigenen Untersuchung in 2 Firmen mit insgesamt 6517 Befragten zusätzlich zeigen, dass diejenigen, die sich durch oben beschriebene technologische Anforderungen im Arbeitsleben (z.B. Bewältigung der Informationsflut durch Smartphone, Vermischung von Freizeit und Arbeitszeit oder Abhängigkeit der Karriere von permanenter Erreichbarkeit) beansprucht fühlen deutlich höhere Risiken für Burnout bzw. depressive Symptome berichteten (Schmidt et al., 2014)[6]. Diese Befunde müssen allerdings noch erweitert werden, da sie wesentliche zusätzlich beeinflussende Größen nicht mit berücksichtigen. Moderatoren, also verstärkende oder abschwächende Faktoren wie bspw. der persönliche Organisationsgrad, Priorisierung von Aufgaben, aktive Abgrenzung, Verpflich-tungsgefühle oder die individuellen Präferenzen und Persön-lichkeit können als mögliche Ansatzpunkte dienen um die psychische Entgrenzung besser zu verstehen (Sonnentag &

---

[6] In der Studie wurden zusätzlich Alter, Geschlecht, Gewicht, körperliche Aktivität, Alkoholkonsum, Rauchen, Partnerschaftsstatus und Managementzugehörigkeit kontrolliert.

Fritz, 2014; Schmidt et al., 2014). Wie man sieht handelt es sich bei diesen Moderatoren um größtenteils erlernbare und trainierbare Kompetenzen. Diese Kompetenzen kombiniert mit einem Organisationsumfeld, das ebenfalls dies Besonderheiten dieser neuen Flexibilität berücksichtigt, ermöglicht ggf. die Reduktion der oben genannten Risiken und das Nutzen des vollen Potentials dieser neuen Arbeitsformen.

Ernsthafte negative Folgen wie Burnout, Depression und auch körperliche Symptome finden sich, wenn über die Zeit die vorhandenen Ressourcen die steigenden Anforderungen im Arbeitsleben nicht mehr bewältigen können. Insofern stellt sich aber ebenfalls die Frage ab wann die diese hier diskutierte und oft von Arbeitnehmern gewünschte Flexibilität keine Ressource mehr darstellt, sondern zur Beanspruchung durch die Arbeit beiträgt und wie dem entgegengewirkt werden kann. Dies stellt neue Herausforderungen an die Arbeitsorganisation gute Lösungen zu entwickeln, die das Nutzen der Chancen unter Minimierung der Risiken ermöglichen. Dazu zählen unter anderem Entwicklungen neuer Führungs- und Kommunikationskulturen, die nicht mehr auf Präsenz basieren genauso wie das Aufrechterhalten der Schutzfunktion einer Organisation oder auch arbeitsrechtlicher Fragestellungen. Dies sind sicherlich die Gestaltungsaufgaben von Unternehmen, die mit der Digitalisierung und Flexibilisierung schritthalten wollen.

Literatur:

Arlinghaus, A. & Nachreiner, F. (2013). When Work Calls— Associations Between Being Contacted Outside of Regular Working Hours for Work-Related Matters and Health. *Chronobiology International, 30* (9), 1197–1202. doi:10.3109/07420528.2013.800089.

Arnold, D., Steffes, S. & Wolter, S. (2015). *BMAS Monitor Mobiles und entrgrenztes Arbeiten.* Berlin.

Ashforth, B.E., Kreiner, G.E. & Fugate, M. (2000). ALL IN A DAY'S WORK: BOUNDARIES AND MICRO ROLE

TRANSITIONS. *Academy of Management Review*, *25* (3), 472–491. doi:10.5465/AMR.2000.3363315.

Badura, B., Ducki, A., Schröder, H., Klose, J., Meyer, M., Usch, K.B. et al. (2012). Fehlzeiten-Report 2012. (B. Badura, A. Ducki, H. Schröder, J. Klose & M. Meyer, Hrsg.), 131–138. Berlin, Heidelberg: Springer Berlin Heidelberg. doi:10.1007/978-3-642-29201-9.

Derks, D., Bakker, A.B., Peters, P. & van Wingerden, P. (2016). Work-related smartphone use, work-family conflict and family role performance: The role of segmentation preference. *Human Relations*, 1–24. doi:10.1177/0018726715601890.

Derks, D., ten Brummelhuis, L.L., Zecic, D. & Bakker, A.B. (2012). Switching on and off: Does smartphone use obstruct the possibility to engage in recovery activities? *European Journal of Work and Organizational Psychology*, (August), 1–11. doi: 10.1080/ 1359432X.2012.-711013.

Derks, D., van Duin, D., Tims, M. & Bakker, A.B. (2015). Smartphone use and work-home interference: The moderating role of social norms and employee work engagement. *Journal of Occupational and Organizational Psychology*, *88* (1), 155–177. doi:10.1111/joop.12083.

Diaz, I., Chiaburu, D.S., Zimmerman, R.D. & Boswell, W.R. (2012). Communication technology: Pros and cons of constant connection to work. *Journal of Vocational Behavior*, *80* (2), 500–508. Elsevier Inc. doi:10.1016/j.jvb.2011.08.007.

DIHK. (2015). *Wirtschaft 4.0: Große Chancen, viel zu tun*.

Fenner, G.H. & Renn, R.W. (2010). Technology-assisted supplemental work and work-to-family conflict: The role of instrumentality beliefs, organizational expectations and time management. *Human Relations*, *63* (1), 63–82. doi:10.1177/0018726709351064.

Fonner, K.L. & Stache, L.C. (2012). All in a day's work, at home: Teleworkers' management of micro role transitions and the work-home boundary. *New Technology, Work and Employment, 27* (3), 242–257. doi:10.1111/j.1468-005X.2012.00290.x.

Glavin, P., Schieman, S. & Reid, S. (2011). Boundary-Spanning Work Demands and Their Consequences for Guilt and Psychological Distress. *Journal of Health and Social Behavior, 52* (1), 43–57. doi:10.1177/0022146510395023.

Greer, T.W. & Payne, S.C. (2014). Overcoming telework challenges: Outcomes of successful telework strategies. *The Psychologist-Manager Journal, 17* (2), 87.

IFD Allensbach. (2016). Anzahl der Personen in Deutschland, die es wichtig finden, immer erreichbar zu sein, von 2012 bis 2015 (in Millionen). Zugriff am 13.9.2016. Verfügbar unter: http://de.statista.com/statistik/daten/studie/264373/umfra ge/einstellung--bedeutung-staendiger-erreichbarkeit/.

Infratest, T. (2015). *Gute Arbeit: Ohne Druck.*

Kastner, M., Falkenstein, M. & Hinding, B. (2014). *Leistung, Gesundheit und Innovativität im demographischen Wandel.* Lengerich: Pabst Science Publ.

Kordt, M. (2013). *DAK-Gesundheitsreport 2013.*

Nicklin, J.M., Cerasoli, C.P. & Dydyn, K.L. (2016). Telecommuting: What? Why? When? and How? In J. Lee (Hrsg.), *The Impact of ICT on Work* (S. 41–70). inbook, Singapore: Springer Singapore. doi:10.1007/978-981-287-612-6_3.

Pangert, B. & Schüpbach, H. (2013). Die Auswirkungen arbeitsbezogener erweiterter Erreichbarkeit auf Life-Domain-Balance und Gesundheit, 48. Verfügbar unter: http://www..de/dok/4580542.

Paridon, H. & Hupke, M. (2009). Psychosocial Impact of

Mobile Telework :, 1–20.

Park, Y., Fritz, C. & Jex, S.M. (2011). Relationships between work-home segmentation and psychological detachment from work: The role of communication technology use at home. *Journal of Occupational Health Psychology, 16* (4), 457–467. doi:10.1037/a0023594.

Schmidt, B., Herr, R., Sonntag, D., Steffes, S., Wondratschek, V., Schneider, M. et al. (2014). Associations of technological work demands with burnout and depressive symptoms – findings from two cross-sectional studies. *Das Gesundheitswesen, 76* (08/09). doi:10.1055/s-0034-1387009.

Sonnentag, S. & Fritz, C. (2014). Recovery from job stress: The stressor-detachment model as an integrative framework. *Journal of Organizational Behavior,* n/a-n/a. doi:10.1002/job.1924.

Techniker Krankenkasse. (2013). *Studie zur Stresslage der Nation.*

Tietze, S. & Nadin, S. (2011). The psychological contract and the transition from office-based to home-based work. *Human Resource Management Journal, 21* (3), 318–334. doi:10.1111/j.1748-8583.2010.00137.x.

Prävention in der Arbeitswelt 4.0

Rainer Thiehoff

Herausforderungen digitalisierter Arbeit

Die immer schneller voranschreitende Digitalisierung der Wertschöpfungsprozesse verändert unsere Lebens- und Arbeitswelt dramatisch, ob jetzt oder künftig. Neben einer ganzen Reihe von Vereinfachungen, Verbesserungen und Innovationen, sind mit den Veränderungen aber auch neue Risiken und Gefahren verbunden. Diese betreffen die Gesundheit, vor allem die psychische oder mentale, die Qualifikation und das Lernen sowie den Wandel der Werte, Einstellungen und damit verbunden, der Motivation zur Arbeit.

Durch die Analyse der technischen Möglichkeiten zur Veränderung der Produktions- und Dienstleistungsprozesse werden die Art der Veränderungen und Veränderungs-notwendigkeiten der beruflichen Tätigkeit erkennbar. Zu-sammenfassend, aber ohne Anspruch auf Vollständigkeit, lassen sich folgende Entwicklungen identifizieren (BAMS, BMBF, 2016)

- Ort- und Zeitflexibilität der Arbeit nehmen zu
- die arbeitsbezogene Erreichbarkeit weitet sich aus
- die Flexibilitätsanforderungen, vor allem an die Arbeitsorganisation, steigen
- das Eingehen auf individuelle Kundenanforderungen wird zunehmend intensiver
- die Anforderungen an Technikverständnis, Selbstorga-nisation und Lernen werden höher.

In der Summe wird die Arbeit intensiviert, die Komplexität der Rahmenbedingungen des Arbeitens und der Tätigkeit selbst sowie die Dynamik der Arbeitsprozesse und ihrer Steuerung nehmen gleichzeitig zu. Diese verstärkte „Dynaxität" (Kastner 2013). der Arbeitswelt bedeutet vor allem eines: Der notwendige Aufwand und die persönliche Inanspruchnahme der eigenen Ressourcen steigen an. Damit müssen wir alle lernen umzugehen und bessere Lösungen finden als bisher, damit wir die Risiken und Gefahren der neuen Arbeitswelt beherrschen und nicht sie uns.

Harald Welzer, Direktor der Futurzwei Stiftung und Professor an den Universitäten Flensburg und St. Gallen, stellte 2015 auf der Tagung „Digitalisierung und psychische Gefährdung" die These auf, dass den psychischen Belastungen und Beeinträchtigungen infolge der Digitalisierung der Lebens- und Arbeitswelt nur durch die Zurückgewinnung der Kontrolle über unsere Energie begegnet werden kann. An verschiedenen Stellen belegt er diesen nachvollziehbaren Gedanken (Welzer, 2014). Indem Beschäftigte vom Objekt zum Subjekt der Veränderung werden, kann es Ihnen gelingen Belastungen zu begrenzen, Ressourcen planvoll aufzubauen und ein Erwerbsleben eigenverantwortlich zu gestalten.

Unser Gehirn ist generell auf Energiesparen programmiert. Computer, Smartphones oder Drohnen kommen dem entgegen, indem sie Zeit und Energie sparen (Händeler, 2005). Bei allem durchaus sinnvollen Energiesparen geht jedoch verloren, dass jede Energieeinsparung immer auch mit einem Verlust an Kontrolle verbunden ist. Indem externen Systemen Aufgaben zum effizienteren Umgang übertragen werden, werden die Akteure zunehmend von ihnen abhängig. Sie verlernen selbst zu denken und verlieren Freiheiten, zum Beispiel die Freiheit, selbst über Richtung und Details zu entscheiden. Vermutlich deshalb nannte Welzer seinen bereits erwähnten Vortrag im Untertitel auch „das besetzte Selbst".[7] Welche Konsequenzen hat diese Überlegung für das Verständnis von Prävention in der durch Digitalisierung veränderten Arbeitswelt?

1. Veränderungen und Veränderungsnotwendigkeiten

Es gibt viele Untersuchungen zu den Auswirkungen der Digitalisierung auf die Arbeitswelt und damit auch auf die Gestaltung einer guten, schädigungslosen, entwicklungs- und lernförderlichen beruflichen Tätigkeit. Die umfassendste ist der

---

[7] Analog dazu sparen auch totalitäre Systeme individuelle Energie, indem sie den Individuen fatalerweise viele Entscheidungen abnehmen – analog wie es bestimmte Software durch Nutzung künstlicher Intelligenz vermag. Der Preis dafür ist bekannt: der Verlust von Freiheit und Selbstbestimmung.

entsprechende Dialogprozess des Bundesministeriums für Arbeit und Soziales mit dem im November 2016 vorgelegten bisherigen Ergebnis, dem Weißbuch Arbeiten 4.0. (BMAS, 2016).

Ein Schwerpunkt der konstatierten Gestaltungsaufgaben wird in der Qualifizierung der Beschäftigten gesehen, damit sie besser mit den Herausforderungen der Digitalisierung umgehen können. Ein weiterer Schwerpunkt wird in der Gestaltung der Arbeitszeit identifiziert. Schutz vor Überforderung und Entgrenzung, Respekt vor den Arbeitszeitwünschen der Beschäftigten und ein neues flexibleres Arbeitszeitgesetz werden ins Visier genommen. Außerdem wird eine Weiterentwicklung des Arbeitsschutzes gefordert, der vor allem auf psychische Belastungen und gute Führung Bezug nehmen soll.

Die Bundesanstalt für Arbeitsschutz und Arbeitsmedizin untersucht aktuell die psychische Gesundheit in der Arbeitswelt mit einem umfassenden, systematischen und auf Handlungsempfehlungen gerichteten Ansatz. Auch wenn dieses umfangreiche wissenschaftliche Grundsatzprojekt noch nicht abgeschlossen ist, so ist das erarbeitete Instrumentarium doch bereits besonders gut für Handlungs- und Regelungsoptionen geeignet und damit auch für die Auseinandersetzung mit den Herausforderungen der neuen Arbeitswelt (BAuA, 2016).

Im Sinne von Ursache und Wirkung findet man hier ein einzigartiges Instrumentarium, mit dem sich die digitalen Herausforderungen analysieren und Interventionen finden lassen. Das nachfolgende Schaubild zeigt die Wirkungswege von Stressoren und Ressourcen (BAuA, 2016, Zwischenergebnisse) mit den direkten Einflüssen auf Gesundheit/ Energie und Motivation sowie der indirekten Wirkung auf die Organisation.

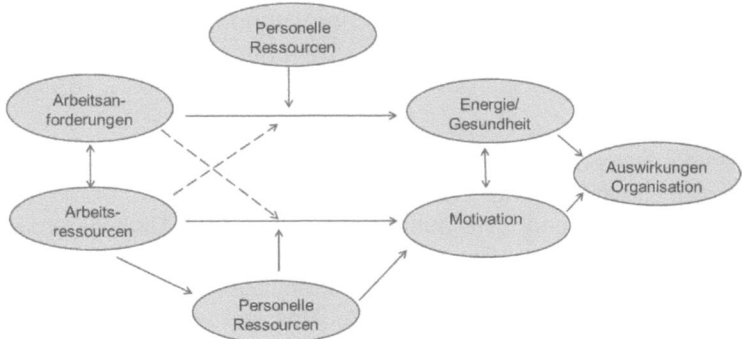

Quelle: Bundesanstalt für Arbeits- und Gesundheitsschutz, 2016.

Vier Arbeitsbedingungsfaktoren werden unterschieden, um die Wirkungen auf die psychische Gesundheit sinnvoll analysieren zu können: Arbeitsaufgabe, Arbeitszeit, Führung und Organisation sowie Technische Faktoren. Das Grundmodell ist nachfolgend dargestellt.

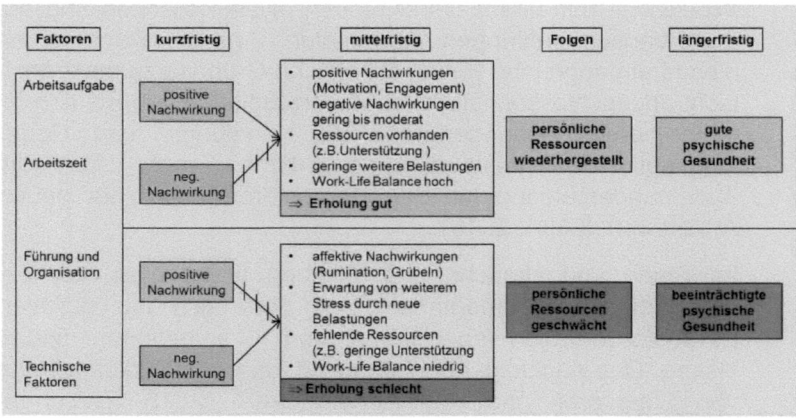

Quelle: Bundesanstalt für Arbeits- und Gesundheitsschutz, 2016.

Für die Feststellung der Auswirkungen der Digitalisierung auf die Prävention sind solche tiefgehenden Analysen ein nützlicher Hintergrund, aber für die grobe Bestimmung der Richtung eines neuen Präventionsansatzes nicht unbedingt erforderlich.

210

Wie sollte der bisherige gesundheitszentrierte Präventionsansatz weiterentwickelt werden, um besser zu den Herausforderungen der Arbeitswelt 4.0 zu passen? Ausgangspunkt dafür ist das Ideal einer guten, schädigungslosen, entwicklungs- und lernförderlichen beruflichen Tätigkeit unter den veränderten Bedingungen.

Die Erkenntnisse der Hirnforschung in den letzten Jahrzehnten dienen als Basis der Überlegungen. Joachim Bauer und Gerald Hüther belegen, dass Menschen die größten Dopamin und Serotonin Ausschüttungen bei gelingenden sozialen Beziehungen aufweisen. In einer Arbeitsumgebung, die kollegiale Zusammenarbeit und soziale Kontakte erfordern, ausdrücklich ermöglichen oder möglicherweise sogar fördern, dürften die Voraussetzungen für eine erfolgreiche Bewältigung der digitalen Herausforderungen daher besonders gut sein. Denn wenn Menschen glücklich sind, können sie nicht gestresst oder überfordert sein.

Nun reichen Glückshormone in Arbeitszusammenhängen allein sicherlich nicht aus, um Menschen im Rahmen einer beruflichen Tätigkeit auf Dauer zufrieden oder erfolgreich zu machen. Aus den verschiedenen Führungstheorien und ihren empirischen Überprüfungen wissen wir, dass neben den positiven Kollegenbeziehungen vor allem die Entwicklung der eigenen Fähigkeiten und Fertigkeiten, u.a. auch für den Ausbau der persönlichen Arbeits- und Beschäftigungsfähigkeit, wichtig sind.

Die Förderung personaler Entwicklung und Qualifikation ist eine wesentliche Rahmenbedingung für die ideale Bewältigungsumgebung. In diesem Zusammenhang spielen zudem die Erkenntnisse um die Neuroplastizität des Gehirns eine Rolle. Nur wenn es gelingt, im Laufe des Lebens und Arbeitslebens immer wieder flexibel Neues zu Lernen und die dazu notwendigen Anstöße zu bekommen, wird die Anpassungsfähigkeit und Problemlösungskompetenz hoch bleiben. Die Frage „Wann hast Du zum letzten Mal etwas zum ersten Mal gemacht?" weist den Weg. Die Gestaltung des Erwerbslebens erfordert neben der Flexibilität auch das

Vorstellungsvermögen, kommende Einschränkungen der Leistungsfähigkeit voraus zu sehen und darauf vorsorglich reagieren zu können.

In den Untersuchungen von Great Place to Work, als Beispiel für diverse andere unternehmenskulturelle Wettbewerbe, wird immer wieder die Bedeutung des Vertrauens zum Unternehmen im Allgemeinen und zu den Führungskräften im Besonderen thematisiert. Vertrauen ist jedoch kein Instrument, das man einfach einsetzt, um ein Ziel zu erreichen. Vertrauen ist vielmehr das Ergebnis von positiven Erfahrungen über einen langen Zeitraum. Diese Erfahrungen werden geprägt durch das Verhalten der Gesamtheit der Akteure einer Arbeitsumgebung, vor allem der Führungskräfte. Zwei immer wieder genannte Verhaltensmuster sind dabei besonders hilfreich: Fairness und Verlässlichkeit – unterstützend wirkt dazu die Wertschätzung, die einem Mitarbeiter entgegengebracht wird. Damit ist der faire und wertschätzende Umgang im Rahmen organisationaler Gerechtigkeit des Unternehmens ebenfalls als maßgeblicher Faktor für die psychische Gesundheit anzusehen.

Im Rahmen dieser Betrachtung sind es vor allem drei Erfolgsfaktoren, die eine gute, schädigungslose, entwicklungs- und lernförderliche berufliche Tätigkeit idealerweise bieten sollte:

- die Ermöglichung gelingender sozialer Beziehungen
- die Förderung der persönlichen Entwicklung und Beschäftigungsfähigkeit
- sowie Fairness und Wertschätzung als Ausdruck organisationaler Gerechtigkeit und Unternehmenskultur.

Welche Rolle spielen diese Faktoren in der Praxis, wenn die Herausforderungen durch die Digitalisierung der Tätigkeiten zunehmen? Unter dem Titel „Machtorientierte Führung hat ausgedient" (Blüher, 2016) untersucht Oliver Blüher die Veränderungen des Managementhandelns, die sich durch die zunehmende Digitalisierung herausbilden. Dazu verwendet er u.a. die Ergebnisse einer Umfrage unter 665 Entscheidern in Deutschland, Österreich und der Schweiz (HR Report 201).

Zunächst wird ermittelt, unter welchen Bedingungen Mitarbeiter sich in einem Unternehmen wohlfühlen, welche Bedingungen für eine gute psychische Gesundheit erfüllt sein sollten. Dazu wird die persönlich empfundene Bindung zum Unternehmen bzw. zum Arbeitgeber herangezogen (Hys HR-Report 2014/15):

- **Wertschätzende Unternehmenskultur und gutes Betriebsklima**
  95% der Entscheider halten eine wertschätzende Unternehmenskultur und ein gutes Betriebsklima für besonders geeignet, um Mitarbeiter an den Arbeitgeber zu binden. 53% geben an dies schon umgesetzt zu haben.
- **Interessante Aufgaben**
  70% der Befragten halten interessante Aufgaben für ein geeignetes Mittel, um Mitarbeiter an den Arbeitgeber zu binden. Umgesetzt haben dies bereits 60%.
- **Marktgerechte Entlohnung**
  63% der Befragten sehen eine marktgerechte Entlohnung als besonders geeignet an, um Mitarbeiter an den Arbeitgeber zu binden. Dies umgesetzt haben 55%.
- **Maßnahmen zur Vereinbarkeit von Beruf und Lebenssituation**
  Um Mitarbeiter an den Arbeitgeber zu binden, haten 67% der Befragten Maßnahmen zur Work-Life-Balance für besonders geeignet. Als bereits umgesetzt betrachten dies 46%.
- **Personalentwicklung**
  Personalentwicklung ist für 63% ein geeignetes Mittel zur Bindung von Mitarbeitern an den Arbeitgeber 45% haben dies bereits umgesetzt.

Die überwiegende Mehrzahl der genannten Kriterien für eine positive Beziehung zu Führungskräften bzw. Unternehmen/Arbeitgeber sind demzufolge eine wertschätzende Unternehmenskultur, ein gutes Betriebsklima, die Sinnhaftigkeit der Aufgabe selbst, die persönliche Entwicklungschance und

Fragen der Vereinbarkeit. Die marktgerechte Entlohnung hat nur eine mittlere Bedeutung.[8]

Bei zunehmender Digitalisierung der Arbeitswelt, stellt Bühler fest, wird die Kommunikation immer wichtiger. Diese verläuft zunehmend vernetzt und verlangt neue Kompetenzen von Mitarbeitern und Führungskräften. Mitarbeiter wollen und sollen selbstbestimmter arbeiten. Führungskräfte nutzen idealerweise die steigende Mitspracheeinforderung ihrer Mitarbeiter vor allem zu deren stärkerer Motivation. Durch den Eindruck der Mitarbeiter, einen direkteren und größeren Einfluss auf den Erfolg des Unternehmens ausüben zu können, zeigen sich erweiterte Handlungsspielräume – mit ihren positiven Auswirkungen auf die psychische Gesundheit.

Der zweite Teil der Untersuchung bestätigt die erwarteten Idealbedingungen erfolgreicher Bewältigung der Digitalisierung der Arbeitswelt. „Von den Arbeitnehmern, die mit ihrem Job zufrieden sind, machten mehr als die Hälfte (60 Prozent) die Kollegen, mit denen sie arbeiten, für ihr Gefühl der Erfüllung am Arbeitsplatz verantwortlich" (Blüher, 2016). Hierin zeigt sich die konzeptionelle Bedeutung gelingender sozialer Beziehungen für die Zufriedenheit mit der Arbeit.

Aus der Gesamtanalyse kommt der Autor zu dem Schluss, dass die Digitalisierung in jeder Hinsicht ein Umdenken in der Arbeitswelt eingeleitet hat. „Führungspersönlichkeiten treffen nun auf Mitarbeiter, die stärker in Teams arbeiten; auf Kunden, die das Produkt in der Crowd selbst gestalten; und auf Partner, die in Entwicklung und Marketing miteingebunden sind (Blüher, 2016)." Damit rückt ein neuer Gedanke in den Fokus: Partizipation, Miteinbindung und Mitgestaltung zur Verbesserung der Produktivität.

2. Neue Wege zur präventiven Gestaltung

In der wissenschaftlichen Diskussion wird dieser Gedanke unter dem Thema transdisziplinärer (sozialer) Nachhaltigkeit

---

[8] Am Rande ist festzustellen, dass die bereits realisierten Umsetzungsprozente noch erheblichen Handlungsbedarf signalisieren.

diskutiert (Huneke, 2013). Durch die Beteiligung aller Betroffenen können sachgerechte und nachhaltig wirkende Lösungen entwickelt werden. Die Compliance, also die Bereitschaft sich an das selbstentwickelte Ergebnis zu halten, ist bei diesem Vorgehen besonders hoch. Dazu werden gemeinsam, z.b. mit den Beschäftigten eines Unternehmens, der Wissenschaft und den gesellschaftlichen Entscheidungsträgern vor Ort praxisgerechte Lösungen gestaltet (ddn). Dieses Vorgehen verbessert den Einfluss der Beschäftigten auf die Gestaltung der Arbeit und erhöht das Erfahren von Selbstwirksamkeit. Damit wird im Sinne von Welzer die Kontrolle über die eigene Energie zurück gewonnen.

Transdisziplinäre Gestaltung nachhaltiger Lösungen

Im transdisziplinären Beteiligungskonzept wird der Wissenstransfer des gemeinsamen strukturierten Erfahrungsaustausches in konkretes Praxishandeln umgesetzt. Der Vorteil liegt dabei nicht nur in der Integration verschiedener Fachdisziplinen und Stakeholder bei der Lösungsentwicklung. Hinzu kommt die massive Verbesserung der Umsetzungschancen durch die Beteiligung der in der Praxis betroffenen Arbeitnehmer und Unternehmen im Rahmen der selbstorganisierten Umsetzung. Organisationspsychologisch ist bekannt, dass selbstentwickelte Praxislösungen zu einer höheren Compliance, also der Bereitschaft sich an die gefundenen Lösungen zu halten, führen – und zwar bei allen Beteiligten.

Der demographische Wandel und die Digitalisierung der Arbeitswelt bringen es mit sich, dass zunehmend mehr berufliche Tätigkeiten nicht mehr bis zum Renteneintrittsalter leistungsfähig ausgeübt werden können. Dies erfordert von den Unternehmen in zunehmendem Maße innovative Personalmanagementkonzepte einzusetzen. Der Rückgang tätigkeitsbezogener Leistungspotenziale mit höherem Alter steht dabei vielfach im Zusammenhang mit gesundheitsgefährdenden Arbeitsbedingungen und fehlenden Möglichkeiten, sich fachlich und persönlich weiterzuentwickeln.

Doch wie lassen sich Erfahrungen, Fähigkeiten und Fertigkeiten alternder Arbeitnehmer besser nutzen? Den Unternehmen steht dazu ein inzwischen reichliches Arsenal an Maßnahmen zur Verfügung, z. B.:

* Alters- und Alternsgerechte Arbeitsplätze
* Betriebliches Gesundheitsmanagement
* Lebensphasenorientierte Personalpolitik
* Altersgemischte Teams
* Wissensmanagement und Lebenslanges Lernen
* Demographieorientierte Tarifgestaltung oder
* Mitarbeiterorientierte Unternehmenskultur.

Doch alle diese Instrumente können nicht verhindern, dass manche, vor allem körperliche Tätigkeiten ab einem bestimmten Alter nicht mehr ausgeführt werden können. In diesen Fällen muss die Tätigkeit selbst verändert, bzw. müssen Beschäftigungsalternativen geschaffen werden. Zur Problemlösung reicht es folglich nicht aus, Prävention allein auf Gesundheit zu beziehen.

Das Erwerbsbiographische Präventionskonzept

Aus Sicht der Beschäftigten ist die Gestaltung der Erwerbsbiographie der Schlüssel für eine gute, schädigungslose, entwicklungs- und lernförderliche berufliche Tätigkeit. Präventive Investitionen in die Gesundheit müssen von Maßnahmen zur beruflichen Qualifizierung ergänzt werden, damit altersbedingte Einschränkungen der Arbeits- und Beschäftigungsfähigkeit durch Tätigkeitswechsel gekontert werden können. Außerdem ist auch die Arbeit an der eigenen Motivation wichtig, damit die mit Tätigkeitsveränderungen verbundenen Neuorientierungen geleistet werden können. Aus präventiver Sicht ist es eben genauso wichtig, gesund und ausgebildet zu sein, wie die neue Tätigkeit motiviert anzugehen.

Für eine erfolgreiche Gestaltung der Erwerbsbiographie ist es zudem erforderlich, möglichst früh mit präventiven Maßnahmen zu beginnen. Um flexibel zu bleiben, ist außerdem eine kontinuierliche Auseinandersetzung mit denkbaren alter-

216

nativen Beschäftigungsmöglichkeiten hilfreich (Neuroplastizität des Gehirns).

Dabei ist es wichtig zu wissen, dass jeder Mensch über Reservemotivationen verfügt, die dann zum Tragen kommen, wenn eine einmal gewählte Tätigkeit, z. B. auf Grund eines Unfalls, nicht mehr ausgeübt werden kann. Je häufiger man im Verlauf eines Arbeitslebens zum Umdenken gezwungen war oder dieses freiwillig getan hat, umso leichter fällt es, alters- oder digitalisierungsbedingte Tätigkeitsveränderungen zu akzeptieren.

Prävention sollte als ein Prozess verstanden werden, der das Erwerbsleben begleitet und gleichermaßen auf die Gesundheit, die Qualifikation und die Motivation abzielt. Nur ein auf die Erwerbsbiographie zugeschnittenes Präventionskonzept vermag die Handlungsalternativen der Beschäftigten und des beschäftigenden Unternehmens dauerhaft zu verbessern.

Erwerbsbiographischer Präventionsansatz

Gesundheit	Belastungswechsel/Veränderungen hinsichtlich physischer/psychischer Belastungsfaktoren
Qualifikation	Neue Aufgaben, neue Herausforderungen, Lernanregungen, Weiterqualifizierung
Motivation	Ermöglichung neuer Erfahrungsbereiche, Erhöhung der Beschäftigungsmöglichkeiten

Das positive Ergebnis so verstandener erwerbsbiographischer Präventionsmaßnahmen liegt nicht nur im individuellen Nutzen für das Erwerbsleben des Beschäftigten selbst, erwerbsbiographische Prävention fördert auch die zwischen-betriebliche Mobilität zwischen Tätigkeiten und Arbeitsplätzen massiv – und wirkt damit den negativen Wirkungen des demographischen Wandel und der Digitalisierung entgegen.

Im Verbundprojekt TErrA des Bundesministeriums für Bildung und Forschung werden erstmalig solche Modelle überbetrieblicher Tätigkeitswechsel in bestehenden Unternehmensnetzwerken entwickelt und erprobt.[9] Durch gemeinsame unternehmens- und mitarbeiterindividuell gestaltete Lösungen für überbetriebliche Tätigkeitswechsel, wird die Arbeits- und Beschäftigungsfähigkeit – vor allem in Berufen mit begrenzter Tätigkeitsdauer – entscheidend verbessert. Das Projekt entwickelt ein innovatives, durch Regionalnetzwerke gesteuertes, erwerbsbiographisches Präventionsinstrument für den Arbeits- und Gesundheitsschutz von morgen.

In der folgenden Graphik wird der arbeitsmarktpolitische Handlungsrahmen aufgespannt, in dem das gemeinsame Projekt der Bundesanstalt für Arbeitsschutz und Arbeitsmedizin, der Berufsförderungswerke, des Demographie Netzwerks, der Prospektiv GmbH und der Praxispartner thyssenkrupp AG und Entsorgung Dortmund GmbH agiert.

---

[9] vgl. www.tätigkeitswechsel.de (in Vorbereitung).

Arbeitsmarktpolitischer Rahmen

Kontext	Bedarfe	Lösungen
• Demografische Entwicklung	Innovative Alters- und Alternsmanagement- konzepte in Unternehmen. insbesondere für KMU	• Erwerbsbographisches Präventionskonzept
• Arbeitswelt 4.0		• Mobilität zwischen Arbeits- plätzen und Tätigkeiten
• Fachkräftemangel		
• Arbeit & Gesundheit		• Kompetenzentwicklung/ Umstiegsqualifizierung

Ergebnis

• Gestaltung von Erwerbsbiografien

• Erhalt der Arbeits- und Beschäftigungsfähigkeit

• Vermeidung von Produktionsausfällen durch arbeitsbedingte Erkrankungen

• Optimierung der regionaler Arbeitskräfteallokation

• Überbetriebliche Tätigkeitswechsel

• Umsetzurg in regionalen Unternehmensnetzwerken

Den Mittelpunkt der Arbeiten in der Modellregion Rhein-Ruhr bildet die vorausschauende Gestaltung von Erwerbsverläufen in Berufen mit begrenzter Tätigkeitsdauer. Beschäftigte mit drohenden oder vorhandenen gesundheitlichen Einschränkungen werden durch individuelle Gesundheits-, Kompetenz- und Motivationsentwicklung auf eine neue Tätigkeit in einem anderen Unternehmen möglichst frühzeitig umfassend vorbereitet. Ziel ist dabei die Begleitung über das gesamte Erwerbsleben, damit präventive Maßnahmen nicht zu spät kommen, weil „das Kind bereits in den Brunnen gefallen ist".

Dabei stehen Maßnahmen zur Vermeidung einseitiger Belastungen sowie die Förderung individueller Kompetenzen ebenso im Vordergrund, wie die Schaffung nachhaltiger Strukturen für Beschäftigungsalternativen inner- und außerhalb des Unternehmens. Das Projekt liefert somit Beiträge zur sozialpolitischen Flankierung der Veränderungen der Arbeitswelt, wie es der demographische Wandel oder die Digitalisierung darstellen.

TErrA verändert das vorherrschende Disability-Management zu einem präventionsorientierten Ability-Management mit dem Ziel der entsprechenden Gestaltung der Erwerbsbiographie. Die bisher begrenzten Möglichkeiten der innerbetrieblichen Personalentwicklung – vor allem bei kleinen und mittelständischen Unternehmen – werden durch das regionale überbetriebliche TErrA-Netzwerk massiv erweitert und dadurch zum Gewinn für Beschäftigte, Unternehmen und auch für die Sozialversicherungsträger. Denn die Arbeits- und Beschäftigungsfähigkeit vieler Beschäftigter kann dauerhaft, möglichst bis zum gesetzlichen Renteneintrittsalter, erhalten bleiben.

Integration von Systemgrenzen

Die Herausforderungen der Arbeitswelt 4.0 bedeuten für die Beschäftigten Entgrenzungen nicht nur bei der Arbeitszeit. Durch den zunehmenden Einsatz von Digitalisierungstechnik im Arbeitsleben kann die Kontrolle über die eigenen Energien verloren gehen. Daher sollten geeignete Gestaltungsstrategien für die Arbeit selbst, ihre Rahmenbedingungen und das Erwerbsleben dem entgegen wirken, indem auch Systemgrenzen integrierende Lösungen gesucht werden.

Am Beispiel überbetrieblicher Tätigkeitswechsel lässt sich dies verdeutlichen. Sind die Unternehmen groß genug, um alternative Tätigkeiten finden oder schaffen zu können, so sind Lösungen innerhalb der Systemgrenzen möglich. Die mikroökonomische Steuerung kommt jedoch zunehmend an ihre Grenzen, wenn das Veränderungsvolumen durch den demographischen Wandel oder die Digitalisierung stark ansteigt. Insbesondere für kleine und mittlere Unternehmen ist es in der Regel nicht möglich, genügend Alternativen für Tätigkeitswechsel bereit zu stellen.

Auch auf makroökonomischer Ebene ist eine Lösung der Probleme verstärkt notwendig werdender Tätigkeitswechsel nicht immer möglich. Sowohl die Arbeitsagenturen, als auch die Rentenversicherung sind zu weit von der Unternehmenswirklichkeit entfernt, um schnell für einen Ausgleich sorgen zu können oder nachhaltig wirkende

Präventionsmaßen zur Verfügung zu stellen. Dies hatte wohl auch die Bundesarbeitsministerin im Hinterkopf, als sie bei der Vorstellung des Weißbuches „Arbeiten 4.0" forderte, dass sich die Arbeitsagentur in Richtung einer „Erwerbstätigen Agentur" weiterentwickeln solle.

Wenn notwendige überbetriebliche Tätigkeitswechsel in größerem Umfang als bisher realisiert werden sollen, so bietet sich statt der Mikro- oder Makroebene die Region als Handlungsebene an. Die Steuerung der überbetrieblichen Tätigkeitswechsel könnte dann im Rahmen regionaler Unternehmensnetzwerke erfolgen, wie es TErrA erprobt. Durch diese Netzwerke ist die Nähe zu den Unternehmen und den Stakeholdern einer Region gegeben. Sowohl die abgebenden, als auch die aufnehmenden Unternehmen kennen sich in der Regel. Je länger ein regionales Unternehmensnetzwerk bereits kooperiert, umso besser sind damit die Voraussetzungen für gegenseitiges Vertrauen und damit für ein erfolgreiches Matching der Tätigkeitswechsel.

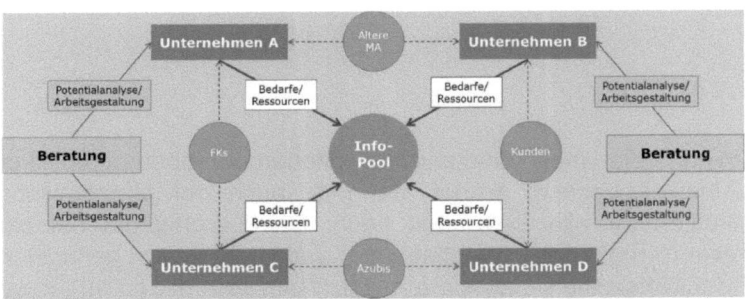

Quelle: Alexander Bendel, Projektdokumentation TErrA, 2016.

Die vorstehende Graphik zeigt die Möglichkeiten eines regionalen Unternehmensnetzwerks mit mesoökonomischer Steuerung. Die ehemals unternehmensinterne strategische Personalplanung kann nun innerhalb neuer Systemgrenzen auf Basis besserer Informationen und besser passender

Allokationschancen getroffen werden. Außerdem steht eine regionale Plattform zur Verfügung, die für eine schnellere Wissensdiffusion und gemeinsame Lösungsentwicklung genutzt werden kann.

3. Was ist neu und anders?

Alle bisherigen Erkenntnisse zur präventiven Gestaltung der Arbeitswelt sind weder neu noch unbekannt. Neu ist die Verbindung bisher wenig zusammen gedachter Elemente und die Umsetzung in praktische Lösungen, die den Charakter eines Geschäftsmodells besitzen.

Wenn die mesoökonomische Steuerung überbetrieblicher Tätigkeitswechsel gelingt, dann ist auch der ökonomische Nutzen für alle Beteiligten hoch. Der Beschäftigte hat bei einem regionalen Wechsel die vergleichsweise geringsten Mobilitätskosten – aber die Aussicht auf eine dauerhafte neue Tätigkeit, mit geringeren Belastungen, höherer Lernförderlichkeit und besserer Motivation.

Das abgebende Unternehmen ist nicht mehr gezwungen, einen Mitarbeiter unterhalb seiner Leistungsfähigkeit oder Qualifikation zu beschäftigen, was sowohl unproduktiven Aufwand als auch Wertschätzungsverluste vermeidet. Das aufnehmende Unternehmen erhält eine gesunde, qualifizierte und vor allem motivierte Fachkraft, die sonst auf dem Arbeitsmarkt immer schwerer zu bekommen ist.

Am meisten aber profitieren die Sozialversicherungsträger durch vermiedene Frühverrentung, vermiedene Arbeitslosigkeit und vermiedene Erkrankungen – und damit die Gesellschaft insgesamt. Weil die Anpassung an Veränderungen der Arbeitswelt durch präventionsgesteuerte Tätigkeitswechsel besser gelingt, entsteht über die vermiedenen Kosten hinaus ein noch gar nicht absehbarer Nutzen.

Literatur:

BAuA (2016). Psychische Gesundheit in der Arbeitswelt - Wissenschaftliche Standortbestimmung.

Blüher, O. (2016). Machtorientierte Führung hat ausgedient, Gastbeitrag Digitalisierung, XING Wirtschaftswoche: Thema Management, 14. Juni 2016. S.3. /S. 4

Bundesministerium für Arbeit und Soziales (2016). Weißbuch Arbeiten 4.0 - Diskussionsentwurf, Berlin.

Händeler, E. (2005). Kondratieffs Welt. Moers: Brendow.

http://www.arbeitenviernull.de/ (BMAS).

Huneke, M. (2013). Psychologie der Nachhaltigkeit, Psychische Ressourcen für Postwachstumsgesellschaften. München: oekom Verlag

Hys HR-Report 2014/15, zitiert nach ebenda.

Kastner, Michael: (2013). Dynaxität – die schnelle und komplexe Welt der Führungskräfte. In K. Häring, S. Litzke (Hrsg.), Führungskompetenzen lernen (S.23-40). Stuttgart: Schäffer Pöschel.

Welzer, H. (2014). Selbst Denken. Frankfurt am Main: Fischer.

www.demographie-netzwerk.de.

Zukunft der Arbeit – Innovationen für die Arbeit von morgen:
Bundesministerium für Bildung und   Forschung, Bonn
2016.

Digitalisierung und physische Gefährdung

Christine Götting und Michael Kastner

Die schlechte Nachricht ist, dass sich die Digitalisierung unserer Arbeits- und Freizeitwelt physisch nur in wenigen Bereichen als Gesundmacher zeigt. So können beispielsweise Gesundheits-Apps auf die mangelnde Anzahl von Schritten/Tag oder einen bedrohlichen Puls aufmerksam machen und zur Selbstregulierung motivieren. Vielmehr zeigt sich die Digitalisierung als beeindruckender Krankmacher des körperlichen Wohlbefindens.

Wider unsere Natur fördert die Digitalisierung die allgemeine **Bewegungsarmut** und erzwingt sich **ständig wiederholende gleiche Bewegungen.** Genauer unter die Lupe genommen, erklärt sich die Entstehung verschiedenster Beschwerden, die Leichtigkeit und Arbeitsfreude des Alltages nehmen können.

Wer sich körperlich unwohl fühlt oder gar Schmerzen hat, ist auch geistig und emotional schlechter drauf.

1. Die ständige Nutzung von Auto, Smartphone, Laptop, Tablet und Co. verführt zur bekannten und häufig beschriebenen Bewegungsarmut (so gingen die Menschen noch vor 50 Jahren durchschnittlich 10.000 Schritte pro Tag zu Fuß. Heute sind es weniger als 1.000). Daraus entstehende Muskelverkürzungen und sogenanntes Verfilzen des Bindegewebes (Faszien) lösen in Folge schmerzhaften Dehnverlust aus.

2. Zudem erzwingt die Digitalisierung einseitige, sich ständig wiederholende Bewegungen, die völlig widernatürlich unserer vielfältig angelegten menschlichen Bewegungen sind. Sie ziehen schmerzhafte Reizungen im Gewebe der überlasteten Muskelgruppen nach sich. Dieser Aspekt rückt derzeit in den Focus der Arbeits- und Sportmediziner. Entzündungen, Flüssigkeitseinlagerungen (interstitielle Ödeme) und Verklebungen des Muskel- und Bindegewebes entstehen hierbei schon nach kurzer Zeit der Fehlbelastung. Zu Beginn schmerzen diese nur bei Anspannung oder Dehnung, später auch in Ruhe. Brennende, messerstichartige und nervenähnlich ausstrahlende Schmerzen sind hier typisch. Aktuelle

Forschungen zeigen, dass sich gesundes Muskel- und Fasziengewebe in einem sogenannten biochemischen Fließgleichgewicht befindet. Der rege Abbau, Abtransport und Wiederaufbau unzähliger Muskel- und Bindegewebszellen befinden sich hierbei im Gleichgewicht. Dieses chemisch betrachtet gesunde Milieu ist Voraussetzung für schmerzfreies Bewegen. Je nach dem, in welchen Muskelgruppen sich die einseitigen Bewegungen potenzieren, entstehen bekannte Beschwerden wie Tennis- bzw. Mausarm, Nacken-Stirn-Kopfschmerzen, allgemeiner Rücken- schmerz und „Unbekanntes" wie Pseudoherzschmerz, Intercostalneuralgien und Wadenkrämpfe. Diese kön- nen beispielsweise beim Greifen nach der Kaffeekanne messerartig in den Ellbogen fahren, das lästige Gefühl eines „Durchbrechschmerzes" nach langem gebeugten Sitzen oder Schlafen oder einen neuralgischen Schmerz im Brustkorbbereich nach längerem Abstützen vor der Tastatur auslösen.

Die guten Nachrichten sind, dass sich zu Punkt 1 schon ein wenig mehr an regelmäßiger Bewegung, wie 2x wöchentlich ein moderater Spaziergang oder einen mit Freude erlebten Freizeitsport eigener Wahl bezahlt macht. Auch die Folgen der in Punkt 2 beschriebenen, nur banal klingenden aber sich heftig auswirkenden, einseitigen Zwangsbewegungen, können durch ein cleveres Bewegungstraining in Form gezielt ausgewählter Gegenbewegungen in Schach gehalten werden. Erfahrene Physiotherapeuten bestimmen nach genauer Bewegungsanalyse der Zwangshaltungen die erforderlichen gezielten Gegenbewegungen. Die Praxis zeigt, dass wenige dieser ausgewählten Gegenbewegungen unmittelbar nach der einseitigen Überlastung durchgeführt, großen Lohn für kleine Mühen bringen. Unterschiedlich schnell lernt der Betroffene den „Moment der Notwendigkeit" dieser Gegenbewegungen wahrzunehmen (ähnlich wie das gedankenlose Ausschütteln verspannter Hände oder eines leicht eingeschlafen Beines). So beginnt diese Selbstregulation so ganz nebenbei.

Wenngleich das Bewusstsein für die **Integration ergono-mischer Verhältnisse** (wie z. B. den individuell einstellbaren Aktiv-Bürostuhl, den Steharbeitsplatz, die ergonomische Computermaus u.v.m.) und ein **Mehr an Bewegung und Sport** in der Freizeit (eher jedoch im Gießkannenprinzip) in der Arbeitsmedizin ihren berechtigten Platz erworben haben, so ist der beeindruckende Gesundheitswert **gezielter Gegenbewegungen** leider noch kein alltäglich empfohlenes Instrument.

Beispiele aus dem „cleveren Bewegungstraining":

1. Vermeidung des sog. „Handynackens"

Typische einseitige Zwangshaltung des Kopfes:	Entlastung durch ausgewählte Gegenbe-wegungen:	Entlastung durch eine aufrechte Körper-haltung:

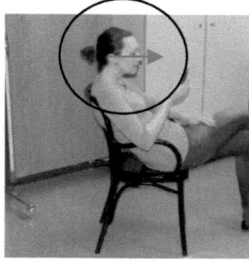  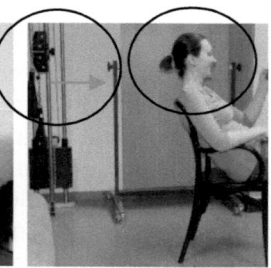

Bild 3446	Bild 3526	Bild 3470 durch das höher Halten des Handys

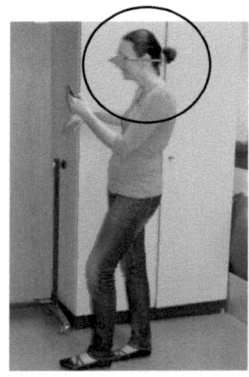

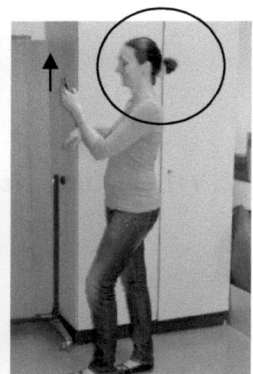

Bild 3453

Bild 3565

Bild 3455 durch das höher Halten des Handys

Bild 3543

Bild 3526

Bild 3548

Stundenlanges Nutzen digitaler Medien mit weit vorgestrecktem Kopf überlastet die hintere Nackenmuskulatur dramatisch. Während man mit erhobenem Haupt nur das Eigengewicht von ca. 5 kg tragen muss sind es bei weit

Gegen diesen „Handynacken" hilft folgende Übung: legen Sie Ihren ins Lot zurückgeschobenen Kopf mehrfach mit seinem vollen Gewicht in die eigenen Hände, wie in eine Hängematte und entspannen Sie ihn.

Diese gesunden Körperhaltungen sind jeweils von einer in sich durchgestreckten Wirbelsäule geprägt; so dass die Nackenmuskeln bei erhobenem Haupt nur die 5 kg Eigengewicht tragen müssen.

Auch das Halten des

vorgeschobenem Kopf – in der typischen Handy-haltung – bis zu 30 kg.

Ist in jeder Ausgangs-stellung möglich.

Handys auf Augenhöhe entlastet sehr.

2. Vermeidung des sog. „Handydaumens"

Typische einseitige Zwangshaltung der Daumen:

Entlastung durch ausgewählte Gegenbewegungen:

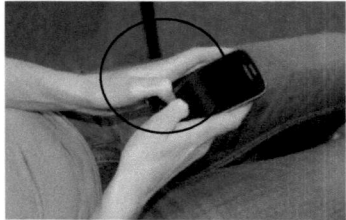

Bild 3536

Bild 3579

Stundenlanges Versenden von SMS oder Whats App-Nachrichten über-lastet durch einseitige Tipp- und Wischbewegungen des Daumens die Sehnen der Daumenstrecker. Hier kommt es zu mechanischer Ent-zündung bis die Daumen „schlapp machen".

Gegen diesen Handydaumen hilft, pro gesendeter Nachricht einmal kraftvoll die Daumen zu spreizen.

3. Vermeidung des sog. „Mausarmes"

Typische einseitige Zwangshaltung der Hand:

Entlastung durch ausgewählte Gegen-bewegungen:

Christine Götting & Michael Kastner

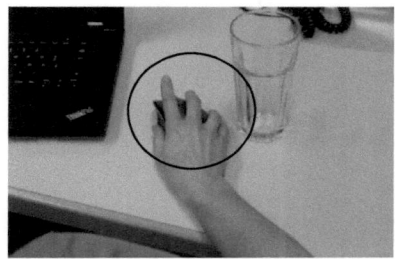

Bild 3522

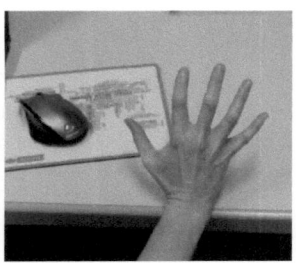

Bild 3567

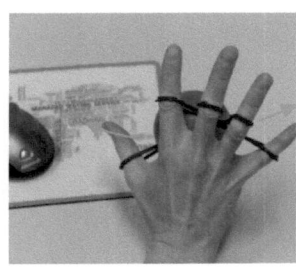

Bild 3572

Stundenlanges Nutzen der Maus erfordert unzählige Klicks und ständiges Halten. Hierbei kommt es zu mechanischen Entzündungen der Fingerstrecker, die auf der Oberseite des Ellenbogens ansetzen.

Gegen diesen in der Arbeitsmedizin als „Mausarm", dem Laien als „Tennisarm" bekannt, hilft das mehrfache kraftvolle Spreizen und hochziehen aller Finger mit oder ohne Therapiegerät.

4. Vermeidung des sog. „Bildschirm-Nacken-Schmerzes"

Typische einseitige Zwangshaltung des eingerollten Schultergürtels:

Entlastung durch ausgewählte Gegenbewegungen:

Entlastung durch eine aufrechte Körperhaltung:

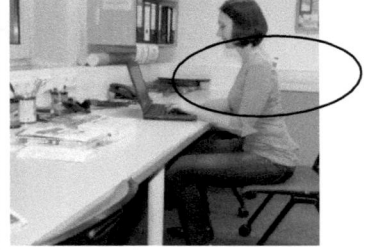

Bild 3503

Bild 3498   Bild 3586

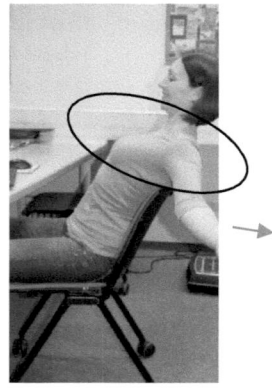

Bild 3534

Konzentriertes Arbeiten am PC

Somit hilft gegen den Bildschirm-

Diese aufrechte Körperhaltung bewirkt eine Entlastung der

(Tastatur und Bildschirm zugleich) überlastet speziell die vordere Brustmuskulatur einschließlich der hinteren Nackenmuskulatur.

Nacken folgende Übung: Führen Sie Ihre Arme mehrfach kraftvoll weit nach hinten oben oder breit nach hinten unten und strecken sich dabei über die Stuhlkante zurück (mit und ohne Theraband sinnvoll).

vorderen Brust- und der Nackenmuskulatur durch das zusätzliche Anspannen der hinteren Rückenmuskulatur.

5. Vermeidung des klassischen unteren Rückenschmerzes – häufig empfunden als sog. „Durchbrechschmerz"

Typische einseitige Zwangshaltung des gebeugten Rumpfes:

Entlastung durch ausgewählte Gegenbewegungen:

Entlastung durch eine aufrechte Körperhaltung:

 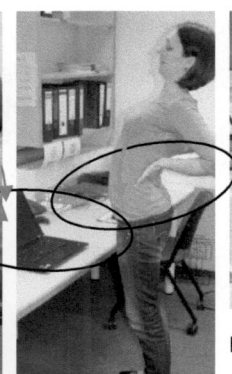 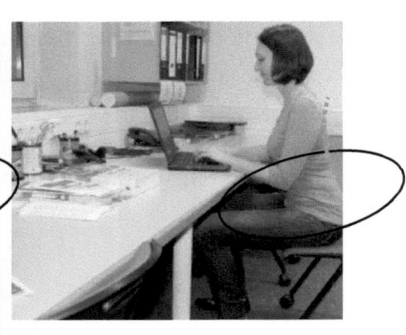

Bild 3503

Bild 3554

Bild 3555

Das typische Arbeiten am PC zieht in der Regel

Gegen den klassischen unteren Rücken-

Diese aufrechte Körperhaltung ist von einer durchgestreckten Wirbelsäule geprägt (frei wie

einen „Sitzmarathon" nach sich. Die globale Beugung der Wirbelsäule häufig kombiniert mit überschlagenen Beinen lässt eine einseitige Überlastung und Verkürzung der Bauchmuskeln entstehen. schmerz hilft das mehrfach kräftige Durchspannen der gesamten Wirbelsäulenmuskulatur (im Stehen oder im Sitzen effektiv). auch angelehnt sitzend sinnvoll). Durch das zusätzliche Anspannen der Rückenmuskeln wird eine Entlastung und Dehnung der verkürzten Bauchmuskulatur bewirkt.

All diese problematischen Fehlhaltungen beim Umgang mit Computern sollten natürlich nicht aus dem Blick geraten lassen, welche enormen Erleichterungen für z. B. die Wirbelsäule moderne Produktionsanlagen schaffen. Hebelhilfen, haltungsgerechte Positionierung der Werkstücke, Roboter für die schweren Arbeiten, zeigen beispielsweise bei der Autoproduktion, was diesbezüglich möglich ist.

Neben Haltung und Bewegung gilt es vor allem beim Umgang mit Smart-Phones auf die Augen zu achten. Wir müssen zwischendurch immer wieder die Augen in die Ferne, möglichst ins Grüne richten, um sie nicht zu verderben.

Lange hat sich die Schulmedizin schwer getan mit der Akzeptanz psychosomatischer Zusammenhänge.

Sicherlich blieb hierbei so manches Mal der körperliche Zustand eines Patienten als Ursache psychischer Veränderungen unentdeckt! Oft treffen Ärzte und Physiotherapeuten Patienten, die Schmerzen und damit verbundene Ängste ausgelöst durch pseudoänginöse Beschwerden, unklare Nacken-Stirn-Kopfschmerzen etc. auf einfache Weise durch Haltungsveränderung und Anweisung zur Durchführung gezielter Bewegungen verloren haben – häufig dankbar über Leistungssteigerung in Beruf und Freizeit. In solchen Fällen spielte die Digitalisierung mit ihren erzwungenen Veränderungen von Haltung und Bewegung eine große Rolle.

Dass sich in den letzten Jahren eine neue wissenschaftliche Gemeinschaft auf der Basis des Begriffes „Embodiment" gebildet hat und auf den gewaltigen Einfluss des Körpers auf Hirn, Geist und Psyche beschreibt und erforscht (so zu sagen „die Seele als Spiegel des Körpers") zeigt im Grunde die Gegenperspektive zur Psychosomatik. Hier wird der körperliche Zustand in seiner Rolle als Mitgestalter menschlichen Denkens, Fühlens und Handelns in den Blickwinkel gestellt.

Oft bitten Patienten Ärzte und Physiotherapeuten um eine Einschätzung. „Glauben Sie, dass meine Beschwerden rein psychisch sein könnten?" Meist versuchen sie dann mit möglichst verständlichen Worten auf das zirkuläre Zusammen-spiel zwischen Körper und Psyche hinzuweisen.

Dieses zu verstehen ist dann das Eine, es zu nutzen das Andere: hier zeigen sich die wie oben beschriebenen, gezielt ausgewählten „Gegenbewegungen" zu unseren einseitigen Zwangs- und Gewohnheitsbewegungen als kleine Wunder-waffe.

Oft sind die Patienten beeindruckt, dass schon eine kleine Zahl von Bewegungswiederholungen große Wirkung hat. So z. B. auf das weniger stark „Genervt Sein" durch die

Beschwerden, auf eine bessere Leistungsfähigkeit, auf das Wieder Teilhaben an sozialen Kontakten wie z. B. das geliebte Tennis Spielen im Freundeskreis und natürlich auf weniger Schmerzen.

Zusammengefasst gilt es also die dynamischen Wechselwirkungen zwischen körperlichen, kognitiven und emotionalen Befindlichkeiten zu optimieren, so dass die Nutzung von Computern, Smart-Phones etc. Lebensqualität und Gesundheit fördert, aber deren Risiken minimiert werden.

„Konkrete Empfehlungen zur Vermeidung psychischer Gefährdungen durch die Digitalisierung"

Michael Kastner

Was können wir nun aus den vorangegangenen Beiträgen ableiten zur Vermeidung psychischer Gefährdungen durch die Digitalisierung bei gleichzeitiger Nutzung dessen, was unserer Lebensqualität und Gesundheit dienlich ist? Welche Faustregeln können wir für unser tägliches Leben finden, ohne uns in der ganzen theoretischen Komplexität dieses Themas zu verlieren?

Die Struktur in dem zweiten Beitrag:

a) Nach Person, Situation und Organisation

b) im Hinblick auf die Perspektiven

c) hinsichtlich der Gesund- und Krankmacher

hilft vielleicht bezüglich einer gewissen Ordnung im Kopf.

In dem zweiten Beitrag von Michael Kastner wurden schon einige Empfehlungen gegeben. Darüber hinaus und auf Basis der weiteren Beiträge können die folgenden, grob nach abnehmender Wichtigkeit geordneten Ratschläge helfen, unsere Gesundmacher zu erhalten und Krankmacher durch die Digitalisierung zu vermeiden.

Bezüglich der Person gilt:

Als Erstes müssen wir bereit sein und unsere soziale Umgebung davon zu überzeugen, den Tsunami der Digitalisierung überhaupt zur Kenntnis zu nehmen und uns bezüglich Chancen und Risiken zu informieren, anstatt schleichend die jeweiligen Bequemlichkeiten mitzunehmen und zu glauben, wir bekämen etwas umsonst. Eigentlich sollten Google, Facebook und Co. für die von uns erhaltenen Informationen bezahlen wie z. B. Lanier (2014) vorschlägt. Vielleicht passt auch hier das viel zitierte Bild vom Frosch, der in der Wasserschüssel bequem sitzend überhaupt nicht merkt, dass es immer heißer wird und nicht rechtzeitig raus springt. Nun hilft es natürlich nicht, in Angst zu erstarren sondern es dient der psychischen Gesundheit mehr, konkrete Handlungsstrategien zu entwickeln, um den Eindruck von Selbstwirksamkeit zu erhalten. Wäre es vielleicht sinnvoll, an einer Graswurzelbewegung wider die technologische Singularität (s. u.) teilzunehmen, um die angeblich nicht aufhaltbare technische Entwicklung einzuhegen? Immerhin haben uns Pro Europe und en marche von Macron (beides Graswurzelbewegungen) vorgemacht, was innerhalb kurzer Zeit möglich doch ist.

Wir als Individuen und natürlich im Konsens als Gesellschaft müssen unter ethischem und kulturellem Aspekt Stellung beziehen, was wir zum Zwecke unserer Bequemlichkeit und Anschlussfähigkeit bereit sind, hinzunehmen.

Das bedeutsamste Problem scheint mir die Frage der technologischen Singularität zu sein. Wollen wir zusehen, wie die großen Internetkonzerne in einer gewissen Chuzpe von der „höheren" Zivilisationsstufe schwärmen, wenn die Maschinen schlauer sind als wir und wenn diese „höheren" Wesen mit übermenschlicher Intelligenz sich verselbstständigen und den homo sapiens sapiens überflüssig machen? Und wollen wir diesem Treiben in Richtung auf den Homo Deus (vgl. Harari, 2017) tatenlos zusehen? Oder wollen wir uns engagieren, um den Punkt zu definieren, ab dem nicht mehr alles technisch entwickelt werden soll, was machbar wäre? Es gibt Vorbilder, etwa Bewegungen gegen die Atomkraft oder gegen die Massentierhaltung, die mit ganz ähnlichen ethischen Problemen kämpfen. Wollen wir vermeiden, dass wir die zu schlachtenden Hausschweine dieser „höheren" Wesen werden?

Das nächste zentrale ethische Problem auf einer weniger hohen Abstraktionsebene betrifft die von Harald Welzer beschriebene eigene Entmächtigung. Inwieweit leisten wir unserer eigenen Personalisierung Vorschub bzw. umgekehrt, auf wie viel Bequemlichkeit sind wir bereit zu verzichten, um unsere Gesundmacher Privatheit, Kontrolle und Selbstwirksamkeit zu schützen? Kaufen wir online oder nicht, inwieweit nutzen wir die Sozialen Medien? Bitten wir Freunde und Verwandte z. B., nicht Fotos mit uns zu posten? Bloggen, posten etc. wir oder nicht? Im Grunde sind, wie beschrieben, alle Lebensbereiche betroffen. Hier gilt es, eine Balance zu finden im Sinne von so viel wie sinnvoll und nützlich, so wenig wie möglich, Auf keinen Fall sollten wir, wie vor allem in der Jugend verbreitet, hemmungslos unsere Daten hergeben, sondern lernen, ähnlich wie mit Geld auch mit unseren Informationen zu haushalten. Und natürlich sollten wir unsere Kinder entsprechend erziehen. Wann bekommen sie ein Smartphone, darf es in der Schule genutzt werden, welche Inhalte sperren wir etc.?

Was können wir tun, um uns und unsere Kinder vor der Dressur zu bewahren, durch die wir für unsere zunehmende Unfreiheit durch die Digitalisierung auch noch mit unseren Daten bezahlen? Und was können wir dagegen tun, dass unsere Demokratie durch die „freundliche Übernahme der Daten – und Überwachungsindustrie" (vgl. Welzer in diesem Band) untergraben wird und wir in eine die Psyche auf Dauer sicher gefährdende smarte Diktatur (Welzer, 2016) schlittern? Was können wir dagegen tun, dass wir uns so leicht als Konsumenten dressieren lassen, weil wir für die vermeintlich kostenlose Nutzung der Angebote „nur" mit Daten bezahlen, die via Personalisierung diese Dressur verstärken?

Abgesehen von den hier vorgetragenen Empfehlungen sollten wir generell unseren Hyperkonsum hinterfragen und nicht jedem Digitalisierungstrend hinterher laufen.

Um diese beiden extrem wichtigen Punkte (Singularität und Entmächtigung) für uns selbst adäquat einordnen zu können, brauchen wir ein persönliches, in sich schlüssiges Wertesystem, das uns Gesundmacher wie Sinn, Kontrolle/ Handhabbarkeit, Verstehbarkeit, Orientierung ermöglicht. Wir sollten überprüfen (siehe auch der Beitrag von Harald Welzer zum Überkonsum), inwieweit „...wir der Perfektion unserer Produkte nicht gewachsen sind,...wir mehr herstellen, als wir uns vorstellen und verantworten können... und glauben, das, was wir können, auch zu dürfen (Anders, 2010). Wir müssen für uns ein Wertesystem im Sinne einer Hierarchie entwickeln, um zu wissen, welcher Wert im Zweifel der wichtigere ist. Bei kontradiktorischen Werten auf derselben Hierarchieebene müssen wir klären, beispielsweise wie viel Sicherheit uns wie

240

viel Freiheit und Privatheit wert ist bzw. wir eine adäquate Balance zwischen ihnen finden.

Ein solches Wertesystem hilft uns, Informationen einzuordnen. Allerdings sollten wir der allfälligen informationellen Verunsicherung entgegen treten, indem wir auf Qualität achten, d. h. möglichst gültige und zuverlässige Informationen verarbeiten. Dazu hilft es, sich möglichst seriöser Medien zu bedienen, beispielsweise sachlich – neutraler und gut recherchierter Journale, Bücher, Radio – und Fernsehsender, Nachrichtendienste. Im Falle kontroverser Ansichten sollten wir möglichst verschiedene Standorte zur Kenntnis nehmen.

Ein wie oben beschriebenes Wertesystem hilft uns auch, zu sehen, wo die für uns zentralen Werte, die oft zugleich auch Gesundmacher sind nach dem Motto „Gefahr erkannt, Gefahr gebannt" gefährdet sind und für sie einzustehen haben bzw. wo wir uns nicht verführen lassen dürfen, sie schleichend zu unterminieren. Wo sind meine Freiheit, meine informationelle Selbstbestimmung, meine Privatheit, die von mir erwartete Wertschätzung und Respekt gefährdet? Wenn ich bei Facebook bin, muss ich mich nicht wundern, wenn ich nicht geliket oder gar beschimpft werde.

Persönliche Freiheit, Selbstbestimmung und Selbstwirksamkeit können wir nur erhalten oder bekommen, wenn wir uns nicht von der Digitalisierung versklaven lassen. Im Falle drohender Arbeitslosigkeit durch sie wäre dies der Fall mit allen Folgen für die Gesundheit bzw. Krankheit, die wir aus der Arbeitslosenforschung kennen. Hier hilft nur, flexibel zu sein, sich rechtzeitig neue Betätigungsfelder zu suchen bzw. unsere Kinder in Richtung zukunftssicherer Jobs zu unterstützen.

Uns geschenktes Vertrauen als Gesundmacher und Wert für uns sollten wir heimzahlen, indem wir anderen Menschen und Organisationen Vertrauen schenken, wenn sie dessen als würdig erscheinen. Es ist beispielsweise sinnvoll, sich im Internet über unsere Krankheiten und Beschwerden zu informieren. Dies sollte uns allerdings nicht zu Hybris verführen nach dem Motto: „Ich ja selbst mein bester Arzt" dem behandelnden Arzt mit Besserwisserei auf die Nerven zu gehen. Glaube und Vertrauen im Falle des Gläubigen zu einem Gott bzw. im Falle des Kranken zum Arzt sind starke Heilungsfaktoren bzw. Gesundmacher, siehe auch die Logik des Placebo – Effektes.

Um der eigenen digitalen Demenz vorzubeugen sollten wir mitdenken. So wie man bei der Nutzung von Taschenrechnern im Kopf überschlägt, sollten wir beim Navi unsere innere Landkarte aktivieren, bei Ratgeber – Apps auf Plausibilität prüfen und vor allem misstrauisch sein hinsichtlich der Frage, wer welchen Rat aus welchen – meist finanziellen – Eigeninteressen gibt. Spitzer (2012) verweist auf die Gefahren der zu starken Nutzung digitaler Medien bei Kindern und Jugendlichen, die angeblich die Hirnentwicklung behindert und sowohl kognitive als auch emotionale Kompetenzen verkümmern lässt. Kinder sollten also nicht zu früh mit Computern interagieren. Gemäß einer Shell – Studie von 2015 haben 99% aller Jugendlichen einen Zugang zum Internet und sind über 18 Stunden pro Woche online. Es bedarf als einer hinreichenden Selbstdisziplin, entsprechender Erziehung sowie diesbezüglich ständigem Kontakt zwischen Eltern und Kindern sowie eines dosierten Umgangs mit IKTn, um entsprechende Süchte zu vermeiden.

Um der IKT nicht hilflos ausgeliefert zu sein und sie auch sinnvoll für unsere Lebensqualität und Gesundheit nutzen zu können, sollten wir eine hinreichende digitale Kompetenz erwerben. Oft sind wir schon von der immer komplexer werdenden Datensicherung überfordert. In den meisten Fällen haben wir in unserer direkten sozialen Umgebung Personen, oft unsere Kinder, von denen wir diesbezüglich lernen können. Allerdings sollten wir fragen, uns alles zeigen lassen und üben. Die größte Gefahr besteht darin, dass wir diese Kompetenten bitten, das Ganze für uns zu erledigen ähnlich den älteren Migrantengenerationen, die selbst kein Deutsch lernen, sondern ihre Verwandten übersetzen lassen. Passend zu höherer Digitalkompetenz sollten wir unsere Fähigkeit, mit dynaxischen Systemen umzugehen, trainieren. Es gibt etliche

Instrumente zur Reduktion von Komplexität, und etliche Angebote im Internet können zusätzlich helfen, sofern die dortigen Informationen valide sind. Schließlich sollten wir, wie Wolfgang Schneider (in diesem Band) empfiehlt alles tun, um uns selbst und unsere Kinder zu hoch kompetenten Individuen mit Fähigkeiten zur Beziehungsgestaltung und Selbstregulierung zu machen, um so der Gefahr von durch Digitalisierung möglicherweise gefördertem Burnout zu entgehen. Dabei werden oft die Ursachen der eigenen Probleme in der Arbeit verankert. Diese externalen Attributionen (Ursachzuschreibung nach außen) entlasten vordergründig. Dadurch werden aber unrealistische Ziele, Motive oder auch mangelnde Kompetenzen ausgeblendet, wodurch natürlich keine gute Realitätsbewältigung gelingen kann.

Wichtig dabei ist ein adäquater Umgang mit der zunehmenden Flexibilisierung. Burkhard Schmidt (in diesem Band) verweist auf das durch die Digitalisierung wachsende Erfordernis von Disziplin, Selbstkontrolle und Kommunikationsfähigkeit, u. a. um Fehlbeanspruchungen zu vermeiden. Wir müssen beispielsweise klare Grenzen zwischen Arbeit und Privatleben ziehen und der Forderung nach ständiger Erreichbarkeit unseren Bedarf an Erholung entgegen setzen, um der Selbstausbeutung nicht Vorschub zu leisten. Die neue Flexibilität birgt schließlich etliche Gefahren von vermehrten Konflikten zwischen Arbeit und Familie, von Burnout und depressiven Symptomen.

Generell ist Misstrauen angebracht. Im Prinzip kann alles gehackt werden. Wer in diesem Bewusstsein achtsam ist öffnet keine Anhänge von unerklärlichen Mails, überlegt sich dreimal, wie viel er online überweist und sendet keine Botschaften, Fotos etc. in den Sozialen Medien, die ihm irgendwann in irgendeiner Form negativ ausgelegt werden könnten. Und er vertraut grundsätzlich keinen Nachrichten in ihnen, auch wenn sie von noch so vielen Sendern, die er ohnehin nicht nach Mensch und Maschine unterscheiden kann kommen. Schwarmintelligenz bedeutet nicht, dass ganz Viele denselben Unsinn reden. Die Digitalisierung wird wesentlich von militärischen und ökonomischen Interessen getrieben. Dies sollte uns allerdings nicht blind machen für Idealisten, die wirklich primär an der Verbesserung unserer Lebensqualität und Gesundheit arbeiten.

Wir sollten uns nicht zur Selbstausbeutung „von dem System" treiben lassen. Entschleunigen und Entnetzen bedeutet auch, Computer und Smartphone des Öfteren auszuschalten, nicht erreichbar zu sein und unseren eigenen Rhythmus aus An – und Entspannung zu finden.

Wir sollten nicht jeden Ort zum Arbeitsort und jede Zeit zur Arbeitszeit werden lassen, sondern für uns passende Rhythmen aus Arbeit und Freizeit verwirklichen.

Andererseits sollten wir nicht davon ausgehen, dass es immer so weiter geht wie bisher. Viele Jobs werden überflüssig. Wir sollten sowohl auf uns als Personen auch auf Organisation bezogen permanent Prüfungen auf mögliche Disruptionen vornehmen. Was kann möglicherweise passieren, dass ich oder meine Organisation/ Unternehmen/ Verwaltung praktisch von heute auf morgen überflüssig wird? Welche Alternativpläne kann ich präventiv entwickeln (vgl. Keese, 2016)? Angst ist ein schlechter Ratgeber, aber Kreativität und geistige Flexibilität helfen uns, psychische Gefährdungen zu vermeiden.

Stressbewältigung wird im Zuge der Digitalisierung noch wichtiger als früher. Es gilt, genügend Pausen zur Kontemplation und Muße einzulegen, in denen wir nicht erreichbar sind. Und wir sollten davon Abstand nehmen, erzwungene Pausen als Totzeiten zu betrachten, die wir durch „Daddeln" füllen.

Hierhin gehört auch die Vermeidung von Mindwandering, als des sich dauernden Ablenkens – Lassens z. B. durch Mails, die aufblinken. Es gilt, eine einmal begonnene Tätigkeit konzentriert durchzuziehen, um die „Aufschieberitis" und die daraus resultierende Unzufriedenheit zu vermeiden.

Um zu vermeiden, dass durch die Digitalisierung unser Stresslevel steigt, sollten wir Achtsamkeit in dem Sinne verwirklichen, dass uns die in Tab. 1 des zweiten Beitrages von Michael Kastner aufgeführten Gesundmacher heilig sind (z. B. Sinn, adäquater Handlungsspielraum, Kontrolle, gesunde Kommunikation) und wir soweit möglich die dort beschriebenen Balancen halten.

Bezüglich Haltung und Bewegung beim Umgang mit Computer, Smartphone etc. gelten die in dem Beitrag von Christine Götting und Michael Kastner auch bildlich gezeigten Übungen. Obwohl dies eigentlich die am einfachsten umzusetzenden Ratschläge sind, zeigt sich auch hier wie schwer die Nachhaltigkeit und Automatisierung ist und wie leicht wir in alte, falsche Verhaltensmuster verfallen.

Tim Hagemann (in diesem Band) zeigt anschaulich die positiven Seiten von IKTn, etwa in Bezug auf unser Gesundheitsverhalten, die wir durchaus nutzen sollten.

Bezüglich der Situation gilt:

Wir sollten uns von der technischen Entwicklung nicht treiben lassen, indem wir auf jeden neuen Zug aufspringen. Ein einmal stabil laufendes IT – System sollte so lange behalten werden, wie wir anschlussfähig sind. Und sich tausend Apps ins Smartphone zu laden, macht wenig Sinn. Auch hier gilt: So viel wie sinnvoll und nötig, so wenig wie möglich.

Wir sollten uns darauf einstellen, dass sich in absehbarer Zeit die Arbeitssituationen deutlich ändern werden. Es wird mehr Home Office Tage geben, so dass wir soweit möglich zuhause einen Raum zum ungestörten Arbeiten einrichten sollten. Und die Teams werden deutlich bunter, instabiler und wechselhafter bei deutlich steigenden Anteilen der Screen – to – Screen – Kommunikation. Und die Interaktion mit Robotern bei der Arbeit und vielfach auch im Privatleben wird alltäglicher. Technikverweigerung erscheint wenig Erfolg versprechend. Technikinstrumentalisierung gemäß unseren Werten und Vorstellungen von Lebensqualität, Gesundheit etc. muss die Devise heißen.

Überforderung gefährdet die psychische Gesundheit. Das galt schon immer und wirkt eher banal. Aber durch die Digitalisierung werden wir bezüglich unserer Arbeitssituationen damit rechnen müssen, dass (siehe Schneider, in diesem Band) die Verdichtung von Arbeit zunimmt, sowohl Aufmerksamkeits- als auch Ruhephasen immer mehr unterbrochen werden, unsere Arbeitstätigkeit stärker kontrolliert wird und die sinnliche Beziehung zum Arbeitsgegenstand (siehe auch Produktstolz) durch die Automatisierung gemindert wird. Dem können wir letztlich nur durch Arbeitsgestaltung und Selbstdisziplin entgegen wirken.

Für alle lebenswichtigen Dinge sollten wir parallele Analog-Strukturen schaffen, um im Falle des Zusammenbruchs digitaler Instrumente nicht hilflos zu sein. Hilflosigkeit ist ein ausgesprochener Krankmacher und fördert Depression. Beispielsweise sollten Zeugnisse und Urkunden in Papier-Form sicher gelagert werden. Was brauchen wir zum Überleben bei einem Stromausfall bzw. Black-out? Nicht ohne Grund gibt die Bundesregierung Empfehlungen heraus, was bevorratet werden sollte.

Für die eigene Arbeits- und Privatsituation beim Umgang mit IKTn gilt es – eigentlich selbstverständlich, aber immer wieder in der Hektik vernachlässigt –, alles für die Datensicherung zu tun. Der derzeitige Cyber-Angriff in über 150 Ländern, verbunden mit einer erheblichen Gefährdung für Menschenleben angesichts der Folgen vor allem in Großbritannien, zeigt wie wichtig es ist, angesichts dieses „Kreativitätswettlaufs" zwischen Spitzbuben und Schützern auf dem neuesten Stand zu sein.

In Bezug auf die Organisation gilt:

Die unter Person (s. o.) abgehandelten ethischen Aspekte gelten natürlich auch für unsere Organisationen und Gesellschaften. Für Unternehmen ist es allerdings verführerisch, die Digitalisierung im Hinblick auf Effizienz zu nutzen, um Leistungen via Internet äußerst preisgünstig zu erhalten, etwa über die verschiedenen crowd-Formen bzw.

das erwähnte catch as catch can in der cloud. Nun kann man natürlich resignativ argumentieren: „Wer das mitmacht ist selbst schuld". Wir können aber auch versuchen, neue Formen des Aushandelns von fairen Relationen von Leistung und Gegenleistung zwischen Auftraggebern und -nehmern zu finden. Das verlangt politisches und gesellschaftliches Engagement, dem allerdings das Cocooning entgegen steht, das letztlich aus einer resignativen Haltung gegenüber der „nicht änderbaren" technologischen Entwicklung resultiert. Die beschriebenen Perspektiven unter dem Organisationsaspekt (Cyberwar und -kriminalität, Soziales und juristisches System, Technik, Ökonomie, Arbeitswelt, Wissenschaft) können wir nur durch Wahlen und gesellschaftliches Engagement bis hin zur Beteiligung an Graswurzelbewegungen, allerdings auch durch unser Konsumverhalten beeinflussen.

Wir müssen uns darauf einrichten, die eigenen Arbeitsprozesse zu digitalisieren, was eine neue Kultur verlangt. Hierarchie-gewohntes, devotes Verhalten wird Prozessen auf Augenhöhe weichen, bei denen wir auch über verschiedene Hierarchieebenen hinweg direkt und schnell, oft auch unter Inkaufnahme von nicht perfekten Vorlagen kommunizieren und uns flexibel iterativ den jeweiligen Lösungen annähern. Das verlangt vor allem von den höheren Ebenen einen Vertrauensvorschuss und eine Fehlerlern – statt einer Misstrauens-Perfektionskultur.

In der Organisations- und Personalentwicklung werden bei zunehmender Digitalisierung Job Rotation, fortlaufende Potentialanalysen bezüglich der ständig sich ändernden Anforderungen, lebenslanges Lernen, kreative Wissenstransfersysteme, Coaching und Mentoring immer stärker in den Vordergrund treten Dies beinhaltet sowohl die Organisation als auch die Individuen mehr Arbeitsaufwand und weniger Möglichkeiten, sich bequem in alten, eingefahrenen Routinen einzurichten.

Inwieweit durch die mit der Digitalisierung verbundene Flexibilisierung Arbeits- und Privatleben neu integrieren kann, dergestalt, dass Arbeit zu einer frei gestaltbaren Option werden könnte (vgl. Schneider, in diesem Band) mag dahin gestellt sein. Es kann ja durchaus umgekehrt sein, dass die Maschinen eine Anpassung des Menschen verlangen. Wichtig wäre in jedem Falle, dass Betroffene zu Beteiligten gemacht werden, indem die Mensch - /Maschineinteraktionen nicht einfach von oben oktroyiert werden. Wenn die Arbeit immer mehr Besitz vom Privatleben ergreift, ist es mit dem Gesundmacher Work-Life-Balance vorbei. Schon wenn diese beiden Bereich recht gut voneinander abgegrenzt sind macht uns der Spill-Over-Effect Sorgen. D. h. wir übertragen Kummer, Ärger, Verdruss und Frustrationen (psychische Krankmacher) ins Privatleben und umgekehrt. Hier hilft normalerweise eine noch stärkere Abgrenzung nach dem Motto „Dienst ist Dienst und Schnaps ist Schnaps". Das wäre bei der zunehmenden Entgrenzung durch die Digitalisierung natürlich unmöglich.

Führung wird in stark digitalisierten Organisationen schwieriger als in eher analogen. Kontrolle von Anwesenheit, Arbeitszeit, Aufgabenerledigung werden nicht gerade einfacher, auch wenn für alles Daten vorliegen. Führung wird auf eine immer stärkere Coaching-Funktion setzen müssen, die allerdings die Selbstdisziplin der Mitarbeiter und Selbstorganisationsfähigkeiten bei (virtuellen) Teams voraussetzt. Dies wiederum verlangt entsprechende Schulungen. D. h. der Trend weg von hierarchischen, autokratischen Führungsverhaltensweisen hin zu stärker demokratischen, transaktionalen wird stärker. Andererseits werden durch den hohen Automatisierungsgrad von den Maschinen (hierarchisch?) menschliche Verhaltensweisen vorgeschrieben.

Zukünftige Organisationen werden netzwerkartiger werden mit wenig stabilem Stammpersonal und mehr Freelancern, Crowdworkern, die naturgemäß in einem ambivalenten einerseits kooperativem, andererseits kompetitiven Verhältnis zueinander stehen. Hier müssen Führungskräfte lernen, die jeweiligen Egoismen in den Hintergrund treten zu lassen. Denn besteht ein Widerspruch darin, dass einerseits in maximaler Offenheit unterschiedliches Wissen zusammengetragen werden soll, aber andererseits Einzelne Angst haben, ihr Wissen herzugeben, weil andere Teammitglieder dieses gewinnbringend zu Markte tragen könnten. Dieser Widerspruch scheint in der Silicon Valley – Kultur ganz gut aufgelöst zu sein (vgl. Keese, 2016), dürfte aber in unseren Landen eher Probleme bereiten. Entsprechende Anforderungen an die Organisationskultur liegen auf der Hand. In dem Konzept zur Vertrauens-Fehlerlern-Innovations-Gesundheitskultur von Kastner (2007) werden konkrete Vorgehensweisen vorgeschlagen, ein kollektives Verhalten zu erreichen, das schnell, lernend, kooperativ, innovativ und gesund ist.

Für die Folgen für Arbeit und Arbeitslosigkeit durch die Digitalisierung folgen wir den Überlegungen von Rainer Thiehoff (in diesem Band). Durch sie nehmen die Flexibilisierung, die Forderungen nach ständiger Erreichbarkeit und die Anforderungen an Technikverständnis, Selbstorganisation und ständiges Lernen zu. Die zunehmende Dynaxität unserer Arbeitswelt u. a. durch die Digitalisierung fordert von uns eine stärkere Nutzung unserer Ressourcen. Wir können den steigenden psychischen Anforderungen nur durch Kontrolle über unsere eigene Energie erlangen und vom Objekt zum Subjekt der Veränderung werden. Die einerseits erfreulichen Möglichkeiten, durch die Digitalisierung Energie einzusparen dürfen nicht darüber hinweg täuschen, dass damit Kontrollverluste verbunden sind. Wir externalisieren z. B. Wissen („muss ich googlen"), werden abhängig und verlieren Freiheiten. Wenn nun durch die Digitalisierung auf jeden Fall permanentes Neulernen verlangt wird, wahrscheinlich auch zahlreiche Arbeitsplätze verloren gehen, fragt sich, wie können wir präventiv unerfreuliche Folgen vermeiden bzw. konstruktiv möglichst viele Win-Win-Situationen schaffen?

Wie können wir gelingende soziale Beziehungen ermöglichen, Beschäftigungsfähigkeit trotz ständiger technischer Änderungen erhalten und faire, wertschätzende Kulturen erreichen, anstatt in der Dichotomie zwischen Arbeit – Habenden und Arbeitslosen zu verharren? In einem erwerbsbiographischen Präventionsansatz werden Gesundheit, Qualifikation und

Motivation im Dreiklang gefördert, so dass Unternehmen, Sozialversicherungsträger, Mitarbeiter und Gesellschaft in regional überbetrieblichen Netzwerken durch überbetrieblichen Tätigkeitswechsel Win-Win-Situationen erzielen. Mitarbeiter abgebende Unternehmen müssen diese nicht mehr unterhalb ihrer Leistungsfähigkeit und Qualifikation durchziehen. Aufnehmende Unternehmen bekommen motivierte Menschen, die wieder einen der wichtigsten Gesundmacher, nämlich Wertschätzung, erfahren, Krankenkassen sparen und Sozialversicherungsträger vermeiden Frühverrentungen. Es gibt also durchaus konstruktive Vorschläge, mit den Problemen durch die Digitalisierung konkret und präventiv umzugehen.

In Bezug auf die Kommunikation als Verbindung zwischen Person, Situation und Organisation gilt:

Abgesehen von dem Prinzip, das wir in Seminaren und Coachings immer hoch halten „klar in der Sache, wertschätzend zur Person'" helfen die von Garton Ash (2016) vorgeschlagenen 10 liberalen Prinzipien der Redefreiheit weiter. Auch hier geht es um Balancen. Bezüglich der Frage, wann Redefreiheit in Hetze umschlägt gilt es einerseits auszu-halten, beleidigt zu werden, andererseits sind Gewalt, Einschüchterung und Belästigung oder gar Stalking tabu. Die Redefreiheit wird auch eingeschränkt, wenn Suchmaschinen systematisch z. B. zwecks Personalisierung selektieren.

Wir sollten nicht zulassen, dass Fakten und „alternative Fakten" gleichberechtigt nebeneinander stehen. Unsere Orien-tierung als Gesundmacher ist gefährdet, wenn Gerüchte, Meinungen und wissenschaftliche Ergebnisse auf derselben logischen Ebene behandelt werden. Es hilft der Redefreiheit (sicherlich auch ein Gesundmacher), die jeweilige Äußerung möglichst ehrlich zu deklarieren als wissenschaftlich (mit Quellenangabe) oder (persönliche) Meinung oder auch als Gerücht.

Ähnlich dem blended Learning gilt es, eine gedeihliche Balance zwischen Face-to-face-und Screen-to-Screen-Kommunikation zu finden. Gesundmacher wie Vertrauen, Wertschätzung, Geborgenheit und Bindung lassen sich von Angesicht zu Angesicht besser verwirklichen als auf dem Bildschirm, u. a. weil mehr Kommunikationskanäle genutzt werden können (riechen, fühlen, Mimik, Gestik) und wir als Menschen dafür qua Evolution „gebaut" sind. Virtuelle Beziehungen sind weniger geeignet als analoge, Gesundmacher wie positive Emotionen, Vertrauen, persönliche Nähe, soziale Unterstützung zu verwirklichen.

Der Befund, dass die Ausschüttung des Wohlfühl-Hormons Serotonin bei und nach gelungener Kommunikation besonders hoch ist, passt in dieses Muster. Das Umgekehrte gilt für die Erkenntnis, dass der Krankmacher Einsamkeit lebensverkürzend wirkt.

Ein häufiges Phänomen des Gegenteils einer gesund machenden Kommunikation ist das Cyber-Mobbing. Derzeit wird jeder achte Jugendliche online gemobbt (Spiegel vom 13.05.2017). Im Unterschied zum Mobbing früherer nicht – digitalisierter Zeiten handelt es sich nicht um das Hänseln einiger weniger Klassenkameraden sondern um bösartigste Kommentare und Fotos von Gruppen in z. B. WhatsApp (Instant Messaging) oder soziale Netze wie Facebook, Chatrooms, E-Mails oder Foren von bis zu 1.000 Personen. Die Kinder nehmen ihr Handy mit ins Bett, so dass auch der Schutzraum des Elternhauses unterlaufen wird. Dagegen hilft einerseits Ignorieren und von sich abprallen lassen sofern man über das nötige Selbstbewusstsein verfügt oder aber aktiv dagegen vorgehen, mit den Eltern reden, zur Polizei gehen etc.

Der Vorteil, dass wir durch das Internet leichter Partner finden können sollte uns nicht blind dafür machen, dass damit auf der anderen Seite Phänomene wie das „Benching", also das Warmhalten und weitersuchen leichter möglich sind.

Im Hinblick auf die in Stressuntersuchung immer wieder beklagte ständige Erreichbarkeit durch moderne IKTn bleibt letztlich nur Selbstdisziplin. Ähnlich wie wir dazu neigen, das

Telefon vorzuziehen wenn wir im Gespräch sind besteht auch die Tendenz, während der Bearbeitung einer komplexen Aufgabe immer wieder auf einlaufende Nachrichten „anzuspringen". Hier hilft – sofern organisatorisch möglich – unseren Tagesverlauf so einzurichten, dass wir uns morgens zum Zwecke des Umgangs mit Komplexität abschotten, Smartphone und Outlook ignorieren und den Nachmittag der Kommunikation widmen.

Wenn wir wie Wolfgang Schneider (in diesem Band) berichtet im Schnitt täglich fast 90 Mal einschalten, ist es kein Wunder, dass wir durch die Unterbrechungen uns zu wenig durchgängig konzentrieren, dadurch wenig wie gewünscht fertig stellen und anschließend unzufrieden mit uns selbst sind. Glück und Zufriedenheit sind wie Gesundheit die Folge von Verhalten, aber auch ihrerseits förderlich für die psychische Gesundheit.

Wir müssen auch nicht alle kommunikativen Möglichkeiten ausschöpfen. Wer sich wie ein Voyeur oder Gaffer bei Autounfällen im Netz alle möglichen Gräueltaten dieser Welt anschaut ist letztlich selbst schuld, wenn er damit Ängste aufbaut, weil diese Welt ja offensichtlich „aus den Fugen gerät". Auch gilt es misstrauisch zu sein gegenüber den „Launen des digitalen Mobs" und sich nicht in der eigenen Echokammer zu verstricken.

Wenn wir nun dauernd im Netz unterwegs sind, nichts mehr selber wissen, sondern bei den meisten Fragen antworten: "Muss ich googlen" dann sollte uns klar sein, dass wir informationell gesteuert werden. Jeder, der sich vornehmlich im Netz informiert, unterliegt anderen Nachrichten. Da der Algorithmus ja alles über mich weiß, versorgt er mich wie auch Amazon mich über die Produkte informiert, die meinen Interessen entsprechen mit den Informationen, die zu mir „passen". Dadurch bestätige ich ohne es zu merken meine Meinung permanent wie bei einer Self Fullfilling Prophecy. Harald Welzer (in diesem Band) verweist darauf, dass wir unser Bild von der Welt nach Präferenzen ordnen, weshalb uns in einer selektiven Wahrnehmung das Bekannte besser gefällt als das Unbekannte, das wir ausblenden. Wenn wir dann noch in einer Community in den Sozialen Medien auf Gleichgesinnte treffen und wir uns alle gegenseitig darin bestärken, was uns gefällt, geht die für die Demokratie unabdingbare Heterogenität der Meinungen verloren. Wenn dann auch noch Google, Facebook und Co. qua finanzieller Macht und Ubiquität mächtiger sind als Nationen, dann können wir uns von unseren demokratischen Idealen verabschieden.

Gegen diese informationelle Steuerung hilft nur, heterogene Informationsquellen und verschiedene Meinungen zur Kenntnis zu nehmen und sich selbst ein Urteil nach bestem Wissen und Gewissen zu bilden. Nur so können wir vermeiden, dass wir zu den personalisierten Laborratten werden, die die Daten selbst liefern, mittels derer wir gesteuert werden (sieh auch Welzer in diesem Band). Wer die uralten Konditionierungsexperimente kennt erlebt hier sein deja vu Erlebnis.

Was können wir gegen das Cyber-Mobbing bzw. die gesamte Enthemmung im Internet durch die Möglichkeit der anonymen Kommunikation tun bzw. uns vor dem digitalen Burnout schützen? Politiker müssen sich ein dickes Fell zulegen, um nicht psychisch gefährdet zu werden. Wer es nicht ignorieren kann sollte versuchen, möglichst wenig Angriffsfläche zu bieten, indem er sich möglichst nicht oder wenig in den Sozialen Medien tummelt.

Literatur:

Anders, G. (2010). 3. Aufl. Die Antiquiertheit des Menschen 1. München: Beck.

Harari, Y.N. (2017). Homo Deus. Eine Geschichte von Morgen. München: Beck.

Keese, C. (2016). Silicon Valley. München: Knaus Verlag.

Kastner, M. (2007). Vertrauens-Fehler-Lern-Innovations-Gesundheits-Kultur zur Förderung von Kultursynergien und Meidung von Kulturkonflikten. In M. Kastner, E. M. Neumann-Held, C. Reick (Hrg.), Kultursynergien oder Kulturkonflikte? (S. 182 – 210). Lengerich: Pabst.

Lanier, J. (2014) 9. Aufl. Wem gehört die Zukunft? Hamburg: Hoffmann und Campe.

Shellstudie (2015). www.shell.de/jugendstudie.

Spitzer, M. (2012). Digitale Demenz. München: Droemer

Welzer, H. (2016). Die smarte Diktatur. Frankfurt a. M.: Fischer Verlag.

Autorenvorstellung

Christine Götting

Physiotherapeutin. Praxis für Physiotherapie und Mitglied des IAPAM

Prof. Dr. Tim Hagemann

Diplompsychologe hat er an der FH der Diakonie eine Professur für Arbeits-, Organisations- und Gesundheitspsychologie und berät Unternehmen hinsichtlich Personal- und Organisationsentwicklung sowie betrieblicher Gesundheitsförderung.

Prof. Dr. Dr. Michael Kastner

Diplompsychologe und Arzt hatte über 30 Jahre lang Lehrstühle für Arbeits- und Organisationspsychologie in philosophischen und Wirtschaftsfakultäten, derzeit affiliiert am MIPH, medizinische Fakultät, Universität Heidelberg. Leiter Institut für Arbeitspsychologie und Arbeitsmedizin (IAPAM) Herdecke, Amerang, Berlin und der Kastner Partner Consulting (KPC).

Prof. Dr. Burkhard Schmidt

ist Professor für Wirtschaftspsychologie an der Hochschule Fresenius Heidelberg. Gemeinsam mit Kollegen vom Zentrum für Europäische Wirtschafsforschung (ZEW) forscht er im Bereich Digitalisierung und „entgrenztes Arbeiten."

Prof. Dr. Dr. Wolfgang Schneider

Facharzt für Psychotherapeutische Medizin und Psychiatrie, Direktor der Klinik für Psychosomatik und Psychotherapie der Universität Rostock, wissenschaftliche Aktivitäten u.a.: Psychische Gesundheit und Arbeit.

Dr. Rainer Thiehoff

Diplom-Volkswirt mit organisationspsychologischer Zusatzausbildung; Entwicklung des Forschungsgebietes Ökonomische Evaluation von Sicherheit und Gesundheit bei der Bundesanstalt für Arbeitsschutz und Arbeitsmedizin BAuA; Aufbau der Initiative Neue Qualität der Arbeit INQA und des

Unternehmensnetzwerks Demographie ddn als Geschäfts-
führer; Projektleiter TErrA: Überbetriebliche Tätigkeitswechsel
zum Erhalt der Beschäftigungsfähigkeit in regionalen Netzwerken.

Prof. Dr. Harald Welzer

Mitbegründer und Direktor von „Futur Zwei. Stiftung
Zukunftsfähigkeit", Professor für Transformationsdesign und -
vermittlung an der Universität Flensburg, ständiger Gast-
professor für Sozialpsychologie an der Universität Sankt
Gallen, Mitglied im Rat für nachhaltige Entwicklung der
Bundesregierung sowie im Zukunftsrat des Landes Schleswig-
Holstein.

Kontakt

Wir freuen uns über Feedbacks, Verbesserungsvorschläge, Erfahrungsberichte und Anfragen!

Sie erreichen uns garantiert per E-Mail:

MAORI GmbH

In der Erdbrügge 35a

58313 Herdecke

info@maori-gmbh.de

Raum für Notizen